《海外华侨与辛亥革命》

编　委　会

庆祝建党90周年、纪念辛亥革命100周年百种重点出版物

海外华侨与辛亥革命

主　编　张应龙

暨南大學出版社
JINAN UNIVERSITY PRESS

中国·广州

图书在版编目（CIP）数据

海外华侨与辛亥革命/张应龙主编．—广州：暨南大学出版社，2011.9
（庆祝建党90周年、纪念辛亥革命100周年百种重点出版物）
ISBN 978－7－81135－988－6

Ⅰ.①海… Ⅱ.①张… Ⅲ.①华侨—作用—辛亥革命—研究
Ⅳ.①D634.3 ②K257.07

中国版本图书馆CIP数据核字（2011）第192140号

出版发行：暨南大学出版社

出 版 人：徐义雄
责任编辑：张仲玲　武艳飞
责任校对：何力

地　址：中国广州暨南大学
电　话：总编室（8620）85221601
营销部（8620）85225284　85228291　85228292（邮购）
传　真：（8620）85221583（办公室）　85223774（营销部）
邮　编：510630
网　址：http：//www.jnupress.com　http：//press.jnu.edu.cn

排　版：广州市天河星辰文化发展部照排中心
印　刷：佛山市浩文彩色印刷有限公司

开　本：787mm×960mm　1/16
印　张：20.125
字　数：290千
版　次：2011年9月第1版
印　次：2011年9月第1次

定　价：46.00元

目　录

绪　论

一百年前的辛亥革命，推翻了腐朽的清王朝，结束了几千年的封建制度，建立了资产阶级共和国。在武昌起义枪声响起前的19世纪末甲午年，年轻的孙中山从中国的香山到达太平洋的檀香山，聚集一群海外华侨成立了中国第一个资产阶级革命团体——兴中会，他们举手宣誓"驱除鞑虏，恢复中华，创立合众政府"，从而揭开了中国民主革命新的一页，谱写了华侨革命历史的新篇章。

研究海外华侨与辛亥革命的关系，首先要理清辛亥革命、孙中山和海外华侨之间的辩证关系。

辛亥革命是孙中山领导的资产阶级民主革命，孙中山在开展革命事业时是以海外华侨社会作为策源地和根据地，海外华侨无论是在革命组织的建立还是在革命舆论的宣传上；无论是对革命事业的支持还是在革命武装斗争的参与上，都发挥了极为重要的作用，因此论述辛亥革命与孙中山不能不论及海外华侨。

海外华侨为辛亥革命作出了不可磨灭的贡献，他们是在孙中山的发动和领导下参与辛亥革命的。起初，海外华侨对革命事业并不理解，观望者不少，反对者有之。然而，在孙中山和革命同志的不懈努力下，通过积极宣传、建立组织、开展斗争，海外华侨随着革命形势的发展，对孙中山领导的革命事业越来越理解和支持。海外华侨参加和支持辛亥革命是与孙中山的努力分不开的，因此论述辛亥革命与海外华侨也就不能不论及孙中山。

孙中山的革命事业是从海外华侨社会中起航的。孙中山本身就是一名华侨。当他开始革命事业时，他选择了遥远的檀香山华侨社会，在那里建立了兴中会，从此，孙中山的革命事业就与海外华侨紧密地联系在一起。1895 年，广州起义失败后，孙中山被迫长期流亡国外，确切地说是长期生活在海外华侨社会当中。海外华侨在艰难的环境下给予孙中山非常宝贵的支援。孙中山以海外华侨社会为家，克服了种种困难，坚毅地推进伟大的民主革命事业。孙中山在他漫长的革命生涯中与海外华侨自然地结下了深厚的感情，海外华侨与孙中山革命事业的互动关系主要体现在辛亥革命时期，因此论述孙中山与海外华侨不能不论及辛亥革命。

海外华侨支持和参加辛亥革命，既有历史的原因也有现实的原因。

第一，从历史因素来看，华侨出国的原因主要有政治、经济、军事、文化、宗教等，其中经济和政治原因是主要的。大多数华侨是为了谋生才背井离乡、远涉重洋的。但是，他们到了国外之后不但得不到祖国的保护，反而受到来自祖国的迫害和歧视，一些在国内因为各种原因被迫逃亡海外的华侨则是清政府追捕的对象。在海外华侨社会中，除了政治和经济上与清朝、与当地政府有着某种关系的华侨以及那些已经当地化了的土生华人之外，大多数海外华侨都对清政府对外的无能及对同胞的蛮横感到不满，他们是愿意看到改朝换代、革故鼎新、振兴中华的。这是海外华侨支持辛亥革命的历史因素。

第二，从思想因素来看，海外华侨对革命的认识与同时代其他中国人一样经历了一个思想转变的过程，他们并不是一开始就能全面认识和理解革命的实质和伟大意义。一些深受忠君爱国思想熏陶的海外华侨，起初将孙中山的革命言论当作大逆不道加以拒绝，以康有为、梁启超为代表的维新派，在海外大力宣扬保皇救国的思想，打击革命派主张，威胁、清算那些同情革命派的华侨，导致一些原先参加革命组织的华侨转而参加保皇会。因此，在孙中山开展革命活动的早期，形势是十分严峻的。不过，通过现实生活的教训和革命派与维新派的思想论战，海外华侨逐步看清了保皇派的真面目，转而拥护革命派的主张。

第三，从客观因素来看，19 世纪后期，尤其是甲午中日战争之后，中国的民族危机日益深重，救亡图存在海外华侨社会中逐步成为主旋律。在此背景下，海外华侨的民族主义思潮不断高涨，海外华侨支持革命的动力不断增强。新加坡华侨林受之阅读邹容的《革命军》时，曾被感动到泪湿衣襟。[1] 海外华侨希望通过推翻封建主义统治，建立民主共和的国家，发愤图强，赶上世界潮流。原来对维新派抱有幻想的华侨认清了形势，坚定地站在革命派一边。只有革命才能救国成为海外华侨的共识，革命的洪流滚滚向前。

第四，从主观因素来看，与同时代在国内的中国人相比，海外华侨更多更直接地接触到资本主义的民主共和理念，对孙中山等革命党人提出的革命主张比较容易接受和支持。尤其是华侨社会的中下层群众，他们在国内饱受封建主义的压迫，到了海外既要受当地殖民主义的欺凌或者受当地政府的排斥（如美国、加拿大、澳大利亚的排华行为），又要受华侨资本家、头领的压榨，因此具有强烈的革命意识。

第五，从现实因素来看，海外华侨深知，只有祖国强盛起来，才能更好地维护海外华侨的权益，他们才能在海外扬眉吐气，才能过上不被欺凌、不被侮辱的生活，而祖国要强大就需要革命。

正是以上多种原因形成了合力，海外华侨社会才积极参加与支持反清革命事业，并在辛亥革命期间始终成为革命党人依靠的重要力量和社会基础。

辛亥革命的成功，其原因是多方面的，是历史潮流发展的必然结果，除了海外华侨之外，还有多种革命力量，海外华侨只是其中的一支

---

① 佚名．林受之传略．台北：台北国民党党史会史库藏件；黄建淳．沙捞越华人史研究．台北：东大图书股份有限公司，1999. 472

重要力量。

纵观辛亥革命时期海外华侨的作用，概括起来有以下四个方面：

一、革命组织的支柱

在辛亥革命时期，从兴中会到同盟会，海外华侨始终是革命组织的重要支柱。1894 年，孙中山在檀香山成立的兴中会，首批 20 多位成员都是华侨。后来，兴中会在华侨的支持下，组织规模不断扩大，在中国香港、台湾以及越南、南非等地先后建立了兴中会。到 1905 年，兴中会能明确身份的会员有 286 人，其中华侨有 219 人。[①] 可以说，如果没有华侨的参与和支持就没有兴中会。

1905 年，中国同盟会在日本东京成立。此后，同盟会在中国香港以及南洋、美洲等地陆续建立了分会。在东南亚，同盟会起初以越南为中心，建立了西贡堤岸同盟会、河内同盟会。1908 年后，由于法国当局对革命党人的活动采取敌对政策，越南同盟会的活动被迫采取隐蔽的方式进行，而孙中山等革命领袖则被禁止入境。[②] 此后，孙中山将东南亚同盟会的领导中心从越南转移到新加坡，是年，同盟会在新加坡成立了南洋支部。此后，革命党人以新加坡为中心推动东南亚其他地方同盟会组织的建立，先后派人到马来亚、缅甸、印度尼西亚推动组织同盟会。1909 年，同盟会南洋支部从新加坡移至槟榔屿。所有东南亚各地的同盟分会概归南洋支部管辖，所有各分会负责人的姓名、通信地址及其所签押的会员入会书面誓词，都送交南洋支部保管存案，以便加强联系与合作。至武昌起义爆发后不久，新马的同盟会会员人数达 3 万人左右，[③] 缅甸的同盟会会员有 2 343 人。[④]

北美地区一度因维新派的影响使得革命派的活动相对处于弱势，但

---

① 冯自由．革命逸史（第四集）．北京：中华书局，1981. 25 ~ 47

② J. Kim Munholland. The French Connection that Failed: France and Sun Yat-Sen, 1900—1908. *The Journal of Asian Studies*, Vol. 32, No. 1 (Nov., 1972), pp. 77 – 95

③ 颜清湟．星马华人与辛亥革命．李恩涵译．台北：联经出版事业公司，1982. 290

④ 冯自由．革命逸史（第四集）．北京：中华书局，1981. 163

到 1909 年，情况开始发生较大的变化。一方面是因为维新派的光环逐步退色，海外华侨对维新派的真面目有了比较清晰的认识；另一方面是革命党人经过不懈努力，逐步争取到华侨的认同。是年，孙中山再次赴北美推动美洲同盟会的组织建设，这次受到了华侨的热烈欢迎。孙中山先是在纽约促成美东同盟会的成立，后又前往芝加哥建立美中同盟会。1910 年，孙中山到达三藩市，这时候的革命形势与以前大不相同。在他指导下，正式成立了美洲三藩市同盟会总会，以领导北美地区的同盟会。后来，在孙中山劝说下，三藩市同盟会会员集体加入致公堂，从此“美洲的革命党人终于打开了局面”。①

在同盟会时期，由于东南亚殖民地政府对革命活动的限制，东南亚华侨以及中南美洲地区的华侨多采用书报社的形式作为革命组织的形式和开展革命活动的场所。新加坡有同德书报社等 4 个书报社，马来亚的书报社多达 61 个，数量最多。印尼华侨组织的书报社有 52 个，居其次。缅甸也有觉民书报社等 18 个书报社，越南有 8 个。②武昌起义爆发后，许多书报社转为正式的同盟会组织。

同盟会是由若干个革命组织联合组成的，与兴中会一开始就是以华侨社会为基础有明显的不同。但是，同盟会成立后，孙中山在海外成立的同盟会组织依然是以华侨社会为基础，以吸收华侨为主。换句话说，同盟会在海外的组织依然依赖华侨的支持和参与，如果没有华侨的参与，海外同盟会组织就难以组织起来，更无法开展革命活动。从南洋和美洲等地同盟会的建立过程不难看出，加入同盟会的差不多都是华侨。因此，同盟会时期海外华侨依然是革命组织的重要支柱。

二、革命宣传的先锋

舆论是革命的先导。由于清朝的压制和控制，革命派在国内的宣传

---

① 麦礼谦．从华侨到华人：二十世纪美国华人发展史．香港：三联书店，1992. 199

② 华侨革命史编纂委员会．华侨革命史．台北：正中书局，1981. 151 ~ 155

活动主要是通过散发革命书籍等形式来宣传革命思想的。至于像创办报刊、阅书报社及演出街头剧等形式则难以在国内开展。革命党人开展舆论宣传主要是以国外为基地，以华侨和留学生为主力军。在清末，中国海外留学生主要集中在日本，在日中国留学生确实在政治上显得非常活跃。但从整个海外宣传来看，海外华侨才是革命宣传的先锋和台柱。海外华侨在革命宣传中的作用主要表现在创办报刊、印刷书籍、开设阅书报社、组织集会演讲及街头演出等方面，在这些方面，海外华侨既是创办者又是支持者和最主要的受众。

自 19 世纪中叶以后，随着海外华侨社会的发展和经济实力的壮大，海外华侨应形势的需要陆续创办新式报刊。报刊这一新式宣传手段很快成为舆论宣传的强有力武器，无论是维新派还是革命派，都抓住这个阵地，开展宣传活动以传播自己的思想。维新派与革命派的论战，更加促进了华侨报刊的发展。1900 年，兴中会首先在香港创办了第一份机关报《中国日报》。1904 年，新加坡华侨创办了《图南日报》，这是南洋第一家革命报刊。《图南日报》所制作的月份牌，“分赠华侨，以资宣传”，上面写的“文字收功日，全球革命潮。图南新世界，书檄布东南”的字句至今读来仍极具震撼性。到同盟会时期，革命派已在海外创办了更多的报刊。据统计，从 1906 年至 1912 年，在海外创办的革命报刊有 23 种[①]，其中重要的革命报刊有新加坡的《中兴日报》等。革命派通过华文报刊与保皇派进行思想大论战，批驳保皇派的谬论，使“救国必须革命”的思想被广大民众所接受，这为推动革命运动的不断高涨，为动员更多的国内外人民融入革命的洪流起到了重要的作用。同时，通过大论战，革命党人自身的理论修养也得到显著提高，革命理论更加成熟、更加富有影响力。

三、革命经费的来源

辛亥革命期间，以孙中山为代表的革命党人，在开展革命活动、组

① 颜清湟．海外华人史研究．新加坡：新加坡亚洲研究学会，1992. 90 ~ 91

织武装起义及进行思想宣传的过程中，需要大量的活动经费。海外华侨大力支持孙中山的革命活动，在经济上予以有力的支援。整个辛亥革命期间，海外华侨的捐款总数达800万港元。

海外华侨的经济支持经历了一个渐进的过程。在兴中会时期，海外华侨的支持力度还不是很大。第一次发动广州起义时，孙中山只得到檀香山华侨和香港同胞的支持。以后，虽然又陆续得到各地华侨的支持，但总数不是很大。到了同盟会以后，随着革命形势的发展，海外华侨的支持力度越来越大，广州“三·二九”起义得到海外华侨的大力支援，这对武装起义的进行起到关键的支撑作用。如果没有海外华侨在经济上的支持，孙中山领导的革命事业的发展是极其艰难的。武昌起义爆发后，海外华侨对革命的经济支持有了较大的飞跃。

当然，我们不能以捐赠金额来衡量海外华侨对辛亥革命的贡献度。支持革命的华侨大多不是什么富翁，他们多数是一般商人，还有不少是普通劳工。但是，他们为了革命，竭力而为，有的甚至是倾家荡产。马来亚华侨商人谭德栋（一名谭扬）在为黄花岗之役筹款时便认捐了500元，后来得知筹款有困难便再捐500元，最后答应把店中的5 000元货物全部售卖作为捐款。[①]又如新加坡华侨林受之，仅潮州黄冈起义一役，即认捐万元，此后各次武装起义，或三千、五千，或一万，不遗余力，先后为革命捐款达数十万元之巨，连潮州庵埠老家的家产也变卖了，最后其子女只能去做佣工。

关于海外华侨对辛亥革命的经济贡献，我们应该看到这种贡献除了经济层面上的意义之外，还有精神层面上的意义，即华侨为了革命倾力而为，钱虽不多但精神可嘉。“至于工人更来得热心，……他不管自己袋里有没有钱，总是捐了以后再来设法。”[②] 所以孙中山说“慷慨助饷，多为华侨”，这句话高度概括了海外华侨对辛亥革命的经济贡献。

---

① 邓泽如．中国国民党二十年史迹．上海：正中书局，1948. 42 ~ 43

② 蒋永敬．华侨开国革命史料．台北：正中书局，1977. 290

四、武装起义的骨干

辛亥革命期间爆发的历次武装起义，有不少是海外华侨组织策动的。1895 年，孙中山策划的广州起义，核心力量就是檀香山华侨邓荫南、宋居仁、夏百子等骨干。惠州三洲田起义是由郑士良带领的 300 多名华侨和三合会志士发起的。1907 年的潮州黄冈起义是新加坡华侨许雪秋等组织实施、林受之等人大力支持的。惠州七女湖起义是邓子瑜、黄耀庭等领导的。至于广西、云南的一系列起义，海外华侨均前赴后继，表现勇敢，冲锋在前，为国捐躯。

广州“三·二九起义”打响了辛亥革命的第一枪，起义的主要力量就是来自海外华侨社会，其中仅从新加坡和马来亚等地回国参加起义的华侨就不下 500 人。在殉难的 86 位烈士中，华侨烈士 31 人，另有 8 名是留日学生。孙中山饱含深情地写道：“是役也，碧血横飞，浩气四塞，草木为之含悲，风云因而变色。”对于广州“三·二九”起义的伟大历史意义，孙中山给予极高的评价，称其“与武昌起义之役并寿”。

武昌起义爆发后，海外华侨纷纷回国参战，仅马来亚霹雳州华侨矿工回国的人数就有 2 000 多人，为夺取革命的最后胜利贡献了力量。

总结海外华侨与辛亥革命关系的特点，主要有：

第一，海外华侨始终是孙中山革命事业的支持者，始终是辛亥革命的重要力量。从孙中山开始在海外发起革命活动到辛亥革命胜利，即中华民国成立后，海外华侨始终给予孙中山以有力的支持。在辛亥革命期间，无论形势如何险恶，风云如何变幻，海外华侨在创建革命组织、冲锋破敌、革命宣传和捐输革命等方面始终是一支重要的力量。

第二，海外华侨对辛亥革命和孙中山革命事业的支持经历了一个从小到大、从弱到强、从疑惑不解到全力支持的过程。当孙中山刚开始在海外华侨社会中发动革命时，不少华侨对革命疑惑不解，甚至拒绝、反对。孙中山初次到美国宣传革命，费了很多心血，结果却收效甚微，华侨大资产阶级对革命事业采取了不支持的态度。但到辛亥革命前夕，随着革命形势的发展，海外华侨对革命的热情日益高涨，到了武昌起义后，海外华侨对革命的态度更是发生了巨大的变化。

第三，遍及五洲四海的海外华侨，由于所处的具体环境不同，各国华侨对辛亥革命的态度与支持力度是有差别的，基本上东南亚是革命势力最强盛的地区。越南和新加坡、马来亚是辛亥革命期间革命最活跃的地区，而新马地区更是东南亚革命势力的中心。

第四，广东华侨在辛亥革命中发挥了重要的作用。19 世纪的海外华侨社会是以地缘、血缘、方言及业缘为基础的社会。语言是沟通的必要条件。孙中山是讲粤方言的香山人，他要宣传鼓动、组织革命力量等，偏重在讲粤方言的华侨群体当中进行是自然的事，孙中山身边的核心领导层基本是讲粤方言的人，从兴中会到同盟会，革命组织的成员许多是讲粤方言的华侨。1895 年，孙中山到香港策划广州起义时，周边的陈少白（新会人）、谢瓒泰（开平人）、杨鹤龄（香山人）、黄咏商（香山人）等都是粤方言区的人。孙中山流亡日本时，得到南海籍华侨冯镜如的帮助。孙中山到越南开展革命活动时，围绕在身边的也是台山籍华侨黄隆生、南海籍华侨李卓峰等人。在南洋革命中心的新马地区，粤方言的华侨在整体上的表现不如福建、潮州方言的华侨群体，但在那里的革命组织成员中，粤方言华侨占有重要的地位。例如，马来亚吉隆坡同盟会分会的 16 位创始会员，除了王清之外，其余均是来自顺德、南海、东莞一带的乡亲，而首届会长是顺德人陆秋泰。① 至于在美洲大陆，更是粤方言华侨占了绝大多数。所以，分析海外华侨各个群体在辛亥革命中的表现，我们可以认为广东籍华侨在此之中作出了独特的贡献，其中粤方言华侨群体在辛亥革命中一直是孙中山倚重的对象和坚定的支持者，具有非常突出的地位，发挥了非常重要的作用。

回顾辛亥革命时期海外华侨的作用特征，我们可以用“革命前驱”

① 颜清湟．星马华人与辛亥革命．李恩涵译．台北：联经出版事业公司，1982．118～119

这个词来形容。因为无论是革命组织的创立和发展还是革命宣传活动的开展，无论是对革命的财力支持还是回国参加武装起义，海外华侨都走在了前列。正如孙中山所指出的那样，“华侨的思想，开通较早，明白本党的主义在先，所以他们革命也是在先”①。

概括海外华侨在辛亥革命中的历史地位，我们可以说海外华侨社会是孙中山开展革命的策源地和根据地。因为从兴中会到同盟会的建立和发展，从1895年第一次广州起义到1911年广州“三·二九”起义，孙中山等革命党人均是以海外华侨社会为革命策源地。每次起义失败后，都有大量革命志士流亡海外，需要海外华侨接济安置，革命党人都是将海外华侨社会当作革命的大后方；而当革命处于低潮时，革命党人都是将海外华侨社会当作革命斗争再出发的根据地。

孙中山在总结海外华侨对辛亥革命的贡献时称“华侨为革命之母”。这句话高度概括了海外华侨在辛亥革命中的历史地位，高度浓缩了海外华侨对辛亥革命的历史功勋。今天，我们在纪念辛亥革命一百周年之际，重温孙中山的论断，依然感觉到无比正确。

海外华侨对辛亥革命的伟大贡献已经被历史所证明。那么，辛亥革命对海外华侨社会有什么历史影响呢？

首先，辛亥革命开创了海外华侨社会政治史的新时代。19世纪上半叶，海外华侨社会的领导阶层基本上是由甲必丹（或帮长、会馆领袖）、秘密会社头目、受当地政府委任的官吏和商人四部分构成，这四种人的身份并不是泾渭分明的，他们之间互相交叉，或者同时兼有多种身份。以经济为基础，以地缘、血缘关系为纽带的华侨社会，其社会组织主要是地缘、血缘、会馆和秘密会社。会馆是从正面、合法的层面来管制华侨社会，秘密会社则从地下的、非法的层面来干预华侨社会。华侨社会的内部事务，包括经济、行政、司法等，基本上由华侨领袖根据中国封建传统制度和习惯予以处理。从历史角度来看，这一时期的华人

① 孙中山选集（下卷）. 北京：人民出版社，1956. 459

"参政活动"主要是自治能力和对外交涉能力的培养，主要是处理与当地统治者政治交往经验的积累，还没有出现类似日后那样有理想的职业政治人物，也没有实现社会的政治动员。鸦片战争后，随着中国社会发生了巨大的变革，清政府在内外交困的情况下逐步改变对海外华侨的政策，承认海外华侨是清朝的臣民，并将华侨当作争取的对象。清朝华侨政策的变化无疑对华侨社会起到巨大的鼓舞作用，使海外华侨与中国的政治联系得到激活，与祖国的关系、对祖国的认同成为一种"社会记忆"。清朝华侨政策的改变以及随后而来的一系列措施，如设立领事馆进行护侨活动，以各种名义在华侨社会进行筹款活动，吸引华侨回国投资，等等，都空前地加强了海外华侨与中国的政治联系。一些华侨领袖由于对清朝有所贡献而得到封官晋爵，一些华侨领袖则通过鬻官制度也获得官爵，变成清朝在海外的"政治代表"。

19 世纪后半期，中国与海外华侨政治互动关系的形成与发展，其结果是建立了清朝与海外华侨的政治关系网络，培养了一个有双重政治认同的华侨阶层，既认同于当地也认同于中国。由于有了来自清王朝的政治授权，华侨领袖便披上了"官方"的色彩。他们一方面以当地领袖的身份参与当地政治事务，一方面又以清朝的"臣民"身份迎送清朝官员来访和承办清政府委托的事务。19 世纪后期，清朝华侨政策的变化对华侨社会所产生的影响，从政治史角度来看是为后来华侨参政活动积累了进一步扩大和提高的历史基础。

正当清政府努力建立与海外华侨政治关系的时候，19 世纪末以康有为、梁启超为代表的维新派与以孙中山为代表的革命派分别向腐朽的清朝封建制度发起强有力的冲击。两大政治派别先后在海外发动宣传和组织上的斗争。他们之间的政治思想论战以及他们在海外建立政治组织的活动，从思想上、政治上和组织上空前地提高了华侨的政治参与度，推动了近代华侨政治车轮的前进。辛亥革命是海外华侨历史上首次在有明确政治纲领指引下为了一种政治理想而进行的深度空前的政治参与和政治斗争。在孙中山革命思想的影响下，海外华侨不仅在舆论上、组织上和经济上支援了辛亥革命，而且直接回国参加革命斗争。在辛亥革命这个特殊的历史环境下，尽管海外华侨面临着种种困难和阻力，但他们在实践中逐步学会了追求理想、政治动员、政治组织、政治斗争等一系列政治参与和政治斗争模式，并且培养了一批政治人才。辛亥革命在华侨政治史上的重要成果之一就是在华侨社会中产生了有政治纲领指引的政党组织以及服膺党纲的党员和民众追随者，使海外华侨在历史上有了现代意义的政治组织和政治活动。海外华侨在辛亥革命中积累的经验，为后来的参政活动打下了坚实的基础。从这个意义而言，讨论海外华侨与辛亥革命的关系应该对辛亥革命时期海外华侨在政治上的成长予以高度的评价，应该充分认识到它在华人政治史上的飞跃及所产生的历史意义。

其次，辛亥革命促进了海外华侨社会的团结，培育了新思想、新观念，提升了海外华侨的民族主义内涵。

19 世纪的海外华侨社会，帮派林立，各自维护着自身的势力范围，不同方言群体之间的交流不是很多。移民过程中的连锁移民方式以及到海外后职业选择的“乡亲化”，进一步强化了方言群体之间的隔阂。革命党人在华侨社会中开展革命活动是按理想、目标来组织动员华侨的，因此，不同方言群的华侨便走到一起，在革命组织中更多是在阅书报社内进行学习交流，讨论和形成共同的革命理想和价值观，从而打破了原先狭隘的地域观念和血缘观念，加强了不同方言群的华侨之间的交流和团结。

自 19 世纪中期以后，海外华侨社会先后接受了三次新浪潮的冲击。第一次是清朝为了争取华侨对清朝效忠和吸引华侨回国投资，采取了一系列争取侨心的措施。清朝驻外官员在华侨社会中推行改革陋习、提倡文化及兴办教育等活动。这些活动对海外华侨改变原先的精神面貌起到了积极的历史作用。第二次是戊戌变法失败后，康有为和梁启超流亡海外，他们在海外华侨社会中鼓吹维新变法，大力提倡兴办新式学校，发表了大量抨击封建顽固思想的文章和言论，这对启发海外华侨的思维，促进海外华侨接受新生事物，转变固有观念起到很重要的作用。第三次是以孙中山为代表的革命派，他们针对封建主义制度和封建主义思想，向清朝发起全面的攻击，全面否定清王朝存在的意义。尤其通过与维新派的论战，革命派全面、系统地阐述了革命思想和理论，彻底批驳了维新派的谬论，厘清了华侨的模糊认识，促使海外华侨抛弃愚昧落后的思想，接受新思想、新观念，促进华侨社会向现代文明社会转型。

海外华侨虽然到海外之后接触西方资本主义精神，但他们毕竟深受封建主义影响，忠君观念比较严重，思想保守落后，当孙中山开始在海外华侨社会中开展革命工作时，不少华侨是不理解、不支持的。例如，1896 年孙中山到达旧金山发动革命时，因康、梁保皇派的恐吓，结果只有大学教授邝华汰一人加入兴中会。后来，通过革命派的不断宣传，海外华侨逐步接受了新思想、新观念，尤其是资产阶级的自由、民主、平等观念才在华侨社会中得到广泛的传播。到了 20 世纪初，海外华侨的民族意识和爱国主义思想不断得到强化和升华，不再只是朴素的民族主义感情，而是以自由、民主、平等作为民族主义的内涵，这就为后来海外华侨支持祖国各项革命进步事业打下了基础，也为后来华侨社会掀起反对殖民主义、争取当地独立的社会政治运动打下了基础。

最后，辛亥革命提升了海外华侨的地位，加强了海外华侨与中国的联系。鉴于华侨在辛亥革命中所建立的历史功勋，民国政府通过一系列行动保护华侨的权益，制定了提升华侨政治地位的法律法规和政策措施，并设置侨务机构来执行护侨政策。在参政、议政方面，首先是规定在参议院以及后来的国民大会、立法院及监察院等机关中保留一定数量的华侨代表名额。1913 年，根据《国会组织法》，180 多名海外华侨选举人回国选举了 6 名参议院参议员，这是海外华侨首次通过民主选举的方式当选为议员。到了 1931 年，国民政府公布了《国民会议组织法》，规定海外华侨可以选举 26 名代表。[①] 此后，在国民大会、立法院、监察

---

① 杨建成．华侨参政权之研究．台北：文史哲出版社，1992. 14 ~ 15

院等机关都有华侨代表，不少华侨在各级党政机关中任职。在保护华侨权益方面，广东革命政府执政时期颁布了《保护侨民专章》，规定旅居外国及回国者皆称侨民，凡旅外侨民和回国侨民均须向侨务局注册领取证明书，以便侨务局确认其侨民的地位，照章保护其权益。同时，《保护侨民专章》中还规定了保护侨民的政治、财产及其他方面的权益。民国时期海外华侨的地位与过去相比确实有着天壤之别。

辛亥革命的胜利和中华民国的建立，使海外华侨有了祖国的依靠。海外华侨对新生的民国充满许多遐想，对中国的国家认同和文化认同不断得到强化。民国时期是近代海外华侨回国投资活动的高峰期。民国政府采取了多种措施，制定了多项政策，鼓励华侨回国投资，而海外华侨也在这一时期掀起回国投资的高潮。在广州、汕头、厦门、江门和上海这些城市，海外华侨对城市房地产的投资对这些城市的现代化建设起到重要的作用。华侨回国投资设厂大量增加，矗立在上海滩的永安、先施、大新和新新四大华侨百货公司引进了现代经营理念，以多种方式的创新引领了中国百货业的新潮流。在广东和福建等侨乡，海外华侨掀起了回乡建业的热潮，兴建了大量的侨房、街道、市墟，修建了学校和其他文化设施，使侨乡社会面貌发生了巨大的变化。

但是，中华民国成立后，中国的命运依然十分坎坷。外国列强环伺四周，虎视眈眈。而日本在甲午战争后，时刻幻想着侵略中国。从20世纪20年代末起，日本不断制造事端，到1931年竟公然占领东三省，中华民族又到了生死存亡的关头。在这样的时代背景下，海外华侨掀起了波澜壮阔的抗日救国运动。抗日救国运动兴起后，海外华侨社会不同党派、不同阶层，在抗日救国的旗帜下达到空前的大团结。为了协助祖国抗战，他们在海外开展声势浩大的群众筹款运动，派出了规模庞大的南侨机工回国服务，涌现了许多感人的故事。此外，海外华侨还通过抵制日货和抗日宣传活动，打击日本的嚣张气焰。为了统一领导，东南亚华侨社会成立了“南侨总会”这个最高领导机关，产生了以陈嘉庚为代表的一大批爱国华侨领袖。海外华侨的爱国主义精神在抗日救国运动中达到了历史的顶峰。华侨在抗日救国运动中的表现其实是对辛亥革命传统的继承和发扬。

辛亥百年，记录的是中国历史的发展轨迹。百年辛亥，铭记的是中国历史的伟大转折。

第一章
海外华侨与近代中国

在19世纪，海外华侨与中国的关系发生了重大的变化。鸦片战争后，清朝的海禁政策“不破自破”，清朝在内外交困的形势下，被迫改变原来的华侨政策，采取一系列措施改善与海外华侨的关系，在海外设置领事保护华侨的权益，吸引海外华侨回国投资，并于1893年正式宣布废除海禁政策。随着海外华侨人数的增长和分布地域的逐步扩大，海外华侨社会在19世纪后期有了明显的壮大，华侨社团、华侨报业和华侨教育都得到了重大发展。海外华侨与中国的关系不断得到强化，华侨对中国、对侨乡的社会政治状况日益关注，华侨民族主义思潮得以逐步发展。

第一节　海外华侨社会的经济概况

一、清末华侨的籍贯、分布及职业特点

中国人出国侨居历史悠久。到了19世纪更是涌现出一个移民高潮，中国人的足迹遍及世界各地，在海外形成了一个数量庞大的华侨群体。据估计，1899年全世界的海外中国移民有400万人，1903年有730万

人，1906 年有 770 万人，1908 年达到 860 万人。① 他们在世界各地的籍贯、分布和职业特点大致如下：

表 1－1　清末海外华侨的籍贯、分布和职业特点

分布地区	年份	人数	主要籍贯	主要职业	备注
暹罗	1881 年	150 万	广东潮州	米业、实业	
	1907 年	270.5 万			
缅甸	1891 年	3.7 万	云南、广东、福建	工业、商业	或谓 1906 年 5 万人
	1907 年	13.4 万			
	1911 年	12 万			
越南	1899 年	5.7 万	广东、广西	米业、商业	或谓 1906 年 12 万人
	1907 年	19.7 万			
马来亚	1907 年	102.3 万	福建、广东、广西	农场、商业、工业	
	1911 年	93 万			
新加坡	1891 年	12 万	广东	商业	或谓 1908 年 30 万人
	1901 年	16 万			
印度尼西亚	1900 年	53 万	福建	农场、矿业、商业	或谓 1908 年 136 万人
	1905 年	56 万			
英属婆罗洲	1906 年	2 万	广东、广西	商业	或谓 1907 年 17 万人
韩国	1907 年	1.22 万	山东		
菲律宾	1903 年	4 万	福建、广东	农场、商业	
	1907 年	1.7 万			
日本	1880 年	0.37 万	福建、广东、浙江	商业	
	1900 年	1 万			
	1907 年	1.7 万			
俄领亚细亚	1907 年	3.7 万			或谓 5 万人

① 李长傅. 中国殖民史（重印本）. 北京：商务印书馆，1998. 323

（续上表）

分布地区	年份	人数	主要籍贯	主要职业	备注
美国	1850 年	1.5 万	广东	洗衣、餐馆	
	1900 年	8.1 万			
	1907 年	27.2 万			
夏威夷	1909 年	2.5 万	广东	商业	
加拿大	1900 年	1.7 万	广东		
古巴				洗衣、餐馆	
墨西哥	1900 年	0.28 万		杂货、餐馆	
巴拿马				商业	
澳洲	1906 年	17 万	广东	工业、农业	
新西兰	1909 年	0.25 万	广东	杂货、农业	
南非	1907 年	0.7 万	广东	杂货、餐馆	
	1909 年	1 万			
东非			广东		
欧洲					英法德三国

（资料来源：张玉法．清季的革命团体．台北：中央研究院近代史研究所专刊，1975.68～71）

从表 1－1 可看出以下特点：

首先，从华侨在海外的分布情况来看，具有明显的不均衡特点。华侨主要集中在东南亚地区，其次是美洲地区。《东方杂志》在 1907 年公布的一组数字，也表明了这种明显不均衡的状态。当时全世界的华侨总数为 6 317 329 人，亚洲 4 258 300 人，其中南洋地区 4 192 300 人，美洲 272 829 人，大洋洲 30 000 人，非洲 7 000 人，欧洲及其他地区1 749 200 人。[①] 即使就东南亚地区而言，区域内各地区的华侨人数也有很大差别。如表 1－1 所示，华侨最多的国家是暹罗、马来亚和印度尼西亚。这三地的华侨总人数在 1907 年就有 430 万左右，占世界华侨人口的一半以上。

① 东方杂志，1907（10）：510

其次，从籍贯来看，绝大部分华侨来自广东和福建两省，很少一部分来自山东、浙江、广西和云南等地。广东、福建两省的华侨占全国华侨总数的90%左右，其中约60%是广东人，30%是福建人。因此，中国移民迁出地（祖籍地）具有边缘性和集中性两个特征。[①] 进一步看，这种集中性也体现在各省域内，粤籍华侨主要来自广府地区、潮汕地区和兴梅地区，闽籍华侨主要来自漳州、泉州一带。

再次，从区域分布和籍贯之间的关系来看，具有高度的相关性，即某一个迁出地的人相对集中在某一迁入地。暹罗的移民大多为广东潮州人，菲律宾以福建籍华侨居多。日本华侨最初主要是江苏、浙江两省籍，次为福建，后来广东籍的华侨多了起来。[②] 美国和加拿大的华侨主要是广东的台山人。[③] 这种情况的出现主要是基于地缘、血缘关系的连锁移民形成的。

最后，从主要的职业分布来看，华侨群体也具有较强的区域特征和籍贯特征。暹罗的潮州人主要经营米业和其他实业。马来亚、印度尼西亚和澳洲因为地域较广，矿产资源丰富，所以从事开垦种植和矿业的华侨比较多。日本华侨主要住在城里，职业主要是商人和工人，地主和农民很少。[④] 美国因为19世纪中晚期正在迅速地进行工业革命，铁路建设和矿藏开发是重点发展的行业，所以当时的华侨以铁路工人和矿业工人居多，也有一些华侨自己开设小型工厂。[⑤] 当然，随着各地区政治经济情况的变化，华侨群体的主要职业状况也随之有所改变。例如，1882年美国《排华法案》公布以后，移民的职业比例就有些变化。1870年，在美国经商的华侨占就业华侨总数的1.7%，1900年增至10%，[⑥]因为

---

① 朱国宏．中国国际移民探微．中国人口科学，1994（3）：36

② 罗晃潮．日本华侨史．广州：广东高等教育出版社，1994.188

③ 李东海．加拿大华侨史．温哥华：加拿大自由出版社，1967.430

④ 罗晃潮．日本华侨史．广州：广东高等教育出版社，1994.188

⑤ Shih-Shar Henry Tsai. *China and the Overseas Chinese in the United States*, 1868—1911. Fayetteville：University of Arkansas Press，1983. p. 21

⑥ 郑德华，成露西．台山侨乡与新宁铁路．广州：中山大学出版社，1991.26

美国《排华法案》主要是针对华工。澳大利亚华侨在19世纪70年代前期的淘金热中，大多数从事淘金劳动，1875年以后，不少人逐渐转向种植业。①

马来亚锡矿华工

晚清时期，华侨在籍贯、分布和职业方面的这些特点，不仅会影响各地区、各籍贯华侨的经济状况，影响到各地区、各籍贯华侨与中国经济现代化之间的关系，而且也因此会影响到他们在辛亥革命中的种种表现和特点。

二、海外华侨的经济状况

海外华侨的经济实力是华侨发起和参与辛亥革命的物质基础。虽然不少华侨在国外生活困难，地位低下，但是也有一些人经过努力奋斗，积累了一些财富。“姑不计多少成功的华商创造他们的丰功伟业而积财巨万，然整体而言，因侨民的惨淡经营，造就了嗣后富庶繁华的华侨社会，殆为不争的事实，亦是时值府库空竭的晚清政府，评估华侨经济能

① 郑嘉锐，李丞基等．中山人在澳洲．见中国人民政治协商会议广东省中山市委员会文史资料研究委员会．中山文史资料（第24辑），1992. 19

力的重要表征”。[①] 晚清时期侨汇的数量和部分侨商的资产情况，足以说明海外华侨特别是华商阶层的经济实力是相当雄厚的。

就侨汇而言，有人认为从 1871 年至 1911 年的华侨汇款累计总数达到 12.74 亿两。（注：该书数字为 13.74 亿两，应为印刷错误）[②] 也有人认为从 1862 年至 1919 年的全国侨汇总额为 9 亿美元。[③] 经常性的大量侨汇不仅改善了侨乡人民的生活，平衡了国际贸易，而且其中一部分也用来支持国内的政治改良和革命。

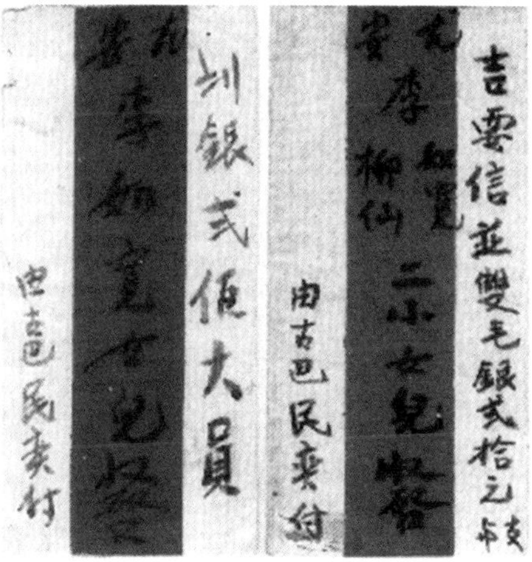

古巴银信

侨商阶层在海外华侨社会所占比例不大，特别是富有的资本家阶层人数不多。对一些出类拔萃的华侨商人，历史资料有一些零星的记载，从 1870 年始至清朝灭亡的这段时期，世界各地比较突出的华侨富商大概为 160 人。他们的籍贯和侨居地分布情况如表 1 – 2 所示：

① 黄建淳．晚清新马华侨对国家认同之研究——以赈捐、投资、封爵为例．台北：中华民国海外华人研究学会，1993. 138

② 孙谦．清代华侨与闽粤社会变迁．厦门：厦门大学出版社，1999. 74

③ 林金枝．近代华侨投资国内企业概论．厦门：厦门大学出版社，1988. 57

表1－2　海外华侨富商的籍贯、人数和侨居地分布情况

祖籍地	人数（人）	侨居地	人数（人）
广东	90	东南亚	111
福建	61	北美	15
海南	5	澳洲	10
浙江	2	日本、朝鲜	10
上海	1	非洲	8
山东	1	拉丁美洲	5
		印度	1

（资料来源：杨宝筠．华侨华人百科全书·人物卷．北京：中国华侨出版社，2001；台湾华侨协会总会．华侨名人传．台北：黎明文化事业公司，1984；杨庆南．世界华侨名人传．台北：华侨工商职业学校基金会，1984）

显然，这些人基本上来自广东和福建两省，也基本上集中在东南亚一带，少数分散在北美、澳洲和日本等地，而且东南亚华侨富商的财富数量远远超过了其他地区的同行。他们的财富主要来自贸易、承包税收、开矿、设厂、航运及种植等经济活动。下面是一些富有华商的资产情况。

1．东南亚地区

客籍华侨张振勋由种植业和承包饷码起家，“承办饷码，领垦荒地，弼士莫不着手机先，获利倍蓰”。[①] 据估计，张振勋在其事业的全盛时期，国内外的全部资产达七八千万两银子之巨，成为19世纪末20世纪初东南亚华侨中首屈一指的富豪。[②] 客籍华侨张煜南、张鸿南兄弟“系广东梅县松口人，幼时极其寒苦”，但到南洋“不上二十年间，遂拥有七八千万的家当，坐棉兰华侨资本家第一把交椅”。[③]

① 温雄飞．南洋华侨通史（下卷）．上海：上海印书馆，1929. 279

② 李松庵．华侨实业家张弼士史料．见中国人民政治协商会议广东省广州市委员会文史资料研究委员会．广州文史资料（第10辑），1963. 162

③ 梁绍文．南洋旅行漫记．上海：中华书局，1925. 95

福建同安华侨黄志信在1863年已拥有300万荷兰盾的资产，1901年去世时留下了1 700多万荷兰盾的遗产。[①] 他的儿子黄仲涵更为富有，开设了多家公司，1890年至1903年间，经营鸦片就获净利1 800万荷兰盾。[②] 至第一次世界大战之前，他已积资3 000余万，成为当时世界豪富之一。[③] 福建南安华侨黄奕住1888年赴南洋，“初以负贩自给，久之尽谙岛民之语言、喜好，观万货之情，治产积居，财以日裕，则专营糖业”，[④] 至1910年已拥资百万荷兰盾。至第一次世界大战前夕，估计他的资产约为500万荷兰盾。[⑤]

闽籍华侨陈金声1864年逝世时，据估计其遗产约有200万元。[⑥] 祖籍福建长泰的新加坡华侨章芳琳1893年逝世时，除以10万金拨充慈善基金、40万元借贷朋友外，还有大批遗产留予其人数颇众的后裔。[⑦] 新加坡的林秉祥兄弟在1904年创办了和丰集团，仅集团中的和丰轮船公司注册资本就达500万元，拥有1 000～5 000吨位的大型船只8艘及小型船只20余艘。[⑧] 陈嘉庚的父亲陈杞柏在1900年的时候，其各产各业共有40万叻币的实数。[⑨] 出道不久的陈嘉庚在1904至1911年经营黄梨园、黄梨罐头厂、橡胶园和米厂等，除去成本、生活费用等各项开支外，还余净利41万元。[⑩]

---

① 雪松．建源公司兴衰史．见中国人民政治协商会议厦门市集美区委员会文史资料研究委员会．集美文史资料（第1辑），1991. 53

② ［印尼］林天佑．三宝垄历史．李学民，陈巽华译．广州：暨南大学华侨研究所，1984. 209

③ 梁绍文．南洋旅行漫记．上海：中华书局，1925. 206

④ 黄钦书等．先府君行实．见赵德馨．黄奕住传．长沙：湖南人民出版社，1988. 372

⑤ 黄笃奕，张镇世，叶更新．黄奕住先生生平事迹．见中国人民政治协商会议厦门市委员会文史资料研究委员会．厦门文史资料（第8辑）．厦门：厦门日报印刷厂，1985. 34

⑥ Song Ong Siang. *One Hundred Years' History of the Chinese in Singapore.* Singapore：Oxford University Press，1902. p. 50

⑦ Song Ong Siang. *One Hundred Years' History of the Chinese in Singapore.* Singapore：Oxford University Press，1902. p. 169

⑧ 陈碧笙．南洋华侨史．南昌：江西人民出版公司，1989. 307

⑨ ［澳］杨进发．陈嘉庚研究文集．北京：中国友谊出版社，1988. 11

⑩ ［新］陈维龙．东南亚华裔闻人传略．新加坡：新加坡南洋学会，1977. 26

广东鹤山华侨陆佑在马来亚雪兰莪的矿场有 10 处之多，至少从中赚到一两千万元。陆佑承办各种税捐 10 多年，估计在这方面至少赚到了三四千万元。第一次世界大战前夕，他的总资产多达七八千万叻币，约合一千万英镑。[①] 福建海澄马来亚华侨陈齐贤，1905 年将他的一丘橡胶园卖给英国人，一次就得款 200 万元。[②]

福建南安华侨吴记藿 1886 年到菲律宾马尼拉谋生，从小店员做起，12 年后，拥资百余万。[③]

2. 其他地区

（1）日本。浙江籍华侨吴锦堂 1885 年到日本，从事中日之间多种物资的贸易，在甲午中日战争后不久就积累了过百万的资财。[④] 广东南海的麦少彭在日本经营怡和商行，1902 年仅输出火柴一项便达 110 多万日元，与吴锦堂一起被誉为日本华侨贸易界的“双雄”，还曾投资火柴厂、水泥公司、煤气公司等多项业务。估计 1902 年前后麦少彭已有近 500 万元的资产。[⑤] 日本华侨在商业领域实力雄厚，以致有人认为“中国商人的资金远比日本商人充足，能比日本商人更好地获得资金和信用”。[⑥]

（2）北美。1872 年，美国华侨商号及个人拥有资产 5 000 至 25 000 美元者，有 25 家；拥有 20 万至 50 万美元资产的也有多人；华侨在旧金山的投资总额估计为 200 万美元。[⑦] 美国华侨刘兴在 1907 年创办了美

---

① 李文．我所知道的南洋华侨陆佑．见全国政协文史资料委员会．中华文史资料文库・华侨华人传．北京：中国文史出版社，1996. 212

② 陈嘉庚．南侨回忆录．新加坡：怡和轩，1946. 401

③ 陈少牧．近代南安旅菲爱国华侨吴记藿．见中国人民政治协商会议福建省南安县委员会文史资料研究委员会．南安文史资料（第 6 辑），1985. 50

④ 童玉民．华侨巨子吴锦堂．见全国政协文史资料委员会．中华文史资料文库・华侨华人传．北京：中国文史出版社，1996. 616

⑤ 罗晃潮．一代富豪日本华侨麦少彭．见华侨华人历史研究，1994（3）

⑥ ［日］滨下武志．20 世纪初上海、神户、仁川的海外华人金融网络．见郝时远．海外华人研究论集．北京：中国社会科学出版社，2002. 137

⑦ 杨国标，刘汉标，杨安尧．美国华侨史．广州：广东高等教育出版社，1989. 120

洲华侨的第一家银行——广东银行，资本额为70万美元。[①]

（3）檀香山。祖籍广东香山的陈芳1849年到达夏威夷，锐意经营，开设商号，经营现代化农场。据说陈芳在1890年退休回中国的时候，卖掉他在公司中的股份就得到了60万美元。[②] 他的资产一度超过100万美元，成为当地华侨中第一位百万富翁。[③] 孙中山的哥哥孙眉1871年到达檀香山，开荒种地，广事畜牧，至1885年前后，已领有土地约6 000英亩，雇工千余，牛、马、猪等牲畜数万头，并开有商店，为茂宜岛巨富。[④] 据统计，辛亥革命前，孙眉以其辛苦经营之产业，慷慨资助孙中山进行革命活动的经费，约达75万美元。[⑤]

（4）澳大利亚。梅光达、郭顺、郭乐、郭标、叶炳南、余荣、马应彪等华侨，都是当时有名的富商。梅光达在1880年末，从他经营的矿山中挖出了大量的金块，逐渐积累了丰厚的财产。[⑥] 郑泗全，香山人，先是放羊，后自办农场，至1909年，已拥有面积1 200英亩的大蔗园，成为当地富商。[⑦]

从以上几个方面可以看出：其一，晚清华侨已经拥有相当的经济实力，这为他们从财力上支持辛亥革命打下了坚实的物质基础；其二，晚清华侨经济呈现出明显不平衡的区域发展特点，南洋华侨经济实力最为雄厚，富商最多。“华侨之所以能够在东南亚各国建立起牢固的经济基础，乃是华侨在几千年民族交流的历史过程中以辛勤劳动的血汗累积起来的结果。”[⑧] 北美、日本和澳洲等地有名的华侨富商不多，但由于这些地区资本主义经济发展迅速，一般华侨的生活水平较高，也呈现出良

① 台湾华侨协会总会．华侨名人传．台北：黎明文化事业公司，1984. 351

② Clarence E. Glick．夏威夷的华裔移民．吴燕和，王维兰译．台北：正中书局，1985. 3

③ 杨国标，刘汉标，杨安尧．美国华侨史．广州：广东高等教育出版社，1989. 477

④ 陈锡祺．孙中山年谱长篇（上册）．北京：中华书局，1991. 19

⑤ 庄政．国父生平与志业．台北：中央日报出版部，1982. 60

⑥ 谭思哲．江门五邑海外名人传．广州：广东人民出版社，1993. 41

⑦ 中山市地方志编辑委员会．中山市志．广州：广东人民出版社，1997. 1107

⑧ ［日］李国卿．华侨资本的形成和发展．郭梁，金永勋译．福州：福建人民出版社，1984. 16

好的发展势头。非洲华侨不多，一些地区的华侨主要从事商业经营，但只有少数商人发了一点小财，大多数商人起早贪黑，辛勤劳作，也只能混得个温饱。[①] 欧洲的华侨更少。例如，英国在 1901 年只有 387 位华侨，到 1911 年也才只有 1 319 人，他们大多数从事水手和洗衣工作，[②] 所以在晚清时期还未见到华侨富商。海外华侨社会财富的这种区域分布，直接影响了华侨对辛亥革命财力支持上的强弱。事实表明，辛亥革命中慷慨捐助支持革命的华侨资金、军饷主要来自东南亚和美国一带，其余地区不明显。

第二节　海外华侨与近代中国

对于中国人移民海外的活动，清朝开始时实施严厉的海禁政策，一方面严厉限制中国人出国，另一方面不允许华侨随便回国。康熙五十六年（1717 年）议定："凡出洋久留者，该督行文外国，将留下之人令其解回立斩。""入洋贸易人民，三年之内，准其回籍，其五十六年以后私去者，不得徇纵入口。"清朝将海外华侨视为"弃民"，对发生在外国的排华事件不睬不问。例如，1740 年 10 月发生在印度尼西亚巴达维亚（今雅加达）的"红溪惨案"，被荷兰殖民者屠杀的华侨近万人，侥幸逃出者仅 150 余人，被焚毁和劫掠的华侨房屋达六七百家，财产损失更是无法估计。处于国力鼎盛时期的乾隆王朝对此事居然没有作出任何反应，反而认为这些华侨是"内地违旨不听招回，甘心久住之辈，在天朝本应正法之人，其在外洋生事被害，孽由自取"。

鸦片战争后，中国大门被西方列强用炮舰打开，海禁政策"不破自破"，西方殖民者在中国沿海地区掀起掳掠华工的狂潮。清政府在内外

---

① 方积根．非洲华侨史资料选辑．北京：新华出版社，1986. 480 ~ 481

② 李明欢．欧洲华侨华人史．北京：中国华侨出版社，2002. 202

交困的背景下，被迫改变政策，对海外华侨从蔑视逐步转为重视其经济实力并设法招徕，从敌视逐步转为安抚、争取和采取保护措施，极力争取海外华侨对清朝的效忠，这在客观上加强了海外华侨与中国的联系。

华工抵达加拿大

一、重视华侨经济实力，吸引华侨回国投资

首先是少数沿海地区的官员提出要重视海外华侨的作用，加强同华侨的联系。广东巡抚蒋益澧认为，“内地闽粤等省，赴外洋经商者人非不多。如新加坡有内地 10 余万人，新加坡、旧金山有内地 20 余万人，槟榔士伽拉巴有内地数万人。和约中原，载彼此遣使通好。若得忠义使臣，前往各处联络羁维，居恒固可窥彼腹心，缓急亦可籍资指臂”。[①] 1874 年，福建巡抚王凯泰则直接提出对外洋侨商进行保护，以便利用。“中外出洋之人，孰不愿为中国用，其有奇技异能者，送回中国，优给薪资，酌予奖励。行见海外华人，争思自奋。况中国殷商，知外洋有官护持，丝茶大贾，皆可广为招徕，自行运销，不受洋人抑勒，是又暗收

① 宝鋆等．筹办夷务始末（同治朝）（43 卷）．近代中国史料丛刊（611 卷）．台北：文海出版社有限公司，1971．4100

利权。”①

洋务运动兴起后，清政府对海外华侨的经济实力更加关注并寄予厚望。中国第一家民族资本的大型近代航运企业上海轮船招商局成立后，为了寻求更多的资金，开始注意在南洋华侨中吸收投资者。1879 年，该局派遣广东试用道张鸿禄、候选知县温宗彦到南洋、新加坡一带考察航运事业，同时招集华侨资本。根据轮船招商局等禀李鸿章电文的记载，他们在暹罗招集股金 50 000 银两，在葛罗巴、三宝垄、泗水及新加坡等地，又募得股金 65 200 银两，应邀投资的有 38 人，其中就有大名鼎鼎的张振勋，他的投资额为 3 600 银两。②此后几年，郑观应、刘铭传、张之洞、盛宣怀等人，也先后派员出国招徕侨商，发展国内企业。

甲午战争后的 1895 年，清廷认识到要利用侨资，发展生产。“南洋各岛及新、旧金山等处，中国富商在彼侨寄者甚众，劝令集股，必多乐从。”光绪皇帝还命浙闽总督边宝泉、两广总督谭钟麟、广东巡抚马丕瑶“遴派廉干妥实之员，迅赴各该处，宣布朝廷意旨，劝谕首事绅董等设法招徕该商人。如果情愿承办，或将旧有局厂，令其纳赀认充；或于官厂之外，另集股本，择地建厂。一切仿照西例，商总其成，官为保护。”

1903 年商部成立以后，开始了经常性的劝诱华侨投资国内的活动。1903 年，锡良就川汉铁路招股事项致电商部，“款巨工繁，集股不易，可否由贵部派员赴新加坡等埠地方，劝谕富商，招集巨款，以兴要工?”③ 1904 年，贝子载振曾特别委派章京杨道霖、石作祯前往南洋联络各华商举办商会，联络商情。④ 同年，湖南矿务总公司成立后不久，即派中路总理在籍候补道黄笃恭前往沪汉一带及南洋新加坡、日本横

---

① 宝鋆等. 筹办夷务始末（同治朝）（99 卷）. 近代中国史料丛刊（611 卷）. 台北：文海出版社有限公司，1971. 9188

② 顾家熊，聂宝璋. 中国近代航运史资料（1840—1895）（第 1 辑下册）. 上海：上海人民出版社，1983. 984 ~ 988

③ 大公报，1903 - 12 - 13

④ 东方杂志，1904，1（5）：83

滨、大阪等地，招集华商股本，发展路矿实业。[①] 1906年，云南铁路建设者“札委候补道缪国钧亲赴南洋各埠，招集华商股份”[②]。1906年11月，陈宝琛为了推销漳厦铁路股票到达南洋，几个月后，“募股百数十万，归而决议先办漳厦。……三十四年，公司报收入股款共计百七十万元”[③]。1906年12月，徐锐出访南洋，先后到小吕宋、新加坡、吉隆坡等地，目的是要“合旅洋诸豪富，纠集巨资，先行设立总公司，然后各就专业，分设各项公司，广行泰西生利诸法于内地”。[④]钱洵、董鸿祎到南洋稽查华侨工商业务。[⑤] 邮传部为扩张海权，拟设立一大公司，奏派黎国廉往南洋招集商股，充推广航业之用。[⑥]

清朝到海外华侨社会的招商活动，得到华侨的响应。1907年初，盛京将军赵尔巽委派前广东惠潮嘉道沈守廉（保叔）到新加坡、槟榔屿一带招商。[⑦] 南洋侨商遂派熊其实、朱晴溪到奉天调查情况，赵尔巽接见了他们，并认为侨商“皆有热心实力，当加奖励”[⑧]。8月，农工商部又奏派杨士琦前往菲律宾、越南、泰国、新加坡等地考察，到达新加坡时，“我华人诸行店亦多悬旗结彩，以表爱国之忱”[⑨]。1908年，桂抚张鸣岐奏派刘士骥、叶恩等赴美、澳、南洋一带招商，创设振华公司。[⑩] 这次刘士骥到美国、加拿大等地共招得股份100多万元。广西桂全铁路的建设因资金短缺，也对海外华侨抱有很高的期望，“派员劝访

---

① 东方杂志，1904，1（6）：98

② 宓汝成．中国近代铁路史资料．北京：中华书局，1963.1106

③ 刘锦藻．清朝续文献通考．杭州：浙江古籍出版社，2000.11140

④ 中国第一历史档案馆．光绪末年徐锐考察外洋商务史料．历史档案，1988（4）：39

⑤ 蔡佩蓉．清季驻新加坡领事之探讨（1877—1911）．新加坡：新加坡国立大学中文系，八方文化企业公司，2002.98

⑥ 叻报，1907-01-16

⑦ 中国第一历史档案馆．光绪末年徐锐考察外洋商务史料续编．历史档案，2002（1）：53

⑧ 商务官报，1907（14）：6

⑨ 叻报，1907-12-05

⑩ 清实录·德宗实录（第8册，卷593）．北京：中华书局，1987.836

各埠华侨认占股份”①。同年秋，上海商务总会派李征五观察为代表，偕同沪会创办员周雄夫、陈君贻前往爪哇各埠联合华商招集股份。南洋侨商“对于华商银行认股一事殊形踊跃”，《叻报》也发表了热情洋溢的评论。“本报深喜南洋今日风气渐开，各埠华商均能热心公益，从此闻风兴起，合力提倡，连中外为一家，破从前之隔膜，创成伟业，共挽利权，是则我同胞所昕夕祈祷者也。”② 1910 年，南洋劝业会举办方先后两次奏派王树枬和江孔殷前往南洋，“因调查以行劝导，借演说以广见闻”③。12 月，清朝又派杨士琦往南洋各岛，“劝导各华侨回国开采各省矿产”④。

为了提高招商的效率，清朝从只派官员出访，变成选派海外华商作为招商引资的代表。1911 年初，两江总督张人骏、江苏巡抚程德全奏请委派候补三品京堂张煜南考察南洋华民商务，以招徕华商经营实业。⑤

清朝对回国投资的华侨实行了一些优惠政策。如张振勋创设的张裕酿酒公司获得了“专利 15 年，免税 3 年”的优惠。⑥ 1908 年，美洲华侨叶恩等集资创设振华公司，在广西开办矿务、垦殖、银行、轮船等业务，粤督张人骏、桂抚张鸣岐奏请“筹办广西矿务，恳免征收出井、出口两税五年，以稗实业”如所请行。⑦ 也就在这一年，农工商部对胡国廉开发琼崖的侨兴总公司奏准给予该公司采矿业“以特优之利益，所有该公司照费、年租、出井税等款，均可按给照年限一律豁免”⑧。1909 年，郭祯祥在福建漳州设立的华祥制糖公司也要求得到“专办若干年

① 广西铁路最近之筹划（1909 年 7 月 6 日）. 见马鸿谟.《民呼、民吁、民立》报选辑. 郑州：河南人民出版社，1982. 168

② 叻报，1908－09－24

③ 刘锦藻. 清朝续文献通考. 杭州：浙江古籍出版社，2000. 11414

④ 叻报，1910－12－20

⑤ 刘锦藻. 清朝续文献通考. 杭州：浙江古籍出版社，2000. 11417

⑥ 汪敬虞. 中国近代工业史资料（第 2 辑）. 北京：科学出版社，1957. 999

⑦ 清实录·德宗实录（第 8 册，卷 593）. 北京：中华书局，1987. 836

⑧ 朱寿朋. 光绪朝东华录. 北京：中华书局，1958. 5970

限”的特别允许。[①] 1910年，在南京举办的南洋劝业会出现财务困难时，侨商张煜南出资30万元，以10万元报效会场善后经费，以20万元创设公司，从事改良种茶等业务，为此清政府给予“10年之内，免其缴租及一切厘金杂捐，以示优异”[②]。

清朝还以卖官鬻爵的手法来加强与海外华侨的联系。清朝向海外华侨卖官鬻爵早在1846年就已经开始，槟榔屿侨领陈其馆其时就拥有布政使司理问的官衔。在1877年以前，至少有11位华人被授予官衔。[③] 1877年以后，清政府开始公开和大规模的对华侨卖官，至1912年，清政府一共向新马华侨出售了291个官衔。[④] 需要指出的是，早期对华侨的卖官鬻爵是出于财政上的需要，部分是要帮助救济中国的灾民，部分是旨在诱使华侨倾向中国，在政治上效忠中国。[⑤] 但随着经济发展的需要，清政府开始将官衔作为奖赏奖给那些投资有功的海内外华商。例如，张振勋由于在国内投资多项实业，成绩突出，被“赏给头品顶戴，补授太仆寺卿”的荣衔；[⑥] 马来亚锡矿大王胡国廉携巨资回闽、粤开办矿业，1908年被授予“三品卿衔”；福建海澄县华侨吴梓材也因和胡国廉一起办矿有功被授予“四品卿衔”；[⑦] 张煜南被赐给“三品京堂候补”；[⑧] 陈宜禧因办新宁铁路有功在1909年10月被封为“二品顶戴仍作为农工商部四等顾问官”。[⑨]

---

① 林金枝，庄为玑．近代华侨投资国内企业史资料选辑（福建卷）．福州：福建人民出版社，1985. 118

② 商务官报，1910（25）：5

③ 黄建淳．晚清新马华侨对国家认同之研究——以赈捐、投资、封爵为例．台北：中华民国海外华人研究学会，1993. 167～168

④ 颜清湟．清朝鬻官制度与新马华族领导层（1877—1912）．见柯木林，吴振强．新加坡华族史论集．新加坡：南洋大学毕业生协会，1972. 59

⑤ 颜清湟．清朝鬻官制度与新马华族领导层（1877—1912）．见柯木林，吴振强．新加坡华族史论集．新加坡：南洋大学毕业生协会，1972. 70

⑥ 温雄飞．南洋华侨通史（下卷）．上海：上海印书馆，1929. 279

⑦ 商务官报，1908（7）：8

⑧ 华侨协会总会．华侨名人传．台北：黎明文化事业公司，1984. 259

⑨ 商务官报，1909（27）：4

侨商们得到的这些官衔，虽然有的只是虚衔，但在政治上是对他们的肯定，而且在实际经济活动中，对减少地方官吏的干扰还是具有一定作用的。故后人曾为之感叹云：“中兴名臣曾国藩仅赏侯爵，李鸿章不过伯爵，其余百战功臣，竟有望男爵而不可得者，今乃以子男等爵，奖创办实业之工商，一扫数千年贱商之陋习，斯诚稀世之创举。”① 这段话虽有些言过其实，但也从一个侧面反映了清政府为了推动工商业的发展而不惜一切的姿态。

1901 年澳洲悉尼中山会馆身穿清朝官服的侨领

清政府积极争取侨资的活动得到华侨一定程度的回应，海外华人投资为中国经济发展带来了契机。② 对海外华侨来说，各级政府频频派员出洋考察，宣布朝廷旨意，本身就是重视他们的一种表现，因此他们对来自国内的考察人员表示了热烈的欢迎，并从 19 世纪后期开始回国投

① 杨铨．五十年来中国之工业．见陈真，姚洛．中国近代工业史资料（第 1 辑）．北京：三联书店，1957. 7

② 蔡佩蓉．清季驻新加坡领事之探讨（1877—1911）．新加坡：新加坡国立大学中文系，八方文化企业公司，2002. 126 ~ 128

资，从而出现了一个华侨投资初潮。

清末华侨回国投资的领域相当广泛，包括缫丝业、矿冶业、水电业、纺织业、铁路建设、轮运业、火柴业、砖瓦制造业、玻璃制造业和制糖业等，投资的重点最初是在机器缫丝业。华侨开办了中国第一家民办机器缫丝厂，但投资额度大的还是在铁路、冶矿和垦牧业领域。从投资的地点来看，主要集中在侨乡地区，如广东的广佛地区、江门地区、粤东潮梅地区和福建漳厦地区等，但随着时间推移，有向其他地区扩散的趋势。据统计，至1911年，华侨在广东、福建和上海三地一共创立了351家各类企业。[①] 中国人自己在整个晚清时期共投资创办了资本在1万银元以上的民用工矿企业（不包括轮船运输业和铁路）953家，[②] 而华侨在这一时期投资的工矿企业有58家，占全部民用工矿企业数量的6%以上。58家企业的创办资本额中，华侨投入的资本约为1 000万银元，大约占同期全国民用工矿企业资本总额的5%。[③] 很显然，吸引侨资的政策促进了海外华侨的投资，促进了国内企业的发展。更重要的是，清朝吸引侨资的措施加强了海外华侨与祖国的联系，为华侨民族主义的产生和兴起起到了间接推动作用。

二、争取侨心，采取护侨政策

鸦片战争后，大批华工被西方殖民者掳掠贩运到海外殖民地从事暗无天日的劳作，他们被当作奴隶般被贩卖被奴役。海外华工的种种遭遇引起了世人的愤怒，强烈要求清政府予以保护。在此情况下，清政府派出陈兰彬等赴古巴、秘鲁等地调查交涉，最后解救了部分华工。到了19世纪末，清朝开始在海外设置领事活动。1877年，首先在新加坡设立了领事馆，以后逐步在日本、美国等设立领事馆，派遣外交官。清朝

① 林金枝．近代华侨投资国内企业概论．厦门：厦门大学出版社，1988.7

② 杜恂诚．民族资本主义与旧中国政府（1840—1937）．上海：上海社会科学院出版社，1991.31

③ 向军．晚清华侨与中国经济现代化研究．暨南大学博士学位论文，2007.226

驻外使领馆的官员，除了维护清朝的利益之外，也积极在海外华侨社会中推行华侨教育。

1873 年，陈兰彬奉命前往古巴查明华工受虐情况，表明晚清当局终于能运用出使的手段来保护国外侨民。1874 年初，陈兰彬一行到达古巴，克服重重阻力，经过详细的调查和大量的取证，证实了华工大多是被诱拐威逼而来，到古巴即被贩卖为奴，苦不堪言。陈兰彬的报告公布后，引起了世界舆论的一片哗然。在各方压力下，西班牙同意与中国进行谈判。1877 年，中西两国签订了《中西古巴华工条款》，对保护古巴华工进行了详细的规定。同一时期，秘鲁华工也向总理衙门控诉他们的悲惨遭遇。1873 年，中秘之间也就华工问题展开了艰难的谈判，经过 8 个月断断续续的交涉，双方签订了保护华工的《中秘会议专条》和《中秘通商条约十九款》。此后，李鸿章派遣容闳到秘鲁调查华工情况，到 1879 年，有半数以上的华工契约期满后成为自由人。清朝的这些努力，较好地保护了所在地华工的权益。

在与西方各国交涉保护华工的过程中，中国的驻外使领馆制度开始建立起来。1875 年，总理衙门保奏候补侍郎郭嵩焘任出使英国大臣。以此为肇始，清政府在世界各主要国家先后派驻了使节。从 1877 年到 1894 年，在新加坡、横滨、大阪、长崎、檀香山、古巴、旧金山、纽约和加里约等地设立了领事馆。甲午战争之后，特别是在清末新政之后，清政府加快了设立领事馆的步伐。整个晚清时期，清朝先后共设领事馆 46 个。这些派驻国外的领事的职责主要有：了解海外华侨的情况，加强与各国政府沟通，保护华侨的海外权益；加强同海外华侨的联系，特别是与一些富有侨商的联系，吸引他们回国投资，促进国内工商业的发展；控制海外华侨，消弭革命派及康有为和梁启超的影响等。海外领事的这些活动，在保护华商、华工方面起到了较为重要的作用，特别是在古巴、秘鲁设立领事馆，改变了当地迫害华工的情况，增强了海外华侨与祖国的联系，增进了华侨与祖国的感情。

三、兴办华侨教育

在新的形势下，1893 年，清廷正式废除禁止华侨回国的法令，下令刑部将私出外境之例，一酌拟删改，并由沿海督抚出示晓谕州县乡村，“其余良善商民，无论在洋久暂，婚娶生息，一概准由出使大臣或领事官给予护照，任其回国治生置业，与内地人民一律看待，并听其随时经商出洋，毋得仍前借端讹索，违者按律惩治。……庶几上以广圣朝丕冒之仁，下以慰羁旅怀归之念，诚为因时制宜维持邦本之急务”①。晚清政权和海外子民的关系开始得到改善。晚清政府为了利用侨资，也是为了拉拢华侨、平息海外华侨革命愿望的需要，先后出台多项措施保护归国华侨、派遣使者安抚华侨、鼓励华侨回国投资等。

1899 年 5 月 24 日，朝廷同意了闽浙总督许应骙关于在福建厦门设立保商局的奏请。“闽人出洋，籍多漳泉，以厦门为孔道，此项民人不忘故土，偶一归来，则关卡苛求，族邻诈扰，以致闻风裹足，殊非国家怀保小民之意，著准于厦门设立保商局，遴选正绅妥办，凡出洋回籍之人，均令赴局报明，即为之照料还乡。倘仍有扰累情事，准受害人禀局查办，以资保护而慰商民。”② 对厦门保商局的设立，新加坡《叻报》评论说“乃保护洋客回里之一大善政”③。

1900 年，广东巡抚德寿也奏请设立广东保商局。“粤民出洋贸易人数甲于他省，回籍时为官吏势豪索诈，在所不免，适江苏题奏道苏元瑞来见，与之热商设局保护，先在省城设立保商总局，……省外沿海各处，俟各局办有成效，再行推广以期周密。”④ 广东省保商总局遂在广州城太平门外其昌街成立。保商总局的建立，表明了政府希望它能有效地保护回国侨商，从而达到招徕侨商的目的。

---

① 朱寿朋．光绪朝东华录．北京：中华书局，1958. 3244

② 刘锦藻．清朝续文献通考．杭州：浙江古籍出版社，2000. 11398

③ 叻报，1899－06－07

④ 叻报，1899－06－07

保商局的成立，虽然不能马上发挥十全十美的作用，但其效果还是值得肯定的，也得到了侨商的肯定。“漳州保商局自前年开办以来，主持局事之官绅，皆能尽心尽力剔除官场习气，与商家十分浃洽，凡有殷商来局请保护者，无论家中有巨细事情及讼词等件，一概由局递禀不费一钱，即由局详札饬地方官妥为照办。此局之设，实有益于出洋殷商。”①

当然，清朝的护侨措施实际上也有执行不力之处。例如，在保商护商做得比较好的福建、广东两地，对归国华侨的保护仍然存在严重的弊端。1899 年，闽浙总督许应骙关于在福建厦门设立保商局的奏请中说：“闽人出洋，籍多漳泉，以厦门为孔道，此项民人不忘故土，偶一归来，则关卡苛求，族邻诈扰，以致闻风裹足。”② 1900 年，广东巡抚德寿也认为：“粤民出洋贸易人数甲于他省，回籍时为官吏势豪索诈，在所不免。”③ 1903 年商部成立后，槟榔屿、新加坡和小吕宋等地侨商即联名上禀，控告厦门保商局：“凡闽人由南洋归来，按人抽收局费……商人被人欺凌，投诉不理；商人行李往来，未尝护送；出入款目，从未造报。……敛取商民之资则有名无实，半归靡费，南洋华商，至以‘勒捐局’目之。”④ 虽然后来有所改变，政府也采取了一些措施，但是新建立的厦门商务局（商政局）“于回籍华商，未闻切实保护，关卡留难如故，强邻需索如故。遇有械斗案件，牵涉拖累，胥役扰害均如故”⑤。所有这些，进一步引发了海外华侨对腐朽的清朝封建政权的不满。

晚清政府还派遣各类专使到海外鼓吹兴办华校，推广华文教育，给海外华侨教育以极大的影响，提高了海外华侨的思想文化素质，也增强了海外华侨与祖国的联系，激发了他们忠君、爱国的民族意识。

1902 年以前的华侨教育均是以旧学为主，学校数量很少，规模也

---

① 叻报，1902－04－21

② 刘锦藻．清朝续文献通考．杭州：浙江古籍出版社，2000. 11398

③ 刘锦藻．清朝续文献通考．杭州：浙江古籍出版社，2000. 11398

④ 朱寿朋．光绪朝东华录．北京：中华书局，1958. 5115

⑤ 朱寿朋．光绪朝东华录．北京：中华书局，1958. 5377

小，多数侨校都是海外华侨自发组织的。1902 年，《钦定学堂章程》的颁布开始了海外华侨教育发展的重要阶段。晚清政府倡导海外华侨教育的主要举措有：

1. 赋予各类使臣办学使命

1904 年，张振勋被任命为考察南洋商务大臣。他除了劝办商会、宣传保护华商的政策外，也力促建立华侨学校。此前一年，他已经与胡国廉、谢荣光等捐资创办了槟榔屿新式学校——中华学校。1905 年，张振勋到新加坡后，也鼓动闽属华侨创立了养正学堂，粤属华侨创设了广肇学堂。1906 年，客属华侨成立了启发学校，潮属华侨成立了端蒙学堂。1907 年，闽属华侨吴寿珍、张善庆等发起创办了道南学校。1909 年，琼属华侨王绍经、黄可辉等发起创办了育英学校。

1907 年，农工商部侍郎杨士琦受命为考察南洋商务大臣，同样肩负着促进华侨教育发展的任务。在没有侨校的地方鼓励设立侨校，在有侨校的地方宣讲清政府的护侨政策。

2. 派遣视学专使

1905 年，岑春煊派遣广西知事刘士骥前往南洋视学，巡历英、荷所属各埠。刘士骥回国后不久，岑春煊委派新加坡总领事为新加坡学务总董，胡国廉为槟城总董，并派苏乔荫、启元为新加坡和槟城两地总视学员，爪哇则派候补知县汪风翔为总董兼粤侨学校的总视学员。闽浙总督也应爪哇闽籍华侨的禀请，派留日学生陈华为闽侨学校总视学员。1906 年，朝廷也令董鸿祎到南洋总理学务，其官衔全称是“南洋各岛视学员”。这样，清朝的地方衙门有粤督派出的总视学员，中央有学部委派专员总理南洋学务，南洋侨校相当程度上为清朝所控制。1906 年，朝廷也派梁庆桂作为学务专使前往美国各埠，办理华侨学务。

3. 建立暨南学堂

暨南学堂的开办是清朝争取侨心、维系侨情的重要措施。1906 年，两江总督端方奏请朝廷，在南京开办暨南学堂，以便“系侨情”、“弥隐患”。清廷恩准后，在端方主持下开始筹建暨南学堂。第二年，南洋总视学员、清朝学部专司行走董鸿祎送爪哇华侨学生 31 名到达南京（当时叫江宁）就读暨南学堂。暨南学堂就此开始了在国内开办华侨学校的先声。

此外，清廷也和奖励投资一样，奖励捐资助学，对捐资数额达到一定数额的侨商，授予相应的勋衔。

这些兴学措施大大增强了海外侨民与祖国的联系。由于新式学校都采用国语教学，而国语的传播有助于克服因方言造成的海外华侨社会的隔阂，促进华侨社会的团结。国语的传播还有利于从文化上认同于整体上的中国，而不应像以前那样多认同于家乡，从而促进了民族主义的产生和发展。20 世纪初，华人民族主义思潮风起云涌，追本溯源，不能不说相当大程度上源于华侨学校的普及。[①]

第三节　海外华侨民族主义思潮

中国近代民族主义思潮产生于 19 世纪晚期，海外华侨民族主义是中国民族主义的一个组成部分。学者们普遍认为海外华侨民族主义主要是国内政治力量在海外的宣传和国内民族主义影响的结果。“华人认识到了强大中国与海外华人之间存在的切肤关系，是维新派与革命派积极宣传的结果。……南洋华人之所以越来越具有民族主义意识，完全是由于那些事实上生活在他们社会之外的人所进行的活动的结果。”[②]“如果说将海外华人拉到中国本土去只存在一个因素的话，那么这个因素就是中国民族主义的魔力。因为中国民族主义由‘希望’和‘害怕’两个孪生成分组成，希望创建一个独立强大和有尊严的国家，以提高华人的弱小地位，害怕祖国被列强瓜分和成为殖民地，从而进一步降低华人在

① 庄国土. 中国封建政府的华侨政策. 厦门：厦门大学出版社，1989. 320

② 王赓武. 东南亚与华人——王赓武教授论文选集. 姚楠译. 北京：中国友谊出版公司，1987. 137 ~ 144

东南亚岌岌可危的地位。”①

毫无疑问，革命派、维新派宣传革命、改良的活动以及清政府在海外华侨社会的积极工作，均对海外华侨社会产生了重要的影响，使华侨认识到祖国对他们的重视，认识到他们与祖国的关系，进而产生了华侨民族主义思潮。但与此同时，如果没有华侨社会本身所具有的可以导致接受民族主义思潮的因素的存在，只有华侨社会外部各种政治力量的诱导是否就能导致民族主义的产生是值得怀疑的。如果说华侨社会因对侨居地政府实施歧视政策而产生的不满情绪是“干柴”的话，那么也可以说，中国各派政治力量就是富有成效的“点火人”。

19 世纪中叶以前，无论是在西方殖民势力控制的地区，还是北美、澳大利亚和日本等地，由于经济发展需要大量的以吃苦耐劳著称的华侨工人，或者需要华商充当殖民经济与土著经济之间的桥梁，或者出于发展国际贸易的需要，各侨居地除了一些零星限制华人入境以及歧视入境华侨的政策，大体上还算善待华侨。但是，到了 19 世纪中晚期，各侨居地开始对华侨移民采取严格的限制和歧视政策。这些政策主要表现在两个方面：一是采取各种措施严格限制华工入境；二是对已经入境者在政治、经济、文化等方面实行歧视和压迫政策。

外国政府实施排华法令以美国、加拿大和澳洲为典型。美国国会在 1882 年 5 月 6 日正式通过了《排华法案》（*The Chinese Exclusion Act*），不准中国人入美国籍，其后对于移民限制愈来愈严。1888 年通过《斯格蒂法案》，1892 年通过《基里法案》。1894 年又签订《华工条约》，规定在 10 年内不准华人入境，该条约以 10 年为期，期满再延长 10 年。② 此外，美国于 1870 年颁布了《外侨土地禁令》，剥夺了华侨拥有土地的权利。在对华侨渔民的限制上，从 1860 年开始，美国地方特别是加州通过了不下 10 次的限制令。在雪茄制造业方面也是多加限制，

① 杨进发．新加坡英国殖民当局对当地华人领袖的态度（1819—1941 年）．见姚楠．中外关系史译丛（第 5 辑）．上海：上海译文出版社，1991. 149

② 陈翰笙．华工出国史料汇编（第 7 辑）．北京：中华书局，1984. 12

如规定雪茄烟未经政府盖印者不得出售，而政府对华侨制作的雪茄又故意不给盖印。①

加拿大排华政策自罗宾逊因于1872年在卑师省议会提出《歧视华侨法案》开始，步步升级。在向赴加拿大的华侨抽人头税的问题上，短短的20年时间里就由每位10美元增加到500美元，以致旅加商民苦不堪言。② 在华人从事的职业方面，加拿大一些地方政府也是“限禁华人挖煤，限禁华人购置产业”。③

澳大利亚的维多利亚在1855年就通过一项法案开始限制华侨入境，1857年开始每月征收华侨1镑的居住税。随后，南澳大利亚和新南威尔士也通过了限制华侨的法案。虽然在宗主国英国的干预下，这几个地方不久就将这几项法案先后废除，但从1880年开始，澳大利亚各殖民地一起通过法案限制华侨进入澳洲。1888年，大洋洲第二次“洲际会议”进一步加强了对华侨移民的限制，华侨入澳便越来越困难。1888年，在澳洲的华侨约有5万人，到了1901年仅为32 000人。④ 1901年以后，“白澳政策”得到进一步的推行，当年通过的《移民限制法案》规定，入澳移民必须能听和写一段50字长的欧洲文字，这样就差不多将华侨移民拒之门外了。在华侨从业方面，突出的是对华侨开设工厂的限制和打击。1890年，维多利亚政府修订了《工厂法案》，规定凡有4人以上（含4人）的工作场所即为工厂，而华侨所办的则1人以上（含1人）即为工厂，置于工厂视察官员的管理之下。1896年又通过了《工厂店铺法》。1897年，政府设立了特别委员会，规定华侨雇主对雇员实行最低工资制等。上述做法明显是为了维护白人家具业，排斥华侨家具业。⑤

新西兰国会也在1896年通过议案，将入境人头税由每人10英镑增

---

① 杨国标，刘汉标，杨安尧．美国华侨史．广州：广东高等教育出版社，1989. 96 ~ 100
② 沈已尧．海外排华百年史．北京：中国社会科学出版社，1985. 44 ~ 45
③ 李东海．加拿大华侨史．温哥华：加拿大自由出版社，1967. 138
④ 沈已尧．海外排华百年史．北京：中国社会科学出版社，1985. 74
⑤ 黄昆章．澳大利亚华侨华人史．广州：广东高等教育出版社，1998. 86

至100英镑。由于排华法案的严厉，阻止了华侨的入境。自1896年以后的20年中，来新西兰的华侨平均每年不足200人，甚至在1897至1906年的10年间，入境华侨1 104人，出境华侨达1 385人，出境人数比入境人数还多。[1]

日本对外国侨民的管理和限制一直都很严格。1870年，神户和大阪颁布了《清国人管理法》，实行“籍牌”（即外国人登记证明书）制度，对华侨华商实行严格的户籍管理。1899年颁布了目的非常明确的《禁止劳工移民法》（敕令第352号），规定“劳动者必须经行政官厅之许可，否则不得在从前的居留地及杂居地以外居住或执行业务”，这里的劳动者是指“从事农业、渔业、矿业、土木建筑制造、搬运业及其他杂役等劳动”的人。之后不久，日本内务省又发出了第728号敕令，明确敕令实施的对象是中国人，目的在于限制和禁止中国的非熟练劳工入境。[2]

在东南亚地区，西方殖民者对华侨经济活动的打压也是越来越严厉。

19世纪八九十年代，英国对马来亚华侨商业特别征以重税。在种植业方面，英国殖民者从土地让渡和贷款上给予欧籍资本家以极大的扶植和支持，对欧洲人的贷款条件也十分优惠，对华侨则苛刻得多。1904年，殖民当局更是通过了一项特别的“种植人贷款法令”，以便鼓励欧洲人发展农业。[3]

在印度尼西亚，19世纪中叶前，印度尼西亚的华侨糖业有了相当的发展，华侨长期占据着显要的位置。但19世纪中叶后，荷兰人资金雄厚、技术先进的优势渐渐显露出来。在荷印司法制度下，华侨的案件由土著法庭处理。荷印政府不准华侨购买田地，经营种植业。大约在

---

① 杨汤城．新西兰华侨史（上）．见中国人民政治协商会议全国委员会文史资料研究委员会．文史资料选辑（总第133辑）．北京：中国文史出版社，1999．219

② 罗晃潮．日本华侨史．广州：广东高等教育出版社，1994．184～186

③ 崔贵强．星马史论丛．新加坡：新加坡南洋学会，1977．159

1901 年，荷兰人又推行了打击华侨经济实力的所谓“道义政策”（Ethical Policy）。[①] 总之，“可以说，华人每一行动都受到监视和阻挠”，“华人的一切行动受到限制，即连剪辫子这样一件事，也得向政府当局提出申请”[②]。

在菲律宾，华侨也是西班牙殖民者征税的主要对象。在整个西班牙殖民统治时期，西班牙殖民政府的年财政收入有 20% ~30% 是由华侨负担的，[③]而华侨人口所占比例远远低于这个数字。1898 年，美国统治菲律宾后，华侨的处境也未从根本上得到改善。1902 年，美国国会正式决定在菲律宾同样实行美国的排华法令。

在泰国，华侨虽然在 1883 年就建立了使用蒸汽机的锯木厂，但由于欧洲人获得了在泰国砍伐森林的特权，所以欧洲人经营的新式锯木厂获得了迅速发展。1894 年，在曼谷使用蒸汽机的锯木厂，欧洲人有 3 家，华侨有 1 家；到 1908 年，欧洲人增至 7 家，华侨只有 4 家。[④]

在越南，法国殖民者也对华侨实行苛捐杂税。“今法人苛征华商、限制华船，华民生财之道渐逊矣”[⑤]。

各国排华政策的实施，对海外华侨的影响是显而易见的。首先直接影响了华侨的收入，打压了华侨在侨居地经济发展的空间，迫使他们退出一些行业的经营。例如，荷属印尼在 1870 年颁布《糖业法》后，“西方大资本输入，吾侨糖业尽为所夺，今已不复有糖业地位之可言矣”[⑥]。马来亚的锡矿生产华侨一向占有较大份额，可是在殖民当局的扶植下，到 1910 年，英国人的投资额已超过 200 万英镑，华侨的份额

---

① 林天佑．三宝垄历史．李学民，陈巽华译．广州：暨南大学华侨研究所，1984. 332

② 林天佑．三宝垄历史．李学民，陈巽华译．广州：暨南大学华侨研究所，1984. 168、211

③ 李国卿．华侨资本的形成和发展．郭梁，金永勋译．福州：福建人民出版社，1984. 196

④ G.. William Skinner. *Chinese Society in Thailand*: *An Analytical History*. Cornell University Press, 1957. p. 105

⑤ 薛福成．出使四国日记．长沙：湖南人民出版社有限公司，1981. 18

⑥ 丘守愚．廿世纪的南洋华侨．北京：商务印书馆，1934. 126

则下降至78%。[①]

其次，对华侨从事职业的歧视和限制直接导致一些华侨回国，有的还在国内开展投资业务，加强了海外侨民与祖国的联系。1889年，曾在日本开设森昌火柴厂的卢干臣“因日本专利，不容华人贸易”[②]，回重庆开设火柴厂。1907年，“曾在美国旧金山以开垦为业，积有余资”的广东华侨陈国圻“因美人拒斥华工，即行回国”，在黑龙江开办兴东垦务公司。[③]

最后，排华政策无疑让广大华侨深切感受到国弱遭人欺的道理，因而排华政策和其他因素一起共同催生了华侨社会的民族主义思潮。最为突出的例子就是为了抗议美国对1904年到期的《排华法案》的继续延长，海外华侨社会和国内人民一起，掀起了1905年大规模的抵制美货的爱国运动。在1900至1916年间，民族主义是全体荷印华侨对付当地政府歧视政策的唯一出路。[④] 澳大利亚实施的“白澳政策”也使华侨变得更团结，更有民族意识。[⑤]

华侨民族主义的产生，除了这两个重要的因素之外，一个潜藏在华侨内心中的因素也不可忽视。黄建淳在研究晚清新马华侨对国家认同的问题时指出，由于绝大部分华侨来自佃农家庭，目不识丁，因此他们深受传统观念的支配。忠义传家、慎终追远、光宗耀祖和忠君爱国等价值观念，也即中国本土的忠、孝、节、义的传统精神，根深蒂固地构成了华侨社会的文化特质。[⑥]

---

① 林水檺，骆静山．马来西亚华人史．吉隆坡：马来西亚留台校友会联合总会，1984.245

② 朱孔彰．刘尚书（秉璋）奏议（卷七）．见近代中国史料丛刊（第214卷）．台北：文海出版社有限公司，1968.725

③ 申报，1907-12-19

④ 廖建裕．对东南亚华人研究的几点看法．南洋资料译丛，1989（3）

⑤ 杨进发．新金山：澳大利亚华人（1901—1921年）．姚楠，陈立贵译．上海：上海译文出版社，1988.294

⑥ 黄建淳．晚清新马华侨对国家认同之研究——以赈捐、投资、封爵为例．台北：中华民国海外华人研究学会，1993.379～380

晚清政府中的不少官员对华侨社会的这种文化特质也有着深刻的认识。1860年出访南洋的王韬说，新加坡华侨“多有自明代来此购田园、长子孙者。虽居外已二百余年，而仍服我衣冠，守我正朔，岁时祭祀，仍用汉腊，亦足见我中朝帝德之长涵、皇威之远播矣”[①]。薛福成注意到，“南洋各岛华民不下百余万，……虽居外洋已百余年，正朔服色，仍守华风，婚丧殡祭亦沿旧俗，近年各省筹赈筹防，多捐巨款，竞邀封衔翎顶以志荣幸。观其拳拳本国之心，知圣泽之浃洽者深矣。”[②]黄遵宪还作诗赞扬华侨忠君爱乡思想：“凡我化外人，从来奉正朔，批衣襟在胸，剃发辫垂索，事皆满洲装，何曾变服著。”[③]

1907年出访南洋的徐锐在致商部尚书载振的禀文中说：“窃自海洋大开，吾国之商于美洲及南洋各岛者，至千数百万，而粤人十居其七。其以巨富著称者，乃无虑数十姓，百万数十万之家，则尤不可胜数，而皆有眷恋宗国矢效忠爱之心。”[④]商务大臣杨士琦在其奏折中说得更为详细：华侨“徒以悬隔海外，不睹中国礼乐衣冠之盛者，凡数百年，忠爱之忱，未由自达。此次蒙朝廷特派专使抚慰商民，以为奇荣。使车所至，衢市阗溢。家设香案，户悬国徽，结彩张灯，恭迎恩命。臣每抵一埠，即赴商会、学堂、公所等处演说，敬谨宣布皇太后、皇上德意，万众圜听，额手嵩呼，欢声雷动。外人旁睹，亦为改容。观民心爱戴之深，可知圣化涵濡之远。所到各学堂，均酌给奖赏，以资鼓励。总期为朝廷多布一分膏泽，即为侨氓多添一分感情”[⑤]。所以，当清朝派北洋舰队到南洋宣慰华侨时，前来观瞻的华侨络绎不绝。据当地华文报纸报道，华侨“为之色舞眉飞，此为中国振丕之徵洵，华人虽异地栖迟，而

① 王韬．漫游随录．长沙：岳麓书社，1985. 71

② 薛福成．薛福成选集．上海：上海人民出版社，1987. 495

③ 黄遵宪著，钱仲联笺注．人境庐诗草笺注．香港：中华书局，1963. 225

④ 中国第一历史档案馆．光绪末年徐锐考察外洋商务史料．历史档案，1988（4）：39

⑤ 王彦威，王亮．清季外交史料（卷210）．见近代中国史料丛刊三编（第17卷）．台北：文海出版社有限公司，1985. 3348

其心志则尚不忘故国"[①]。

叶落归根的意识在华侨中也同样表现得非常强烈，不只是一般华侨，一些腰缠万贯的侨商们也是要么告老还乡，要么死后埋骨桑梓地。檀香山第一位百万富翁华侨陈芳在1889年65岁的时候即回国定居。[②]日本华侨吴锦堂1926年病逝于日本神户，1929年遵其遗愿归葬于其家乡浙江慈北白洋湖滨，碑刻"为爱湖山堪埋骨，不论风水只凭心"。[③]南洋巨商张弼士1916年卒于荷属吧城，随即归葬广东大埔原籍。[④] 有人指出广东台山籍华侨参与新宁铁路修建的一个重要原因是受"中国传统文化的影响，使他们有较强的家庭乡土观念，叶落归根成为一般海外华侨意识的主流"[⑤]。

建立在对华侨社会这种文化特质以及经济实力认识的基础上，晚清政府采取了积极的招徕政策。虽说积极的招徕政策在执行过程中问题不断，但仍然有效地"将原来的文化认同升华为对国家的认同"[⑥]和对民族的认同。这种认同在特定的历史条件下，就表现为强烈的民族主义思潮。

在华侨民族主义思潮的形成过程中，中日甲午战争后形成的国家危机是一个重要的时代背景。泱泱中华天朝被岛国日本打败，这深深地刺激了华侨的民族主义情绪。19世纪末，帝国主义掀起的瓜分中国的狂潮更使海外华侨时刻关注祖国的命运。救亡图存成为海内外中国人的共同呼声。在此期间，对于海外华侨社会来说，1905年抵制美货运动即

---

① 叻报，1890-04-08

② 叶显恩．十九世纪下半叶夏威夷华人首富陈芳的传奇道路．广东社会科学，1990（4）：132

③ 童玉民．华侨巨子吴锦堂．见中国人民政治协商会议浙江省委员会文史资料研究委员会．浙江文史资料（第28辑）．杭州：浙江人民出版社，1986.48

④ 郑观应．张弼士君生平事略．见近代中国史料丛刊（第75辑）．台北：文海出版社有限公司，1972.19

⑤ 郑德华，成露西．台山侨乡与新宁铁路．广州：中山大学出版社，1991.101

⑥ 黄建淳．晚清新马华侨对国家认同之研究——以赈捐、投资、封爵为例．台北：中华民国海外华人研究学会，1993.381

是一场具体的爱国主义活动。“不管是革命派的追随者、保皇派的同情者、清廷的拥护者，或是平常不关心中国政治发展的土生华人，都对抵制活动有相当程度的支持。这种现象对稍后反对清朝统治的革命势力的发展有着举足轻重的影响。”①

在华侨民族主义、爱国主义形成的过程中，主张救亡图存的康、梁保皇派也起到了重要的促进作用。

1898 年 9 月，戊戌政变发生后，康有为、梁启超等在友人的帮助下逃亡日本，不久康有为又被迫流亡到加拿大、美国等地。在海外流亡期间，康、梁等人继续大张旗鼓地宣扬维新变法思想。他们通过举办华侨教育、华文报刊，发表演讲，组建、参加华侨社团，用舆论的力量鼓动宣传维新派的主张，从而促使华侨在内心形成对中华民族的文化认同。这种文化认同最终又促使华侨更加积极地关注国内的政治局势，乃至直接参加中国的政治活动。

1899 年 4 月，康有为流亡到加拿大，受到加拿大侨民的热烈欢迎，各埠“志士慕其忠义，皆议迎之来，众请欢合，乃三次迎请。三月十日，以特别之电车出温哥华接之入，乡人迎于车站者数百人，预宴接席者数十人，乌喊士晚士吻之梅尔官议例官即先来见，偕游狱房病院电机各处，国人于十一日七点钟，借洋人园，请康君演说中国之事，集者六百余人，西人男妇在楼上五十余人，入门者皆写名”②。康多次发表演讲，宣称“惟我皇上圣明，乃能救中国”，希望华侨“齐心发愤，救我皇上”。海外华侨要“联络并起，以自救其国，而自救其家，否则将来无国可归矣”③。康有为多次演讲宣传，终于使华侨“知维新政变之由”，激发了华侨忠君救国之心。

经过一段时间的宣传发动后，康有为认为时机成熟，遂决议组会。

---

① 黄贤强．海外华人的抗争：对美抵制运动史实与史料．新加坡：新加坡亚洲研究学会，2001.8

② 汤志钧．康有为政论集（上册）．北京：中华书局，1981.407

③ 汤志钧．康有为政论集（上册）．北京：中华书局，1981.407

1899 年 7 月 23 日，康有为在加拿大与当地华商在维多利亚歌夫缅街 1715 号创立了“保救大清光绪皇帝会”（简称“保皇会”），“即保种会、保国会，亦为保工商会之事……以保国保种非变法不可”[①]。在《保救大清皇帝公司序例》中，康有为还进一步向华侨呼吁，“今中国危亡岌岌如此，譬之病症危殆”，欲挽救医治之，国人必要“同心大发其忠君爱国之心”，且为此开出了医治此病之良方：“上方曰保皇会，则保己能医救我国民之对圣主复位，则四万万人立救矣；下方曰保工商会，则我海外五百万同胞，合力自行保护，则亦可补救我四万万人焉。”康有为认为此事“如救大火，如补漏船”，一刻也耽误不得。[②] 康有为这种忧国忧民的恳切之心深深感染了广大华侨的爱国之心，博得了他们的信赖和支持。10 月，在温哥华、纽威敏斯特等地相继成立保皇会。保皇会在维多利亚由李福基任总理，温哥华由叶恩任总理，纽威敏斯特由刘康恒任总理。加拿大华侨争先恐后地加入保皇会，“温哥华入会者十而六七，域多利则殆过半，纽威士绵士打几无一人不入会者”[③]。

保皇会总部在加拿大成立后，康门弟子徐勤、梁启超、陈继俨等旋即分赴南洋、欧美、日本等华侨聚居地的 200 多个城市进行活动，相继建立了保皇会分支机构，号称在“二百余埠成立分会，会员至百余万人，为中国未有之大政党”[④]。康有为任总会长，梁启超、徐勤任会长。人数百万虽然有言过其实、自壮声威之嫌，但同时也说明保皇会在华侨社会中蓬勃发展的盛况。

保皇会组织在美国成立后，为了扩大影响，鼓动爱国华侨参与保皇组织，经常组织安排一些保皇派中的知名人士在美国各地演说集会。1903 年梁启超访美时，把唤起华侨的爱国热情作为自己的重要使命，在华埠发表上百次演说，筹募了大量活动经费，使得保皇会在美国得到

① 汤志钧．康有为政论集（上册）．北京：中华书局，1981. 415
② 上海市文物保管委员会．康有为与保皇会．上海：上海人民出版社，1982. 254
③ 梁启超．新大陆游记．长沙：湖南人民出版社，1981. 9
④ 康有为．康南海自编年谱（外二种）．北京：中华书局，1992. 72

空前发展。除积极宣传其政治主张外，保皇派还注意华侨教育的发展，在美国开办的学校大部分皆为初等小学，主要在各埠开展用于军事的干城学校，纽约的维新学校、维多利亚和温哥华的爱国学堂、檀香山的明伦学堂也都是此时开办的。保皇派当时在美国兴办了爱国学堂与干城学校，这是他们实施海外华侨教育的重要方式。这些措施迎合了当地华侨对后代教育的期望和希望祖国强大的心理要求，激发了华侨的爱国主义和民族主义情感。梁启超在美期间，深深感受到美国华侨对祖国命运前途的关心。“吾尝游海外，海外之华民以千万计，类皆激昂奋发，忠肝热血。谈国耻，则动色哀叹；闻变法，则额手踊跃；睹政变，则扼腕流涕。”①

保皇派的活动，得到了美国华侨的热烈响应。在组织上，他们积极加入保皇会，成为保皇党中的一员，为保皇派宣传其保皇救国思想；在经济上，为康有为和梁启超个人以及保皇组织不惜大掏腰包，积极捐款资助保皇事业。应该说，以康、梁为代表的保皇派在海外华侨社会中的活动，在唤起华侨政治觉悟，提升华侨的文化水平，强化华侨对中国事务的关注等方面发挥了积极的作用。

当以孙中山为代表的革命派在海外华侨社会中与保皇派展开正面交锋以后，革命思想逐步为海外华侨社会所接受，海外华侨的民族主义因而得到进一步的升华。

---

① 梁启超．爱国论．见饮冰室合集（第三集）．北京：中华书局，1989．65

第二章
创建组织　革命前驱

海外华侨是辛亥革命的前驱。他们不仅是最早参加孙中山组织的革命团体，而且是孙中山在海外建立和发展革命组织过程中的主要依靠力量和重要社会基础。从兴中会到同盟会，海外华侨都积极参加，形成了从北美到南洋的革命地带。海外华侨根据所在国的政治环境，运用多种组织形式开展革命活动。他们的政治觉悟在革命派与维新派的论战中不断成长，并随着革命形势的发展而提升。海外革命组织的建立和壮大，对反清革命形势的发展起到了非常重要的推动作用。

第一节　兴中会时期

19 世纪末，中国社会危机四伏，救亡图存成为中国有识之士的强烈呼声。1894 年，孙中山在到天津上书李鸿章没有获得回音之后，对以改良方式拯救当时中国的危局失去了信心，转而决定以革命的方式推翻清朝统治。在万马齐喑的中国，站在中西文化交流前沿的侨乡，孙中山放眼世界，决定远涉重洋，到他曾经生活过的太平洋岛国夏威夷开始他的革命征程。“赴檀岛、美洲，创立兴中会，欲纠合海外华侨以收臂助。”[①] 1894 年秋，孙中山到达他曾经读过书的檀香山，在当地华侨的支持下，建立了第一个中国资产阶级革命组织——兴中会[②]。直到 1905 年中国同盟会成立前，孙中山及其他革命党人在海外共创立了檀香山兴中会、香港兴中会、横滨兴中会、南非兴中会、台湾兴中会、越南河内兴中会和旧金山兴中会，并在日本东京创立东京军事学校，训练军事人才，还在香港创立兴中会机关报《中国日报》，宣传革命。

一、檀香山兴中会

檀香山位于北太平洋夏威夷群岛的瓦胡岛（Oahu Island），夏威夷群岛由 4 个大岛和许多小岛组成。1890 年时，华侨人口为 16 752 人，占当地总人口的 18.6%。[③] 他们大多来自广东，以香山县人最多。孙中山曾经跟随其兄孙眉在此地读书、生活，后返回国内，先在香港西医书院读书学医，后在广州行医，借此结交一些同志。孙中山到檀香山之后，首先得到其兄孙眉（字德彰）的支持。孙眉在檀香山经营牧场，事业有成，他愿意拿出一部分财产支持孙中山的武装起义活动，并且与亲友联系，请他们也资助或是参与孙中山的活动。由于当时在檀香山的一些华侨听到孙中山有作乱谋反的言论，不愿意参与革命活动。经过孙中山一个月的活动，当地华侨愿意参与的仅几十人。

① 广东省社会科学院近代史研究所中华民国史研究室，中山大学历史系孙中山研究室．孙中山全集（第 6 卷）．北京：中华书局，1985. 229

② 关于檀香山兴中会，学界有过非常多的讨论。冯自由在其《革命逸史》中专门就此做过讨论。张玉法在《清季的革命团体》（台北：中央研究院近代史研究所专刊，1983）、史群在《论兴中会》（《湖南师范学院学报》1981 年第 4 期）、黄彦在《孙中山和檀香山兴中会的成立》（《广东社会科学》1984 年第 1 期）中也专门讨论过。一般都将檀香山兴中会作为孙中山建立的革命组织。但美籍学者朱正生利用文献分析认为檀香山兴中会根本就不存在（《近代史研究》1993 年第 3 期）。任宝明、张永涛在《檀香山兴中会性质之我见》（《信阳农业高等专科学校学报》2007 年 17 卷第 1 期）中也否认它是革命团体，而只是一个爱国团体。

③ 汤熙勇．夏威夷华侨对孙中山先生革命的反应（一八九四——九一一）．见张希哲，陈三井．华侨与孙中山先生领导的国民革命学术研讨会论文集．台北：台湾国史馆，1997. 524

檀香山华侨李昌之家，兴中会成立会议在此举行

1894 年 11 月（农历十月）24 日，兴中会在檀香山卑涉银行（Bank of Bishop and Co.，Ltd.）职员何宽家里召开成立大会，因与会人员较多，会议随后移到李昌家里举行。参加会议的有钟工宇、郑照、郑金、程蔚南、曹彩、卓海、陈南、钟木贤、邓荫南、夏百子、何宽、许直臣、侯艾泉、刘祥、刘卓、刘寿、李昌、李杞、李禄、李多马、林鉴泉、宋居仁、黄亮、黄华恢，选举永和泰老板刘祥为主席，何宽为副主席，会计黄华恢，书记程蔚南，副书记许直臣，理事李昌、郑金、黄亮、李禄、李多马、邓荫南、林鉴泉。[①] 会议通过了《兴中会章程》，章程有九条规定："是会之设，专为振兴中华，维持国体。"章程规定会员必须交纳会费底银五元；另外设立银会集股举办公家事业，每股股银十元，成功后收回本利百元。孙中山为入会会员填写盟书、誓词："联盟人某省某县某某某，驱除鞑虏，恢复中华，创立合众政府。倘有贰心，神明鉴察。"会后，杨纳、卫积盛、李光辉、孙德彰、杨德初、陆灿、叶桂芳、尹煜传、邹德明、容吉兆、简永照等九十余人也加入兴中会，从 1894 年 11 月到 1895 年间在夏威夷入会有名有姓可以查核者有一百二十六人。[②]

---

① 马兖生．孙中山在夏威夷——活动和追随者．北京：世界知识出版社，2003. 196 ~ 197

② 冯自由．革命逸史（第四集）．北京：中华书局．1981. 25 ~ 36

檀香山兴中会成立之后，分派会员到各埠发展会员，李昌、宋居仁到茂宜岛（Maui Island）的茄荷蕾建立了以孙眉为会长的兴中会分会，孙眉又到百衣（Paia）建立了以邓荫南为会长的兴中会分会。[①] 其中，茂宜分会会员有 14 人，百衣有 15 人。[②]

兴中会成立后不久，孙中山、邓荫南、宋居仁、夏百子、陈南、李杞、侯艾泉等人先后返回香港，积极准备发动广州起义。檀香山的兴中会自孙中山离开后，活动较少。

1899 年冬天，梁启超来到檀香山，由孙中山介绍认识了孙眉以及兴中会会员李昌、黄亮、卓海、李禄、郑金、何宽、钟木贤等人。兴中会会员受到梁启超的影响，捐赠 10 万元支持汉口军事起义。保皇会机关报为《新中国报》，听到孙中山要回到檀香山，其主编便在报纸上诋毁孙中山的革命活动为假革命。1903 年，孙中山自日本到达檀香山。此地兴中会的党务活动因为保皇会的活动而受到影响，“党员寥落，面目全非”[③]。兴中会会员李昌、何宽、程蔚南、许直臣、黄亮、林鉴泉等对保皇会在《新中国报》上诋毁孙中山的革命为假革命的行为感到极为愤怒。孙中山抵达后，改组程蔚南主持的《檀山新报》（俗称《隆记报》），将其作为党报，亲自撰文批驳保皇会的论点，宣传革命。夏威夷各岛华侨之前加入保皇会的，也纷纷脱离保皇会。李昌、何宽分别利用两个戏院向观众宣传革命道理，座无虚席。希炉（Hilo）埠华侨毛文明等人约请孙中山前往演讲，听讲者有两三千人，当天成立兴中会分会。在檀香山新会员中最得力的是黄旭升、曾长福等数十人。在希炉埠新会员中最得力的有毛文明、黎协、黄振、卢球、李华根、刘安吉、贺唐安、黄义、郑鋈等数十人。此次会名不用兴中会原名，使用的是“中华革命党”。直到 1910 年，檀香山兴中会才改组为同盟会分会。

---

① 黄彦．孙中山和檀香山兴中会的成立．广东社会科学，1984（1）：111～112

② 马兖生．孙中山在夏威夷——活动和追随者．北京：世界知识出版社，2003. 22

③ 蒋永敬．华侨开国革命史料．台北：正中书局，1977. 93

二、香港兴中会

香港被英国人占领之后，由于地理位置优越，吸引了很多商人前来贸易，英国人宣布香港为自由港，不同国家的商人都可前来经商牟利，广东邻近各县有许多人在香港谋生。19 世纪 90 年代，一些侨商受到国内变革思潮的影响，也开始设立机构，宣传新思潮。1890 年，杨衢云与谢瓒泰、黄咏商、杨鹤龄、周昭岳、刘燕宾、温宗尧等 16 人组织了辅仁文社，杨衢云为社长，以“开通民智”作为宗旨。之前，孙中山与杨衢云等人就有交往。1895 年正月，孙中山回到香港。随即召集旧友陆皓东、郑士良、陈少白、杨鹤龄、区凤墀等人商议创立兴中会总部。孙中山找到杨衢云等人商议组党事宜。杨衢云等人同意两派合并为一，机关仍然定名为“兴中会”，位于士丹顿街十三号，取名“乾亨行”。[①] 陆续加入兴中会的有余育之、徐善亭、朱贵、丘四等数十人。

香港兴中会入会誓词为“驱除鞑虏，恢复中华，创立合众政府”，把檀香山规定的章程修改为 10 条，并规定了总会、分会的权限。成立总会之后，众人决定在广州发动起义。孙中山驻广州负责军务，郑士良、陆皓东、邓荫南、陈少白等人协助孙中山。杨衢云驻香港专门负责后方接应以及财政，黄咏商、谢瓒泰等人协助。陆皓东提议用青天白日旗取代清廷的黄龙旗。乾亨行由于受到警探的窥伺，在七月初撤销。八月二十二日起义之前，众人推举杨衢云担任会长。由于起义准备不足，广州起义未及发动即告失败。[②] 1895 年，广州起义失败之后，孙中山与陈少白、郑士良逃亡到日本，杨衢云则逃往越南、新加坡及南非等地。

---

① 冯自由．中华民国开国前革命史．桂林：广西师范大学出版社，2011. 5

② 简妮．评广州起义中的孙中山与杨衢云．湖南师范大学学报（社会科学版），2009（5）：131；李恭忠．青年孙中山的革命想象——1895 年广州起义再探．社会科学研究，2005（1）：141～146

香港兴中会会员合影

到1899年冬天，孙中山派遣陈少白从日本到香港创办《中国日报》，作为兴中会的宣传机关，同时负责西南各省的党务工作。1900年1月25日，《中国日报》开始发行。陈少白担任社长、主笔和总编。① 1900年夏，孙中山为了策划广州、惠州的军事起义，往来于日本、香港、南洋之间，兴中会的党务工作大有起色，先后入会的新会员有史坚如、李纪堂、黄福、黄曜廷、邓子瑜、梁慕光、李植生、江公喜、黄阁官、黄江喜、江维善等百十人。同年5月，孙中山与杨衢云等人则商议筹备惠州起义。郑士良率领黄福等人赴惠州准备发动，杨衢云等人在香港担任接济军饷器械工作。1900年10月6日惠州起义爆发。② 由于枪械运输出现问题，惠州革命军被迫解散。惠州起义失败之后，兴中会元气大伤，党务工作完全停顿。但由于得到港商李纪堂等人的财务支持，香港《中国日报》得以照常运作。

三、横滨兴中会

1858年日本开港后，华商赴日贸易的数量逐渐增加，横滨、神户、

---

① 何小燕．兴中会机关报——《中国日报》．华南师范大学学报（社会科学版），1990（3）：44～45

② 周兴梁．孙中山庚子惠州起义的性质和特点．广东社会科学，2001（3）：92

大阪、长崎是华商的主要居住区。他们主要来自广东、福建和浙江。这些华侨虽然在海外经商但还是心系国内的政局，一些人对清朝的腐败统治不满，希望有所变革。

1895 年 1 月，孙中山自檀香山回香港途经横滨，在船上向归国华侨演讲救国的事情，被当时在横滨经商的陈清听说，遂报告给侨商冯镜如、冯紫珊、谭有发（号奋初）等人。冯镜如是横滨文经印刷店商人，生平侠义，热心爱国，对清廷政纲不振感到痛心，毅然剪掉辫子。冯紫珊是他弟弟，也在横滨经营印刷行业，其店名为致生活版所。谭有发为均昌洋服店司理。三人都喜欢新学，听到这个消息，遂派陈清登船约请孙中山上岸商谈国事。孙中山因为船即将开行，便把兴中会章程等交给陈清，请他转交冯镜如等人。冯镜如等人约请数人商讨成立组织事宜。陈清几个月后赴香港参与广州起义。1895 年广州起义失败之后，孙中山带领陈少白、郑士良二人逃亡抵达横滨，到山下町五十三番地文经印刷店见到冯镜如。冯镜如的文经印刷店是经营外国文具及印刷事业的老商号，已经开办三十余年，在侨商中非常有名。见到孙中山后，冯镜如随即邀请冯紫珊、谭有发、梁达卿、黎炳垣（焕墀）、赵明乐、赵峄琴、温遇贵等十余人在文经印刷店二楼商议成立兴中会事宜。大家公推冯镜如为会长，赵明乐为管库，赵峄琴为书记，冯紫珊、谭有发、黎炳垣等为干事。半个月之后，在山下町一百七十五番设立会所。[①] 继续加入会所的有温芬（炳臣）、郑晓初、陈才、陈和、黄焯文、黎简珊、陈植云、冯懋龙（后改名自由）等十余人。[②] 横滨兴中会会员达到百数十人。1895 年 12 月，孙中山决定去美国，冯镜如、冯紫珊兄弟借给他 500 元作为旅费。后来由于经费问题，取消会所，把会所移往文经印刷店二楼。孙中山离开横滨之后，兴中会会务没有起色。1897 年秋、冬之间，冯镜如联络旅日侨商在中华会馆开会，发起创设学校教育华侨子

---

① 冯自由．中华民国开国前革命史．上海：中国文化服务社，1944. 20

② 陈昌福．孙中山与日本华侨．上海师范大学学报，1986（3）：3

弟，公请兴中会推荐校长。陈少白提议约请梁启超，但是由于梁启超没有时间东渡日本，康有为派遣其弟子徐勤赴日担任校长，并且由康有为为学校定名为“大同学校”。由于徐勤善于交际，到日本之后宣传康有为的立宪思想，一些兴中会会员加入康派，康派势力增长，兴中会势力日渐衰弱，会员仅剩几十人。直到后来，孙中山在横滨居住六七年（1899 年至 1905 年），兴中会会务才大有起色。孙中山在横滨期间，宣传革命思想，积极与留日学生建立联系，为日后成立东京同盟会打下了坚实的基础。

四、南非兴中会

杨衢云在 1895 年广州起义失败之后，先后到越南、南洋群岛和南非等地。他曾经得到南非华侨的大力支持，设立了约翰尼士堡和彼得马尼士堡两地兴中会分会。① 这是革命党人在非洲大陆建立的第一个革命组织。当地华侨黎民占、霍汝丁（胜刚）、王炽、王进、陈妹、何炽、马子方、马康、何益、江均、何禧、梁伯佳等数十人参与。黎民占是广东鹤山人，在尊尼士堡经商。霍汝丁，号胜刚，广东鹤山人。王炽、王进都是广东番禺人；马子方、何益、江均是广东顺德人，都在南非经营商业。陈妹、何炽、马康、何禧、梁伯佳均为广东顺德人，身份是工人。由于杨衢云的积极宣传，两地会务得以迅速发展。1896 年 10 月，杨衢云将回国起事，很多华侨积极捐赠资金数百金镑。黎民占甚至出售其在南非的商店，跟随杨衢云回国，抵达香港。南非兴中会工作也就此停歇。

五、台湾兴中会

杨鹤龄族弟兴中会会员杨心如在 1895 年 9 月广州起义失败之后，逃到台湾。他在台湾出任台北永乐町美时的洋行买办。1896 年，陈少

---

① 冯自由．革命逸史（第四集）．北京：中华书局，1981. 16

白到台湾探访杨心如，因而结识当地侨商容祺年、吴文秀、赵满潮等人，共同组织兴中会分会。[①] 由于会员人数不多，并没有设立专门的联络机关，而是以杨心如之宅第作为会所。容祺年、赵满潮是广东商人，吴文秀为福建商人。而后，台湾兴中会给予孙中山的革命活动支持较少。

六、安南（越南）河内兴中会

1902 年秋、冬之间，孙中山因事到河内，在河内居住数月。广东台山籍商人黄隆生在河内保罗巴脱街开设洋服店多年，因为缝纫精细，受到当地官商的欢迎。黄隆生热心爱国，一个偶然的机会结识孙中山，要求加入兴中会，而且还向孙中山介绍杨寿彭、罗錞、曾克齐、甄壁、甄吉廷、张奂池等人，这是河内兴中会的创立开始，[②] 也是东南亚成立的第一个兴中会。因为会员不多，没有设立专门的会所，每次开会都在黄隆生的公司，对外则用致公堂的名义，党员有四五十人。[③] 1907 年，河内兴中会改组为同盟分会。

七、旧金山兴中会

1903 年 12 月，孙中山自檀香山乘船抵达旧金山，下榻于致公堂会所，与教友伍盘照、伍于衍、司徒南达、邝华泰、邓干隆、雷涛学等联系，共同举办兴中会分会。[④] 在当地士作顿街长老会布道会所召开兴中会救国筹饷大会，公推邝华泰博士为主席。邝华泰是广东台山人，著名学者，时任加州大学教授，对于孙中山的救国主张非常赞同，曾经率先加入兴中会。孙中山提议参加会议人员须购买革命军需债券，此券规定实收美金十元，革命成功之后凭券兑还美金本息一百元。凡是购买此券

---

① 冯自由．革命逸史（第四集）．北京：中华书局，1981. 17

② 冯自由．革命逸史（第四集）．北京：中华书局，1981. 17

③ 周兴樑．孙中山的革命活动与越南华侨．见孙中山与华侨——“孙中山与华侨”学术研讨会论文集．广州：中山大学出版社，1996. 227

④ 冯自由．革命逸史（第四集）．北京：中华书局，1981. 21

者即为兴中会会员，成功后享受国家各项优惠，等等。华侨虽然对于助款购券之事非常赞同，但不愿意加入兴中会。于是，参加人员购券，共得款项美金四千多，邝华泰博士经手募集最多。然在旧金山正式宣布入会之人只有邝华泰等数人。邝华泰于 1905 年携家眷回到香港，出任李纪堂举办的格致书院院长，不久病逝。

除了上述在各地设立的兴中会组织之外，革命党人还在东京设立了青山军事学校。

自 19 世纪末期以来，中国留日学生数量迅速增加，许多学生赴日学习政法、师范、军事。由于担心心向革命的一些自费生学习军事，清朝驻日学生监督与日本交涉，阻止自费学生学习军事。1903 年，孙中山自越南抵达日本。当时有些留日自费生愿意进入日本陆军初级的振武学校，却受到清朝驻日留学监督的严厉阻拦，无法进入。李自重、黎勇锡等人向孙中山求助。孙中山与日本武官日野熊藏少佐商议设立军事学校，收容有志向的留学生，这就是兴中会特设的军事教育机关。东京军事学校位于东京青山，日野自己任校长，陆军上尉小室健次郎为助教，都是义务性质。这个学校有李自重、黎勇锡、胡毅生、桂廷銮、区金钧、卢少岐、刘维焘、雍浩、郑宪成、饶景华、卢牟年、伍嘉杰、郭健霄、李锡青等 14 人。[1] 除了雍浩、郑宪成二人为福建人，其余都是广东人。学期为 8 个月，科目设有普通兵事学以及制造盒子炮、木炮及各种火药等，尤其注重散兵战法以及以少战多战法，学校的章程规定要严守秘密。开学一个月之后，孙中山即离日赴美，校外事务委托给冯自由管理。由于校内派系纷争，学校不得不在 4 个月之后停办。

在此时期，与兴中会有关系的还有中和堂。中和堂是 1895 年广州起义失败后，兴中会会员尤列[2]为了联络革命党人，于 1897 年 3 月在香

---

① 陈德谩．孙中山与青山军事学校．贵州文史丛刊，1989（1）：10～11

② 尤列（1866—1936 年），字令季，幼名季博，号小园，居南洋时号吴兴季子，广东顺德人。

港九龙创立的。[1] 以后，中和堂这个组织也发展到了其他地方。

日本横滨中和堂成立于1898至1899年间，在日本横滨山下町唐人街，是华侨工界俱乐部。中和堂成立初期并没有名字，其发起人为鲍唐、杨少佳、陈泽景、温炳臣、陈和等数十人。在堂中设立关公像，每逢关公诞辰及纪念日，设宴庆贺。尤列与其中会员认识，定名为“忠和堂”。1899年夏、秋之间，保皇会欲夺横滨中华会馆之公产，引起忠和堂不满，温炳臣、陈和二人邀请陈少白作为该堂顾问。陈少白首先改“忠和堂”为“中和堂”，其次主张撤出关公像，以便接纳其他信徒。之后由于中和堂的多次反对，所以保皇会也无法侵夺中华会馆的公产。

中和堂废除关公像之后，一些基督教徒也加入其中，翟美徒就是其中一个。翟美徒为德商洋行书记，又兼英文夜校教员，与陈少白早就相识。1899年冬天，陈少白受孙中山之命，赴香港创办《中国日报》。翟美徒受邀主持中和堂事务。1900年，尤列从香港抵横滨，受中和堂邀请前去演讲，深受听众欢迎。中和堂很快选举尤列任会长。[2] 从此，中和堂与兴中会、留学生之间建立了联系。

1901年，尤列到南洋，在新加坡开设诊所。因为尤列擅长治疗花柳病，诊所门庭若市。由于保皇会在新加坡势力较强，尤列不敢在商界谈论革命，他因精通医术结识了工界和下层社会人士。继而到吉隆坡、槟榔屿、霹雳、柔佛等地宣传鼓吹革命思想，受到群众欢迎。尤列首在吉隆坡设立中和堂，并在会所外面悬挂青天白日旗。之后，在英属各地陆续设立中和堂分支机构。会员黄伯耀、黄世仲、康荫田三人精通国学，因为家计困难，出洋谋生，在赌场工作。工作之余投稿给《天南新报》，因此结识尤列。尤列推荐他们到香港《中国日报》及新加坡《图南日报》担任记者。

1903年秋、冬之际，陈楚楠等人集资创办《图南日报》。1904年

---

① 章志诚．尤列和中和堂．杭州师范学院学报（社会科学版），1985（3）：78

② 章志诚．尤列和中和堂．杭州师范学院学报（社会科学版），1985（3）：49

春，《图南日报》开始出版，聘任香港《中国日报》记者陈诗仲为总编辑，尤列为名誉编辑，黄伯耀、何德如、康荫田、胡伯骧、邱焕文担任撰述译事务。黄、何、康、胡是中和堂会员，尤列更以“吴兴季子”的名字在第一期发表发刊词。

1905年冬，华侨冯夏威因为美国颁布华工禁约在美国驻上海领事馆门前自杀。为了抗议美国的禁约，各地抵制美国货物的风潮不断蔓延扩大。在新加坡码头有英国殖民当局定购的美国货物到达，码头工人头领（多是中和堂分子）都拒绝卸货。华民护卫司（British Chinese Protectorate）向陈楚楠和张永福求助，才得以卸货。[①]

1905年冬，新加坡同盟会成立，尤列等人加入同盟会。从此之后，南洋各地中和堂会员陆续加入同盟会。孙中山、胡汉民、汪精卫等人到南洋募捐，中和堂会员捐款者，都是以同盟会的名义捐的。

总之，兴中会时期是革命初兴时期，海外华侨对革命的认识还处于一个逐步加深变化的过程。在此期间，兴中会在海外的组织发展得不是很快，只在寥寥几个地点建立了兴中会，其活动也不是很活跃，主要是依靠为数不多的几个骨干分子在积极活动，而檀香山作为第一个建立革命组织的地方，在孙中山离开之后其活动竟趋于停滞。虽然如此，兴中会在艰难的环境之下，策划发起的几次武装起义，动摇了清朝的反动统治，大大鼓舞了革命士气，为后来革命力量的整合以及唤起民众的反清意识起到了非常重要的作用。

第二节　中国同盟会时期

20世纪初，在国内和海外，除了孙中山创立的兴中会，一些革命

---

① 黄贤强．海外华人的抗争：对美抵制运动史实与史料．新加坡：新加坡亚洲研究学会，2001．73

者也先后在各地创立了华兴会、光复会、日知会等机构，从事反清活动。这些革命组织各自为政，宣传革命，也进行了一些反清的军事活动，但都以失败告终。孙中山在革命实践中，逐步反思革命组织的问题。1904 年冬，他与留学德国、比利时、法国的学生商谈创立组织，决定不再以兴中会为样板，而是准备创立新的组织。终于在 1905 年，在日本东京与全国各地留日学生共同创立了中国同盟会，希望以全国的力量推翻清朝的统治。中国同盟会的成立，标志着一个新时期的开始。

一、同盟会组织的萌芽与创立

中国同盟会虽然正式成立于日本东京，但同盟会这个新型革命组织发轫于欧洲，而且与在欧洲留学的湖北学生有着很大的关系。

清朝末年，湖北地区派出的留学生人数很多，这些学生在海外受到新思潮的影响，主张以革命推翻清朝统治的人不在少数，他们的想法在武汉学生中影响很大，一些中坚分子如贺之才、朱和中、史青、曹亚伯、魏宸组、胡秉柯等人的作为让湖北官方非常头痛。湖北督抚为了远离这些心向革命的学生，在 1903 年冬天，派遣他们分赴东、西洋留学。[①] 朱和中被派往德国，贺之才、史青、魏宸组、胡秉柯等被派往比利时。之后，陆续派往德、法、比等国的湖北籍留学生达一百多人。

1904 年冬，贺之才、朱和中先后得到消息，知道孙中山在英国，欲前往比利时，但是由于缺乏旅费，无法成行。贺之才等人召集同学为孙中山凑足旅费，在比利时得到 4 000 法郎，在德国有 2 000 马克，在法国有 1 000 法郎，汇给在英国的孙中山。孙中山得到旅费之后，即前往比利时。孙中山抵达比利时后，与史青、贺之才、魏宸组、朱和中等人争论革命的群众基础是依靠会党还是学生知识分子和新军，讨论了三天，最后大家达成共识。孙中山因此当众提议成立革命团体，得到了贺之才等人的赞同。于是，由孙中山主持，众人先后宣誓成立革命团体，

---

① ［日］寺广映雄．关于欧洲同盟会的成立和意义．中州学刊，1996（2）：123

称为“革命党”，其誓词为“驱除鞑虏、恢复中华，创立民国、平均地权”。当时组织名称没有确定，只是通称“革命党”。直到1905年6月东京同盟会成立之后，德国、法国和比利时三地的革命组织才开始使用“同盟会”的名义，陆续宣誓加盟的人有三十多人。①

欧洲革命组织成立之后，首先要发展成员，壮大队伍。孙中山由朱和中陪同前往德国，由朱和中介绍，发展了刘家佺等5人。在法国，由陈宽沅介绍，发展了唐豸等5人。东京同盟会成立之后，在欧洲的一些留学生、商人开始陆续加盟当地同盟会组织，如留学法国的农科毕业生李煜瀛加入同盟会；曹亚伯、吴敬恒从英国到法国加入同盟会；在法国的商人张静江也加入同盟会。欧洲同盟会鉴于“王发科事件”，预先设立了过渡机构——公民党，以便考察加入同盟会的人员。“王发科事件”发生于1905年，当时宣誓的王发科、王相楚二人反悔，到法国孙中山住处盗走入会盟誓书并向清朝官吏告发，差一点酿成大祸。因此，欧洲同盟会在东京中国同盟会设立之后，决定设立这个过渡机构，加入公民党的誓词为“驱除鞑虏、恢复中华、创立民国”。② 公民党主要党员是四川、湖北籍留学生，经过一段时间的考察后，这些公民党员也都转入了同盟会。

湖北学生参与孙中山在欧洲建立的革命组织，这与孙中山之前的联络对象是不同的。兴中会时期，孙中山主要联络华侨和会党；这次确定留学生为主体，这是孙中山联络对象的一次大的转变：一是跳出了原来主要联络海外广东人的圈子，二是联络对象改为留学生和学界知识分子。从这个意义上讲，这是孙中山脱离兴中会建立新的革命组织的开始。因此，欧洲同盟会的成立也标志着孙中山革命路线的重大变化，即由以会党武装起义为中心转向知识分子和发动新军。③ 从这个意义上说，同盟会是从欧洲开始的。

---

① 朱和中．欧洲同盟会纪实．台北：存萃学社，1980.43

② 冯自由．中华民国开国前革命史．上海：中国文化服务社，1944.137

③ ［日］寺广映雄．关于欧洲同盟会的成立和意义．中州学刊，1996（2）：127

另一方面，甲午战争，清朝战败，使得国内人心思变。维新派也主张派遣留学生赴日，向日本学习。从1896年起，中国开始有学生赴日留学。到1900年之后，清朝谕令各地向日本派遣留学生。国内形成留日高潮，官费、自费学生每年赴日数量惊人。到1905至1906年前后达到最高点，在日留学生大约有2万人。① 一些留日学生受到革命思潮的影响，心向革命，在日本组织了一些革命团体。而孙中山陆续在日本居住7年，与留学生也有不少接触。孙中山还曾经设立东京军事学校，培训留学生。

1905年8月中旬，孙中山自欧洲回到日本横滨，各省留日学生前往拜访他的人络绎不绝。黄兴、冯自由、张继、宋教仁等与孙中山商讨联合各省革命团体成立全国性的革命组织事宜，决定于8月下旬在东京赤阪区虎之门黑龙会会所召开成立大会。与会者有孙中山、黄兴、张继、陈天华、冯自由、宋教仁、马君武、梁慕光、汪兆铭、吴春旸、程家柽、黎勇锡、胡毅生、朱少穆、朱炳麟等五十余人。② 除甘肃省没有代表之外，各省人士均有代表出席。会议为新团体定名为“中国同盟会”，孙中山提议誓词为“驱除鞑虏、恢复中华，创立民国、平均地权”，得到与会者的一致同意。黄兴提议公推孙中山为同盟会总理，也得到众人同意。在会上当众举行了入盟仪式。会议推举马君武、陈天华、宋教仁、汪兆铭起草同盟会章程。中国同盟会在赤阪区召开第二次会议，有三百多人参加，会议首先通过会章，其次选举干事。黄兴为庶务部部长，评议部议长为汪精卫，各省会员选出一人作为本省会长，主持本省留学生入盟事务。③

中国同盟会成立之后，首先是在国内和海外发展组织。他们拟在国内设立东、南、西、北、中五个支部，在海外设立南洋、欧洲、美洲、

① 李喜所．清末留日学生人数小考．文史哲，1982（2）：29

② 周棉．留学生与中国同盟会的创建．清华大学学报（哲学社会科学版），2008（4）：50

③ 冯自由．革命逸史（第二集）．北京：中华书局，1981. 139～142

檀香山四个支部。[1] 同盟会成立之后，孙中山着手派人成立国内外分会。9月，派遣冯自由、李自重到香港、澳门、广州等地组织分会。

同盟会为了宣传革命的主张并与立宪派论战，决定创办一份机关杂志。经过筹备之后，同盟会将报纸定名为《民报》，于1905年10月21日在日本东京出版发行。孙中山在报纸上刊发发刊词，文中首次提出三民主义，并解释了其内涵。陈天华、汪精卫、胡汉民、宋教仁、章炳麟、刘光汉、黄侃等人先后担任撰稿人。1906年6月，因"《苏报》案"入狱的章炳麟出狱，自上海抵达日本东京，出任《民报》总编辑。

二、同盟会在香港的建立

20世纪初，香港虽然是英国的殖民地，但是由于香港与广东接壤，在晚清革命中具有独特的位置。孙中山等革命者一直把香港作为重要的基地，许多重要的活动都在这里策划。

东京中国同盟会成立之时，拟在国内设立东、南、西、北、中五个支部。[2] 其中，南方支部设在香港，下辖广东、广西、云南和福建四省。孙中山非常重视在香港发展同盟会组织，1905年9月，孙中山派遣冯自由、李自重到香港、澳门和广州等地组织同盟会分支机构。冯自由等人到达香港之后，随即与陈少白联系改组兴中会为同盟会的事宜。先后加入同盟会的有陈少白、李纪堂、容星桥、邓荫南、郑贯公、黄世仲等十多人。大家公推陈少白为会长，郑贯公为庶务，冯自由为书记，黄世仲为交际，会所设在《中国日报》社长室。1906年，《中国日报》改组，陈少白辞去香港同盟会会长职务，由冯自由接任。1908年正月，香港同盟会改选，冯自由继续任会长，黄世仲为庶务，谢心准为书记。1910年，冯自由改任温哥华《大汉日报》记者，辞去香港同盟会会长

---

① 谭天星．华侨对辛亥革命贡献的再认识．中南民族学院学报（哲学社会科学版），1996（2）：78

② 安宇．清末香港与内地革命刍议．徐州师范大学学报（哲学社会科学版），1997（1）：38

一职，由谢英伯出任会长，潘达贤、陈自觉等人为干事。1911 年夏，谢英伯离开香港赴檀香山，由陈逸川代理。[1] 由于事务繁杂，中国同盟会决定另外成立南方支部，负责西南各省军事。1909 年秋，同盟会南方支部成立，胡汉民为支部长，汪精卫为书记，林直勉为会计。南方支部与香港分会开始划分职权，西南各省党务军务由支部主管，香港分会主要管理地方党务。

香港同盟会成立之后，首要的任务是出版报纸杂志，宣传革命思想，鼓吹民族主义。香港同盟会继续把原兴中会机关报《中国日报》作为自己的机关报。1906 年 8 月，《中国日报》改组，冯自由出任社长兼总编辑，报社迁址于上环德辅道 201 号。[2] 1910 年，南方支部接办《中国日报》，由李以衡任报社司理。后李以衡辞职，由李萁出任。5 月，卢信出任《中国日报》社长。9 月，广州光复之后，报社迁往广州。1910 年秋，谢英伯、潘达微等人将在 1905 年于广州创办的早已停刊的《时事画报》在香港重新发刊出版，继续鼓吹民族主义。

香港同盟会成立之后积极发展会员，扩大组织。1907 年是同盟会会务发展迅速的一年，分会派人分赴各地招徕会员，香港、广州入会人员达到数百人之多。1908 年，发展新会员黄伯淑、谢英伯等数百人。到 1909 年，在香港、广州先后发展新会员陈逸川、潘达微等两千多人。而国内的一些革命者，也到香港登记加入同盟会，1909 年，有陈景华、黄咏白、陈铁君、胡少翰等人入会。

香港临近广东，是革命者往来南洋、日本、欧美的必经之地，香港同盟会负责招待安置他们来港住宿。1906 年，接待往来于南洋、日本、欧美各地的革命者，如黄兴、胡毅生等数十人。他们还在香港宝庆坊、坚道、兰桂坊、湾仔进教围、摩礼臣山道等处设立招待所，作为招待革命党人来港住宿之处。1908 年又在皇后大道马伯良四楼增加招待所，

---

① 安宇．清末香港与内地革命刍议．徐州师范大学学报（哲学社会科学版），1997（1）：38

② 蒋永敬．华侨开国革命史料．台北：正中书局，1977. 241

安置来港会员。由于香港的特殊地位，一些在内地发动起义失败的将士也会逃往香港，或是被遣送到香港。1907 年 7 月防城之役、10 月广西镇南关之役、1908 年 2 月钦州马杜山之役、3 月云南河口之役的失败将士退入越南，被法国殖民当局驱逐出境，分别遣送到新加坡、香港等地。香港接收了黎仲实等人，他们分别住在报社和招待所。1911 年，广州“三·二九”起义失败之后，数百人逃往香港，由南方支部负责抚助费和遣散费等。

由于香港特殊的地理位置，革命者往往把香港作为策划在内地起义和实施暗杀的基地。1907 年正月潮州城之役，4 月饶平黄冈之役，4 月惠州七女湖之役，9 月惠州、汕尾之役的准备工作都是在香港做的；1907 年，防城起义所用弹药是在香港秘密购买，运送到越南海防的；1910 年，广州新军起义，也是由倪映典等在香港组织策划的。1910 年 10 月，孙中山在南洋槟榔屿召集会议，商议在广州再次发动起义。随后，各省及海外革命者纷纷来到香港。到 1911 年 2 月，到达香港者已经有数百人，于是南方支部组织革命军统筹部作为指挥机关，以黄兴为部长，赵声为副部长。而后海外各地筹款陆续寄达香港，他们遂于农历三月二十九日发动起义。革命者也在香港策划暗杀清朝官吏的行动，如 1911 年闰六月，陈敬岳、林冠慈轰炸广东提督李准；9 月，周之贞、李沛基谋划轰炸广州将军凤山。

香港是孙中山革命筹款的重要基地，在港的许多华商不惜倾家荡产，资助革命。如李纪堂是香港《中国日报》的主要股东，出巨资资助《中国日报》的出版发行，为孙中山的革命行动先后捐出 200 多万元。①

三、同盟会在东南亚的发展

东南亚是华侨的主要居住地，东南亚华侨人数占了海外华侨的大多

① 梁耀强．同盟会与香港华商的关系——以李纪堂为个案论述．近代中国，2006（00）：170～171

数，他们主要来自广东、福建、海南、广西、云南等地，从事经商、务工等职业。孙中山一直把东南亚作为发展革命活动的重要据点，多次亲自到东南亚各地活动，并且在同盟会成立之后派遣人员到东南亚发展革命组织，设立了新加坡、越南、缅甸、马来亚、印度尼西亚、暹罗和菲律宾等同盟会分会组织。孙中山为了配合在广西、云南边境地区发动武装起义的需要，起初将东南亚同盟会的中心放在越南。1908 年，由于形势的变化，东南亚同盟会的领导中心移到新加坡，设立了同盟会南洋支部，1909 年又移到槟榔屿，并在那里召开了著名的“庇能会议”，策划了广州黄花岗起义。东南亚各地华侨不仅积极参加同盟会，踊跃捐款，而且还积极派人参加国内的军事起义，一些华侨也为此献出了年轻的生命。

1. 越南同盟会

越南是孙中山开展革命事业的重点地区。1900 年 6 月，孙中山第一次抵达越南。当时孙中山想争取法国越南当局对其革命事业的支持，但法国政府指示越南当局不能支持孙中山，法国驻西贡总督韬美（Paul Doumer）只派助手约见了孙中山。[①] 此后，孙中山几次到达越南活动。

（1）西贡堤岸同盟会。

越南南部的华商，主要是福建、广东人。西贡堤岸是越南当时的经济中心，在这里生活的华侨有 49 000 人，占当地人口的 50% 以上。[②] 1905 年 10 月，孙中山与黎仲实、胡毅生、邓慕韩等人自日本到越南西贡。商人李晓初、李卓峰、刘易初、黄景南等人招待了孙中山一行，并当即成立同盟会分会，以刘易初为会长，李卓峰为副会长，将美荻街 304 号刘易初的昌记行作为通信机关。[③] 之后，由于同盟会分会的活动被法国殖民当局发觉，于是他们把“同盟会分会”改名为“讲学社”。随着会员不断增多，分别设立了胞怀堂、卫生社、中兴社。辛亥之后，

① J. Kim Munholland. The French Connection that Failed: France and Sun Yat-Sen, 1900—1908. *The Journal of Asian Studies*, Vol. 32, No. 1 (Nov., 1972). p. 78

② 王希辉，黄金．越南华侨与孙中山领导的革命运动．八桂侨刊，2006（4）：63

③ 蒋永敬．华侨开国革命史料．台北：正中书局，1977. 394

改为兴仁社，统辖南圻各埠其他分社。主持会务工作的人开始为刘易初，之后是颜太恨，再是黄景南。同时，又在各处成立分支机构，这些机构是美荻启明社、沙沥笃黄社、芹苴尚志社、永隆振明社、槟椥同侨社。广州“三·二九”起义失败后，胡汉民到越南主持党务工作，在胡汉民的指挥下，西贡堤岸的五大阅书报社联合起来，组成兴仁社，由丘福祥任社长，黄景南为名誉社长兼总财政，黄复黄为总监督，何侣侠为主盟人。①

（2）河内同盟会、海防同盟会。

越南临近广西、云南，良好的地理优势，使得孙中山决定在广西、云南边境地区组织会党武装起义。1907 年春，孙中山在河内甘必达街 61 号设立同盟会机关，随即把河内兴中会改组为同盟会分会。先后加入者为杨寿彭、黄隆生、吴梓生、张奂池、甄吉廷、王和顺等数百人。之后不久，在海防也设立了分会，海防分会设立于台湾街 32 号万新楼，以刘岐山为会长，甄璧、林焕廷、陈耿夫等为干事。②

（3）永隆同盟会。

西贡同盟会成立之后，在永隆设立商号的黎其玉前往加盟，他又介绍惠康入会。回到永隆之后，他们决定发起成立分会，以黎其玉的均兴号楼为办事机关。他们积极宣传革命思想。先后加入的有黄慕肃、梁汉昌、黎培墀等 10 人，之后加入者逐渐增多。胡仁甫、关芝谱、胡凤坡、梁萼廷、黄洛泉、叶柏生、曾紫云等在永隆组织开智书报社。经过黎其玉、惠康等人的协商，书报社与同盟分会合并，同盟分会会员增加较多。1910 年 6 月，推选胡凤坡为正社长，正式定名为永隆振明社。③ 振明社成立之后，有陆续加入者，人数已达 60 多人。

越南各地的同盟会成立之后，除了积极吸收会员、扩大组织，他们

① 周兴樑. 孙中山的革命活动与越南华侨. 见孙中山与华侨——“孙中山与华侨”学术研讨会论文集. 广州：中山大学出版社，1996. 229

② 蒋永敬. 华侨开国革命史料. 台北：正中书局，1997. 394 ~ 395

③ 蒋永敬. 华侨开国革命史料. 台北：正中书局，1977. 404 ~ 405

还积极为革命事业捐助巨额资金，支持国内的军事起义等活动。1905年，孙中山到越南西贡募集革命经费，印制“中华民国政府债券”，号召华侨同盟会员积极认购。广大华侨认购一个晚上就有12 000元。1907年至1908年，孙中山准备在广西、云南发动起义，到西贡筹集军饷，广大华侨也是踊跃捐款，一晚就筹集到35 000元。孙中山在广西、云南举行起义使用资金20万元，越南华侨的捐助占其中的一半。到1911年夏天，永隆振明社决定每月的初二、十六为会员大会之期，专为筹措资金，资助祖国革命党人筹划革命工作。1911年3月黄花岗起义之后，王和顺到永隆筹款，会员都踊跃捐款。

越南同盟会还积极派会员赴国内参与军事起义。如孙中山等人在广西、云南发动起义之时，越南华侨积极参与。其中镇南关起义中，越南华侨有300多人参加，20多人牺牲，60多人负伤；在钦廉起义中，越南同盟会200多华侨会员参加了战斗；辛亥三月广州起义，华侨有31人牺牲，越南华侨就有16人。[①] 武昌起义之后，许多会员纷纷回到国内为革命效力，如黎其玉任北江民军统领；黄慕肃、刘章、何荣高回国后，加入同盟模范军，而何荣高又在军事讲习所肄业。

越南华侨利用良好的地理优势，为革命军秘密从香港等地运送弹药。如1907年10月，为准备镇南关以及1908年3月的河口之役，孙中山向法国商行购买枪支弹药，经费不足，是由华侨商人杨寿彭、梁秋等负责提供担保，拿到钱购买到起义所用枪支弹药的。1908年3月，黄兴在越南边境进攻钦州的弹药是在香港采购后，雇轮船秘密运送到海防，交给刘岐山接收的。[②]

越南华侨因为违反了殖民当局不准他们从事政治活动的禁令，有十多人被殖民当局遣送或驱逐出境。如华侨黄隆生因为河口之役运送米粮到前线；杨寿彭、刘岐山、甄吉延等人，或因为运送武器，或接济粮

---

① 周兴樑．孙中山的革命活动与越南华侨．见孙中山与华侨——“孙中山与华侨”学术研讨会论文集．广州：中山大学出版社，1996. 236

② 黄铮．孙中山在越南的革命活动及其意义．广西社会科学，1986（3）

食，或是参与募集经费，或是直接参与起义，被法国殖民当局陆续驱逐出境，转赴香港。

2. 新加坡同盟会与南洋支部

新加坡处于东西交通的要道，自1819年英国人莱佛士占领新加坡之后，新加坡迅速成为东南亚的贸易中心和航运中心，到1901年，新加坡华侨人口已有16万多。[①] 受到国内的影响，当地华侨陈楚楠、张永福、林义顺等人于1904年春天就创办了《图南日报》，以宣传革命。孙中山看到他们发行的报纸，盛赞他们的主张，并与他们建立了联系。1906年4月6日，孙中山抵达新加坡，受到陈楚楠、张永福、林义顺等人的欢迎。随即孙中山与陈楚楠、张永福等人商议在新加坡设立同盟会分会。首次加入者有陈楚楠、张永福、林义顺、李竹痴、尤列、黄耀廷、林镜秋、许子麟、萧百川、留鸿石、蒋玉田、吴业琛、何心田、林航苇等14人，会议选举陈楚楠为会长，张永福为副会长，许子麟为会计，林义顺为交际。[②] 以后陆续加入的有丘焕文、何德如、沈联芳、黄乃裳、许雪秋等400余人。

1908年秋，由于英属、荷属各地陆续成立分会以及通信处有上百个之数，于是孙中山设立南洋支部统辖各地分会以及通信处，以胡汉民为支部长，订立支部章程十六条以及通信办法三条。胡汉民另制定“中国同盟会新加坡分会章程”和“新洲同志分帮原因及办法”，将新加坡同盟会会员按地域分成潮、广、福、客四帮，琼附入潮帮，肇附入广帮，各帮会员可以随意参加其他帮举行的会议。1911年，潮帮主盟人是潘兆鹏、郭渊谷、刘任臣；广帮主盟人是黄耀廷、何心田、卢韦航；福帮主盟人是许子麟、周献瑞；客帮主盟人是叶耀庭、杨伯文、邱醒虎。[③] 1909年，新加坡同盟会改选，张永福为会长，陈梦桃为副会长，

---

① 林远辉，张应龙．新加坡马来西亚华侨史．广州：广东高等教育出版社，1991. 295～296

② 颜清湟．星马华人与辛亥革命．李恩涵译．台北：联经出版事业公司，1982. 111

③ 华侨革命史编纂委员会．华侨革命史（下册）．台北：正中书局，1981. 102～103

孙中山与新加坡同盟会会员在晚晴园前合影

沈联芳负责财政，林义顺负责外交；1911 年，新加坡同盟会再次改选，张永福仍为会长，陆秋露为副会长，陈先进负责财政，林义顺负责外交。到 1911 年，新加坡同盟会有 400 多会员。

新加坡同盟会成立之后，为了与保皇派在南洋地区论战，宣传革命，遂决定设立自己的机关报。1907 年春，陈楚楠向各地会员招股，重组党报《中兴日报》，作为分会的机关报。1907 年 7 月 13 日，报纸出版刊行，在东京、河内、香港、西贡、檀香山、旧金山以及南洋其他地区设立代理发行机构。“首任正经理林义顺，副经理肖百川，正编辑何虞颂，而汪兆铭、胡汉民、居觉生、林广尘、黄克强为义务编辑。次任正经理为邓慕韩，正编辑有陶成章、方瑞麟、田桐、胡伯骧、王斧、林希侠、何德如、张西林。”[①]《中兴日报》与维新派的《总汇报》展开了笔战。1907 年和 1908 年，《中兴日报》销售量达 4 000 多份。1909 年，由于资金不继，负债累累，屡次招股成效不大，到 1910 年春，《中兴日报》停刊。1909 年，新加坡同盟会会员周之贞、谢心准等人又创办了《星洲晨报》，与《中兴日报》并驾齐驱，宣传革命。1911 年夏，同盟会会员黄吉宸、卢耀堂又筹资刊行《南侨日报》，宣传革命，“出

① 林义顺．星洲同盟会录（手稿本）．厦门大学图书馆藏．转引自朱立文．新加坡同盟会史略．史学月刊，1984（1）：56

版后数月，武昌义师勃起，侨胞多根据是报所传播之消息为趋向云。”①

新加坡同盟会还发展书报社以宣传革命活动。如 1908 年，何心田等人设立开明演说书报社。1911 年春，赵钧溪等人又成立了同德书报社，此外还有星洲书报社、同文书报社及公益书报社等。

新加坡同盟会还派人到国内发展同盟会组织，如派黄乃裳赴厦门担任主盟人，黄蕴珊回到厦门在警察中开展活动。②

新加坡同盟会还积极筹措资金支持国内的革命活动。1907 年，革命党人在广东饶平黄冈发动起义，新加坡同盟会会员先后捐款达 3 万元。汪精卫谋炸摄政王载沣失败之后，新加坡同盟会会员捐款数千元营救。镇南关、河口起义失败之后，600 名革命党人被法国殖民当局遣送至新加坡，同盟会设法招待收容，招股开办中兴石山公司安置起义人员，还介绍他们到槟榔屿、吉隆坡、吡叻、文岛等地的厂矿、农场就业。1910 年 10 月，黄兴、赵声、胡汉民在槟榔屿谒见孙中山，商讨募集资金在广州起义之事，各埠华侨踊跃捐款。胡汉民、邓泽如到新加坡召集党员开会，参加会议的有沈联芳、卢礼明、李孝章、陆秋露、周之贞等百余人，总共捐款 3 000 多元，其中沈联芳捐款最多，有 1 000 元。武昌起义之后，广东、福建先后响应。新加坡同盟会会员发起筹办广东救济保安捐，推举罗卓甫为总理，廖正兴为副总理，沈联芳、陈楚楠、张永福等为干事，总计筹款 20 多万元。之后，又成立发起福建救济保安捐，推举陈嘉庚为总理，陈顺善为副总理，陈先进、张永福、陈楚楠等为干事，筹款 20 多万元。③

新加坡同盟会还积极派遣人员参加国内的军事行动。1906 年，孙中山委任许雪秋为中华民国东军都督。许雪秋于当年冬天自新加坡返回潮州，会同余既成等人于 1907 年发动饶平黄冈起义。1907 年 5 月，会员邓子瑜发动了惠州七女湖起义。1911 年 3 月，广州黄花岗起义，新

---

① 冯自由．革命逸史（第四集）．北京：中华书局，1981. 148

② 杨群红．新加坡华侨与辛亥革命．史学月刊，1988（4）：71 ~ 72

③ 冯自由．中华民国开国前革命史．桂林：广西师范大学出版社，2011. 324

加坡同盟会会员李炳辉、李文楷、黄鹤鸣、杜凤书、周华、劳培、罗干等人牺牲，被安葬在黄花岗。

3. 马来亚同盟会

新加坡同盟会成立后，孙中山继续推动在马来半岛建立革命组织。1906 年 7 月 17 日，孙中山带领陈楚楠、林义顺、黄乃裳、李竹痴等人从新加坡到马来亚的芙蓉（Seremban）。8 月，孙中山一行到达吉隆坡。孙中山先后在吉隆坡大舞台剧院和青年益赛会做了演讲，当地华侨反应热烈。在孙中山推动下，同盟会吉隆坡分会于 8 月 7 日正式成立，孙中山主持了 16 位创始会员的宣誓活动，几天后，又有 14 人集体入会。吉隆坡分会选举陆秋泰为会长，王清为副会长。[①] 新加坡同盟会还委派陈楚楠、林义顺到槟榔屿成立同盟分会，吴世荣任槟城分会会长，黄金荣任副会长，会员有 22 人。[②] 1907 年，怡保、芙蓉、瓜拉庇朥、关丹等地相继成立同盟会分会。彭亨州的关丹同盟会分会成立于 1907 年 12 月 21 日，首创会员 12 人，会长陆秋霞，副会长黄大观。[③] 除此之外，在会员不多的地方设立同盟会通信处，计有金宝、林明、太平、式叻、麻坡、沙捞越和马六甲等。由于殖民当局不准华侨从事政治活动，所以一些分会是以书报社的名义开设的。

4. 印度尼西亚同盟会

印尼是东南亚华侨人数较多的地方，1908 年约有华侨 136 万。[④] 1902 年至 1903 年，荷属印尼地区华侨学校聘请留日学生担任教员，一些革命人士来到印尼各地的华侨学校担任教职，宣传革命。[⑤] 新加坡同盟会成立之后，同盟会总部在 1906 年、1907 年先后派遣谢良牧、李柱中、李天麟、陈方度、曾连庆、梁墨庵等人到荷属印尼各地开展组织分会的工作。为了避免荷兰殖民当局的干涉，他们没有用同盟会的名义，

---

① 颜清湟．星马华人与辛亥革命．李恩涵译．台北：联经出版事业公司，1982. 118
② 冯自由．中华民国开国前革命史．桂林：广西师范大学出版社，2011. 313
③ 颜清湟．星马华人与辛亥革命．李恩涵译．台北：联经出版事业公司，1982. 122
④ 张玉法．清季的革命团体．台北：中央研究院近代史研究所专刊，1983. 69
⑤ 罗耀九．印尼华侨与辛亥革命．厦门大学学报（哲学社会科学版），1961（3）：56

各地分会只是以书报社名义向荷兰殖民当局立案，所设立的机构多称为“书报社”或“某某学堂”，以掩人耳目。

（1）南吧哇同盟会。

1910年，孙中山派遣李怡扶到西婆罗洲组织成立同盟会，当时荷兰殖民当局不允许华侨从事政治活动，为了避免引起荷兰殖民当局的注意，在下巴刹设立觉群书报社，附设觉群学校，宣传革命。之后，由南方支部委任林玉郎为南吧哇同盟会会长，杨魁五为主盟人。

（2）日里棉兰同盟会。

1909年，孙中山委派胡汉民到棉兰，宣传革命，加入同盟会的人非常多，因此设立了棉兰同盟会。

（3）耶嘉达同盟会支部（巴达维亚华侨书报社）。

吴伟康、李笃彬、钟莠珊等人于1907年组织了寄南社，秘密征集同志。1910年春，汪精卫来巴达维亚主盟，设立耶嘉达同盟会，吴伟康、李笃彬、钟莠珊等二十多人加入同盟会。1908年，寄南社改名为“华侨书报社”，由于参加者众多，会所几经迁移。1909年5月，李云山、邹仁辉、钟莠珊、郭德元、蓝耀庚、陈玉如六人向殖民政府立案，当年8月成立正式团体。

荷属印尼各地也陆续成立了同盟会组织，到辛亥革命爆发之前，荷属各埠同盟会如表2－1[①]所示：

① 冯自由．中国革命运动廿六年组织史．上海：商务印书馆，1948；蒋永敬．华侨开国革命史料．台北：正中书局，1977. 354～355

表 2-1 荷属印尼各埠同盟会

同盟会名称	地点	会长
泗水同盟会	爪哇	刘亚泗、赖文斋
吧城同盟会	爪哇	梁墨庵、李天麟
甲太同盟会	吧城甲太	许金璋
滨港同盟会	文岛	温庆武、李柱中、曾连庆
双溪烈同盟会	文岛	黄庆元、李柱中
勿里洋同盟会	勿里洋	伍连忠
吗吃同盟会	勿里洞	欧阳福城
武陵同盟会	武陵	徐云兴
流石同盟会	流石	蓝瑞元
棉兰同盟会	日里棉兰	梁瑞祥、区水应、李增辉
坤甸同盟会	坤甸	沈复权
三宝垄同盟会	三宝垄	李载霖
耶嘉达同盟会支部	巴达维亚	吴伟康、李笃彬
南吧哇同盟会	南吧哇	林玉郎

同盟会成立之后，积极筹款接济国内革命运动。1910 年 10 月，孙中山在槟榔屿召开会议，要求英、荷属地区捐款支持广州起义。钟莠珊、古质山、李笃彬、吴伟康、陈伯鹏、陈匀士、陈玉如、蓝耀庚、蓝铭三等分头秘密筹款。黎耀君捐款三千一百七十五盾，合五千多元，派遣刘子芬送往香港革命军统筹部。广州"三·二九"起义之后，又募集善后捐款，总共汇往香港统筹部一千五百元。武昌起义的消息传来之后，又筹集到一万元，派遣吴伟康回国接洽。此外，又在八月、九月、十月总共汇给汕头二万元又五百盾以接济第四军。九月，由早达银行汇给胡汉民一万元；十月，再汇给胡汉民一万五千元；十月，汇给汉口黎元洪五千元；十一月，再汇给胡汉民一千元。[①] 1910 年冬，黄兴到南洋

① 蒋永敬．华侨开国革命史料．台北：正中书局，1977.371

海外华侨

募集广州起义资金，谢良牧、姚雨平、吴伟康、温庆武等10人分头募集军饷，在广州黄花岗起义之前募集资金三万多元。

各地同盟会成立之后还向华侨宣传革命，出版报纸宣传革命思想。如耶嘉达同盟会支部成立之后，由白萍洲组织出版《华铎报》，每周出版一次，之后改为三日刊，由钟公认、廖嗣、钟兰任编辑。他们还动员华侨参加国内革命，如1911年，日里棉兰当地华侨很多人回国参加了广州黄花岗起义；南吧哇同盟会派遣杨壬满回国参加革命敢死队。

（4）帝文同盟会。

帝文岛是荷兰与葡萄牙两个国家的殖民地，此地居住华侨不在少数。受到国内思潮的影响，帝文华侨也组织同盟会分会，由于政治环境恶劣，同盟会组织处于秘密状态。最早加入的有杨维新、黄叔啰、李子觐等人。1911年3月广州起义失败之后，林激真、徐演群二人抵达帝文。帝文华侨推举黎孟兰为主盟人，当时加入的有数百人。帝文同盟会在当年夏天成立，选举赖泽春为正会长、李寿堂为副会长、赖心畹为正财长、黎季鸿为副财长、赖日三为正总务、李子觐为副总务、李荣年为正交际、黎仁宗为副交际、黎少鸿为正书记、余均仁为副书记；谢巫、巫迪阶、黎观林等8人为评议员。[①] 帝文华侨为了避开殖民当局干涉，学习其他地方的办法，创立觉群书报社，作为宣传革命的机关；所有职员都由同盟会会员兼任。帝文同盟会成立之后，首要工作就是在辛亥三月广州起义之后募集军饷，募集到一万元左右，派遣赖锡如、李子觐、梁达山作为解款专员，当时广州已经光复，呈交胡汉民。

5. 缅甸仰光同盟会

到1911年，缅甸华侨约有12万人。[②] 20世纪初期，缅甸华侨居住最多的地方是仰光，大约有8 000人，以福建漳泉地区人居多，广东人次之。[③]

---

① 蒋永敬．华侨开国革命史料．台北：正中书局，1977. 359
② 肖泉．缅甸华侨与辛亥革命．世界历史，1981（5）：56
③ 冯自由．革命逸史（第二集）．北京：中华书局，1981. 227

1908年3月，同盟会总部委派王群到缅甸仰光发展同盟会，当地华侨徐赞周、陈仲赫、陈钟灵率先加入，之后，陈守礼、张源、陈国章等十余人也加入同盟会。他们在仰光大贺胥园召开了第一次成立大会。由于华侨中反对者众多，成立3个月之内，仅仅发展会员37人。广西河口起义失败将领黄子和、杜韩甫逃到缅甸，他们与徐赞周商议设立机关报，宣传革命，得到巨商陈玉著、张永福、陈金在、曾广庇等人的资助。8月，他们刊发《光华日报》，主笔为云南人杨秋帆和湖北人居正。报纸出版之后，受到华侨的欢迎，他们纷纷加入同盟会，会员迅速增加至400余人。为了避免引起殖民当局的注意，同盟会开始定名为演说社，后改称觉民书报社，会务工作开始发展起来。1908年秋，孙中山派遣汪精卫、吴应培二人赴缅甸开展会务工作。11月20日，在仰光召开干事选举大会，公推庄银安为正会长，卢喜福为副会长，陈财春主持财政，沈继昌为会计，陈振川为庶务，林铁汉为书记。[①] 缅甸同盟会自1908年3月成立之后到辛亥年止，实际发给会员底号共2 343人。[②]

大会之后几个月，同盟分会又派遣居正、陈仲赫二人到缅甸各埠开展创办分会的工作，并指派了各埠热心党员作为主盟人，前后共成立24处[③]。当时由于殖民当局不断干涉和清朝官吏干扰的原因，多不敢公开声称是同盟会，对外称为书报社。

表2-2　缅甸各埠开设的书报社

地名	主盟人	地名	主盟人
木各具	陈虞卿　郑耀蒸	勃生	陈子卿
毛淡棉	丘伯钟　朱绰业	沙包	陈延谟
洞遇	陈国珍　杜子乾	居脉	林启仁
兴沙塔	陈颇阵　林明敲	彬文那	陈昌衮　杨明察

① 冯自由．革命逸史（第二集）．北京：中华书局，1981．233
② 冯自由．革命逸史（第四集）．北京：中华书局，1981．163
③ 冯自由．革命逸史（第二集）．北京：中华书局，1981．234～235

（续上表）

地名	主盟人	地名	主盟人
吉桃	陈文造	蒙摩	尹寿生
新彪遵	陈就正	力不丹	丘景芳
绕彬九	陈振玉	渺咯	苏细仕
知亩	卢省三	勃卧	李萱琳
仁兰姜	郑庇	猫宇	李景兴　蔡寿民
瑞帽	陈巽南　李广福	卑谬	林幼雨　杨景藩　常寿山
敏建	周子器　陈绍平	洞枝	黄锡三
瓦城	刘观於　陈太高　杨名	密沙	陈章逊

缅甸同盟会成立之后，首要任务就是出版报纸杂志，宣传革命思想。他们先是设立了机关报《光华日报》，宣传革命思想。这份报纸是由会员庄银安、徐赞周等 8 人集资缅币 8 000 多盾创立的，庄银安为经理，陈仲赫为副经理，杨秋帆、居正为主笔。由于触怒了清廷驻仰光领事萧永熙，萧永熙强迫股东停止营业，报社为保皇会间接购买。同盟会为此召开全体会员大会，募集复兴股本，一个晚上就筹得 13 000 多元，于 1908 年 11 月 15 日创办第二《光华日报》，陈仲赫、黄水田、陈汉平等人先后担任经理，居正、吕志伊二人担任主笔，与保皇会报纸展开笔战。1909 年夏，清廷以《光华日报》宣扬无政府主义，要求英国缅甸总督驱逐居正、陈汉平二人出境，庄银安等人被迫出走槟榔屿，《光华日报》第二次停刊。庄银安在槟榔屿与陈新政、黄金庆、徐洋溢等人筹措资金，于 1909 年 10 月 1 日在槟榔屿举办第三《光华日报》，聘请四川人即《东京鹃声》杂志记者雷昭性（铁崖）为主笔，但 1 个月之后又被迫停刊。1910 年 2 月，吕志伊、陈钟灵、徐赞周、李海国、魏声亩、陈震川、丘思道等人着手兴创办新的报纸，改名为《进化报》，陈钟灵任经理，吕志伊任主笔。由于保皇会勾结地方警察破坏，该报在 8 个月之后停刊。之后徐赞周联络张永福、杨子贞、曾上苑等人另外设立

《缅甸公报》，宣传革命。[1]

缅甸同盟会成立之后，筹款支持国内的军事活动是一项重要任务。他们虽然因为筹款支持《光华日报》而资金紧张，但他们还是积极筹集资金给予支持。如1908年11月，汪精卫回新加坡，庄银安等为他筹款2 800元。1909年春，因为广西河口起义逃往南洋的将士生活困难，胡汉民到缅甸筹措路费，庄银安等又资助2 000元。1911年3月，广州黄花岗之役时，缅甸同盟会资助起义资金以及给予杨秋帆、居正、吕志伊、陈仲赫、黄兴、李雁南、郑坤等人往来云南、广东的旅费为数很多。[2] 1911年10月武昌起义之后，11月初，刁安仁、张文光举兵占领腾越，随即发电报要求缅甸同盟会会员资助军饷，缅甸分会随即筹集巨资资助。

缅甸同盟会成立之后，联络云南边境土司举行起义是一项重要任务，如1909年10月，他们联系云南干崖土司刁安仁在蒙化、顺宁、永昌、蒙自、腾越、大理、龙陵等地运作起义之事。缅甸同盟会也派人赴国内直接参加军事起义，如1911年3月广州黄花岗起义人员中，就有缅甸仰光同盟会员两人，一是李群，号雁南，死在广州，葬于黄花岗；一是郑坤，受伤后获救。

6. 暹罗（泰国）同盟会

到1910年，暹罗（泰国）有华侨约80万人。[3] 华侨中有不少不满清廷腐败，关心国内事务的人士，他们通过出版报纸表达自己的声音，《华暹日报》就是这样的一种情况。《华暹日报》由华侨萧佛成、陈景华、沈荇思等人创办于暹罗首都，分为汉字和暹罗文两种文字。报纸出版一年之后逐渐主张革命。1905年冬，《华暹日报》与香港《中国日报》建立联系，侨商赞成革命之人如王杏洲、陈美堂、何少祷、陈载之、朱广利、马兴顺、梁挺英等都是当地侨商中的有名人物。1908年，

---

① 肖泉．缅甸华侨与辛亥革命．世界历史，1981（5）：59

② 方福祺．缅甸华侨与辛亥革命．云南民族学院学报（哲学社会科学版），1993（2）：65

③ 潘少红．泰国华人社团史研究．厦门大学博士学位论文，2008. 17

孙中山偕同胡汉民、胡毅生、何克夫等到暹罗，侨商在中华会馆开会欢迎孙中山一行。其后，因为暹罗政府干预，孙中山主张秘密设立同盟分会，当地华侨踊跃入会，加入者为沈荇思、萧佛成、陈景华、陈载之等二十余人。[①] 众人推举萧佛成为会长，陈景华为书记，沈荇思为会计，胡毅生、卢仲琳二人主持《华暹日报》。第二年加入的有陈绎如、洪正修、洪亮修、魏紫笙等数十人。[②] 暹罗革命党人组织了振兴书报社，以郑玉山为社长，与保皇派展开斗争。之后，叶定仕继任社长，温醒民、林德彰、李继群、陈子瑾、卢锦生、黄仕林等二十余人出任评议员，钟俊卿为总干事。

7. 菲律宾同盟会

菲律宾华侨以福建华侨占大多数。到 1903 年，在菲律宾的华侨约有 41 035 人。[③] 保皇派先后于 1899 年和 1906 年两次在马尼拉建立组织，在华侨中有一定的影响。革命派也在菲律宾华侨中宣传革命思想，革命的力量逐渐有所发展。1909 年，革命者为了宣传革命思想，建立了书报社。1911 年春，同盟会香港南方支部派遣香港《中国日报》经理、同盟会会员阳江人李萁到马尼拉，与郑汉祺、欧阳鸿钧、郑杰、黄汉杰、李棠、李雄一起成立了同盟会小吕宋分会，郑汉祺当选为会长。郑汉祺毕业于香港雅丽士医院，福建人，与孙中山是同学，主张民族主义，是菲律宾华侨中的名人；欧阳鸿钧（洪军），香山人，党名叶音；郑杰，香山人；黄汉杰，新宁人；李棠（汉胜），新宁人；李雄（侠樵），新宁人。菲律宾同盟会成立之后，出版《公理日报》，将其作为机关报，郑汉祺为经理，吴宗明为编辑。辛亥革命爆发之后，消息传到菲律宾，广大华侨非常热心，倾囊相助，踊跃捐款，到 1911 年 11 月 18 日，汇给革命军政府 77 000 比索，之后从 10 月下旬到 11 月上旬又募得

---

① 蒋永敬．华侨开国史料．台北：正中书局，1977. 406

② 蒋永敬．华侨开国史料．台北：正中书局，1977. 406

③ 黄滋生，何思兵．菲律宾华侨史．广州：广东高等教育出版社，1987. 311

30 000比索。[1] 菲律宾华侨还积极回国参加国内革命，辛亥革命爆发后，回国参加革命的人达到900 人。

四、同盟会在北美洲的建立和发展

鸦片战争后，以淘金热为契机，中国南方地区民众到北美谋生者众多，在北美各地生活的华侨约有30 万人。[2] 美国旧金山和加拿大温哥华等地是华侨聚居的主要地方。孙中山也试图在北美各地发展革命组织，但直到1907 年之后，才开始派人发展同盟会组织，先后设立美东同盟会、美中同盟会、三藩市同盟会（旧金山同盟会）、加拿大同盟会，其中三藩市同盟会总会就是美洲支部，负责统辖美洲各地分会。檀香山在19 世纪末期被美国吞并，因此，把它归入北美洲地区。檀香山兴中会改组为同盟会的工作并不顺利，直到1910 年才改组为同盟会。

1. 美国同盟会

1905 年，同盟会在东京成立之后，革命派曾经设法到美国开设分会。但由于美国入境管理严格，对华侨限制较多，革命派难以赴美发展。加上当时维新派的势力强盛，革命党人在美国华侨社会中建立同盟会的愿望迟迟未能实现。1907 年，在香港加入同盟会的美国华侨李是男因事返回美国旧金山，开始在美国发展同盟会的势力。由于保皇派势力比较大，发展同盟会组织的成效不大。到1909 年夏、秋之间，李是男仅联络了温雄飞、黄芸苏、黄杰廷、黄伯耀、许炯藜等人发起成立少年学社。

1909 年春，孙中山策划的粤、桂、滇三省军事行动相继失败，在南洋筹集资金已经比较困难，决定开辟新的区域募集资金。9 月，孙中山到达美国纽约。在纽约，孙中山得到洪门黄溪记的迎接，曾经写信给香港冯自由的赵公璧也持冯自由介绍函前来拜见，并向孙中山介绍了陈

---

① 陈君．19 世纪后期菲律宾华侨社会变化探究．厦门大学硕士学位论文，2009. 74

② 张玉法．清季的革命团体．台北：中央研究院近代史研究所专刊，1983. 70

永惠等人。孙中山于是决定立即在纽约设立美东同盟会，初期会员有黄溪记（号佩泉）、赵公璧、钟性初、陈永惠、吴朝晋、唐麟经、吴赞等7人。由于运作广州新军起义，黄兴、胡汉民、冯自由从香港来函请孙中山设法筹集港币两万元。孙中山随即发动会员捐献，但是由于分会刚刚成立，会员能力有限，所募集款项只有港币3 000元。

10月，孙中山前往芝加哥，在芝加哥受到华侨的欢迎。在欢迎宴会上，孙中山提议成立美中同盟会，得到与会华侨的赞同，加入的有萧雨滋、萧汉卫、梅培、曹汤三、罗泮辉等十余人。之后又有谭赞、伍颂唐、何宝衡、梅寿、林光汉等数十人。孙中山随即向会员募集资金支持广州新军起义。在芝加哥一个月，仅得港币3 000元。

1910年1月18日，孙中山让此前在三藩市的李是男把少年学社改组为三藩市同盟会。这是中国同盟会在北美洲的总会（美洲支部），负责统辖陆续成立的各地同盟会。[①] 首次加入的有李是男、黄芸苏、黄伯耀、许炯藜等18人。孙中山亲自主持了首次入盟仪式。之后又有黄超伍、雷视三、林朝汉、邝佑治等百余人入会。

三藩市同盟会的成立有两个重大的改变：一是孙中山将入会誓词从“驱除鞑虏、恢复中华，创立民国、平均地权”十六个字改为“废灭鞑虏清朝，创立中华民国，实行三民主义”十八个字，将盟书中的“中国同盟会会员”改为“中华革命党党员”，但对外对内依然叫“同盟会”。这个做法后来在南洋支部也开始实行。[②] 二是采用张霭蕴起草的《美洲三藩市同盟会总会章程》，该章程参照美国三权分立的理念制定。与中国同盟会总章程宗旨不同的是，中国同盟会总章程的宗旨是“驱除鞑虏、恢复中华，创立民国、平均地权”，而美洲三藩市同盟会总会的宗旨是“以博爱平等自由为宗旨，实行中国民族、民权、民生三大革命为职志”，体现了美国的特色。同时，三藩市同盟会总会的组织架构采

① 蒋永敬．华侨开国革命史料．台北：正中书局，1977．143

② 蒋永敬．华侨开国革命史料．台北：正中书局，1977．135

取“共和政体基础，故会内分设立法、行法、司法三部”①。

同年6月，为了推动革命势力的发展，孙中山建议同盟会会员全体加入致公堂，并与黄三德、唐琼昌等商议，由致公堂召开特别会议，改革烦琐的入会仪式，吸纳同盟会会员。双方还在《大同日报》和《少年中国晨报》刊登文告，“洪门为中国提倡排满革命之元祖，而人称致公总堂之改良新章，更与本会三民主义相合，原可互相提携，共图进取”②。同盟会与致公堂的合作，有利于革命形势的发展，“美洲的革命党人终于打开了局面”③。

表2-3　美国各地同盟会一览表

分会名称	地点	主盟人
葛仑埠同盟会	美国加利福尼亚州	郑占南
屋仑埠同盟会	美国加利福尼亚州	陈树苹、陈披荆、谭南
沙加缅都同盟会	美国加利福尼亚州	黄晋三、邝灼
士笃顿同盟会	美国加利福尼亚州	叶殖兰、陈耀垣
斐市那同盟会	美国加利福尼亚州	朱尊三、周叙五
北架斐尔同盟会	美国加利福尼亚州	郑广池、周文培
洛杉矶同盟会	美国加利福尼亚州	何利
马些埠同盟会	美国加利福尼亚州	周瑞厚
滑慎威利同盟会	美国加利福尼亚州	高廷块、梁树照
山柯些同盟会	美国加利福尼亚州	谭瑞言
西雅图同盟会	美国华盛顿州	伍宏汉、陈文宗
砵仑埠同盟会	美国科罗拉多州	陈萱、李锦源
的彩埠同盟会	美国中部	伍颂唐、梅光培
委林麦同盟会	美国中部	朱卓文、刘希碧

① 蒋永敬．华侨开国革命史料．台北：正中书局，1977. 144
② 蒋永敬．华侨开国革命史料．台北：正中书局，1977. 137
③ 麦礼谦．从华侨到华人：二十世纪美国华人发展史．香港：三联书店，1992. 199

（续上表）

分会名称	地点	主盟人
亨佛埠同盟会	不详	
波士顿同盟会	美国东部	阮伦、李绮庵、余夔
埃仑埠同盟会	美国加利福尼亚州	陈民兴、欧汉英
费城同盟会	美国东部	梅毅南
美利贺同盟会	美国加利福尼亚州	方富缵、张绍廉
汪古鲁同盟会	美国加利福尼亚州	节振兴、欧阳可惠
纽柯连同盟会	美国南部	邓镜州
山爹古同盟会	美国加利福尼亚州	谭世彭
山达巴巴同盟会	美国加利福尼亚州	林卓峰

（蒋永敬．华侨开国革命史料．台北：正中书局，1977．158～159）

美洲支部成立之后，为了向华侨宣传革命，会员集资筹办了机关报《少年中国晨报》，于秋冬时间出版。此外，他们最重要的一个任务就是在华侨中募款，以支持国内的军事行动。为了支持发动辛亥三月广州起义，1910 年 12 月下旬，孙中山前往加拿大温哥华筹饷，同时催促美国东、西分会加快准备。旧金山李是男等极力筹得港币 1 万元，纽约筹得港币 2 000 元，迅速汇往香港革命军统筹部。黄花岗之役失败后，5 月，孙中山又到达旧金山，拟联合致公堂、同盟会共同组织洪门筹饷局，于是将洪门筹饷局改名为国民救济局，成立了以黄三德为监督、李是男为会计的机关负责筹饷。① 筹饷局公推孙中山、黄芸苏、张蔼蕴、赵昱四人为游埠筹饷专员，分成北路和南路，从西往东，到美国各埠筹饷。不久，致公堂又加派许炯黎、刘冠辰等，沿加州一带小埠，发卖革命军债票。从 9 月 2 日由旧金山出发募捐时起，至 10 月 20 日抵纽约时

① 邵雍．同盟会时期孙中山与美国致公堂的关系．广西师范大学学报（哲学社会科学版），2006（7）：135

为止，共募集资金40多万美金。[1] 洪门筹饷局批准同盟会会员的要求，在10月下旬购买6架飞机飞回国内。

檀香山同盟会成立之后的5年时间里，檀香山兴中会因为种种原因没有改组为同盟会。1907年，卢信到檀香山主持党务，因为清廷查抄兴中会会员在广东家产的缘故，不敢大张旗鼓地进行改组。1910年3月，孙中山从美国抵达檀香山，将兴中会改组为同盟会，加入者有曾长福、梁海、雷官进、黄堃、孙科等二十余人。会员公推梁海为会长，曾长福为司库，卢信为书记。[2] 因为檀香山侨商惧怕清廷查抄在国内的家产，不愿意公开加入同盟会，孙中山决定另外设立同盟会秘密团，当地侨商加入者有钟宇、杨广达、李烈等8人。孙中山委任杨广达为团长，李烈为司库，卢信为书记。之后，茂宜埠、希炉埠两个岛上的兴中会也改组为同盟会，茂宜埠加入同盟会的有邓明三等5人，希炉埠加入的有黎协、林弼南等10人。

曾长福、卢信、杨广达、李烈等10人联合檀香山殷商赵锦、古今福、龙文照、许发、刘伟良、余楫、杨年、林业举等出资创办华文学校，设立学校教育檀香山华侨子弟。其中捐款最多的是曾长福。1908年5月，卢信到香港聘请谢英伯为校长。该学校续办多年。1911年3月，广州黄花岗起义之时，由于缺乏专门督导募款人员，香港革命军统筹部仅仅收到檀香山华侨捐款港币3 000元。

2. 加拿大同盟会

加拿大华侨史始于1858年。1860年，加拿大才有了直接来自中国的华工。1885年至1911年间，移民加拿大的华侨人数共49 929人。至1911年，加拿大华侨的总数是27 831人，其中70%居住在不列颠哥伦比亚省。温哥华、维多利亚是华侨最集中的城市，也是加拿大华侨的政治、经济、文化中心。加拿大华侨基本来自珠江三角洲。据1884年的

---

① 邵雍．同盟会时期孙中山与美国致公堂的关系．广西师范大学学报（哲学社会科学版），2006，42（3）：136～137

② 冯自由．革命逸史（第四集）．北京：中华书局，1981．169

调查，加拿大华侨以来自台山、开平、恩平、新会的最多，占加拿大华侨总人数的63.6%；其次是番禺、顺德、南海三邑的华侨，占18.3%；而其他地方只占18.1%。华侨人数最多的县份依次是台山、开平、番禺、鹤山、顺德和新会，这6个县的华侨占华侨总人数的88%。[①] 华侨各个团体以致公堂最大，总堂在维多利亚，分堂遍布加拿大各地。华侨挂名加入致公堂者占十之八九。[②]

戊戌变法之后，康有为在加拿大创办保皇会，华侨加入者众多。1903年4月23日，梁启超在温哥华主持保皇会新会所奠基仪式时，“当时中西人士，观者如堵”，“演说一次鼓掌之声雷动”[③]。可见保皇会影响力甚大。至1904年，加拿大约有35%的华侨加入保皇会。[④] 1903年，保皇会在温哥华创办机关报《日新报》。尽管如此，1907年，维多利亚仍有部分青年，如吴紫垣、李翰屏、方干谦、司徒旄、徐子乐、黄希纯、黄用英、吴侠一、黄蔚生等成立击楫社，开展革命活动。1909年击楫社解散后，其成员大都加入同盟会。

1909年冬，温哥华致公堂筹办《大汉日报》，请在香港的冯自由推荐总编辑一人。到1910年3月广州新军起义失败之后，冯自由辞去香港同盟会会长以及《中国日报》社长职务，到加拿大任《大汉日报》总编辑。1910年夏，冯自由抵达温哥华，主持《大汉日报》，有人提议创办同盟会分会。由于北美地区致公堂是最大的组织，如果冯自由公开发展会员，会引起洪门中人的猜忌，也不利于冯自由在北美地区的筹款活动，他于是秘密发展同盟会员。半年时间，加入的有黄希纯、周威、吴侠一、黄子锡、黄纪杰、黄蔚生、司徒汉民、黄元仕、甄一怒、黄传杏、卫汉等人，他们团结起来成为开展革命活动的骨干。1911年2月6

---

① 张应龙．加拿大华侨与辛亥革命．见孙中山与华侨——“孙中山与华侨”学术研讨会论文集．广州：中山大学出版社，1996. 210～211

② 冯自由．革命逸史（第三集）．北京：中华书局，1981. 322

③ 梁启超．新大陆游记．长沙：湖南人民出版社，1981. 10

④［加］魏安国等．从中国到加拿大．许步增译．上海：上海社会科学院出版社，1988. 110

日，孙中山再次来到加拿大温哥华，并在致公堂的安排下，在广东街华人戏院连续4天向群众发表革命演说，每天听众逾千人。[①] “虽大雨淋漓，亦极踊跃，实为云埠未有之盛会”[②]。加拿大同盟会于5月正式成立，冯自由为支部长，周连盛为副部长，黄希纯为中文书记。为避免致公堂误会，没有公开活动，会所也设在唐人街之外。先后加入温哥华同盟会的有刘儒坤、叶求茂、杨芳、盘棠、陈榛如、司徒旄、李俊、谢恩、黄璧峰、司徒锡、周鹤年等百数十人。先后加入维多利亚同盟会的有高榜（云山）、朱礼（文伯）、方干谦、曾暖、黄伯度、司徒衍衢、李翰屏等数十人。[③] 1911年5月，孙中山在旧金山命令同盟会会员一律加入洪门，与当地致公堂联合组织洪门筹饷局，让冯自由赴美协助。冯自由7月离开加拿大，同盟会会长由黄希纯担任。武昌起义后，加拿大同盟会会员增加到四百多人。

加拿大同盟会成立之后，除了《大汉日报》之外，同盟会还在维多利亚创办了不定期的《新国民报》，宣传革命思想。

除了办报宣传革命之外，他们还积极为国内革命事业筹款。1911年正月，孙中山自欧洲到达温哥华，与致公堂首领见面，商议为广州辛亥三月起义筹款事宜。孙中山与众人决定设立洪门筹饷局，募集资金，为国内起义做准备。致公堂众人无异议，遂推举刘儒坤为筹饷局总理，岑发琛为司库，陈榛如为中文书记，黄希纯为英文干事，黄纪杰为交际干事。温哥华致公堂首先捐献港币一万元。同盟会在香港设立革命军统筹部，准备发动广州起义，需要大批资金。致公堂将各地产业抵押房产筹款，得到维多利亚致公堂首领的同意，遂从温哥华银行得到抵押现款3万元。各地洪门踊跃捐款，中都兰多埠致公堂也贱卖楼宇，得到港币1万元。总计洪门筹饷局经冯自由之手汇往香港港币7万多元。[④]

---

① 李东海．加拿大华侨史．温哥华：加拿大自由出版社，1967. 302

② 广东省社会科学院历史研究室，中国社会科学院近代史研究所中华民国史研究室，中山大学历史系孙中山研究室．孙中山全集（第一卷）．北京：中华书局，1981. 510

③ 李东海．加拿大华侨史．温哥华：加拿大自由出版社，1967. 304

④ 冯自由．革命逸史（第三集）．北京：中华书局，1981. 327

同盟会成立之后，恰逢温哥华中华会馆每年改选董事，便由当地华侨用无记名投票选出董事 20 人。由于华侨对此不重视，之前的董事都是由保皇会人士担任。冯自由为了发展同盟会在当时的影响，遂授意会员选举的办法，让他们向同姓商户求助。结果，华侨投票踊跃，同盟会员刘儒坤、杨芳、周连盛、黄子锡、叶求茂、司徒锡等 12 人，致公堂值理黄树球、黄纪杰、许昌平、李起辰等 4 人，中立派周天霖等 3 人，保皇会孙振邦一人当选为董事。

五、同盟会在世界其他地区的建立和发展

中国同盟会成立之后，派人员赴各地宣传革命成立组织。许多海外华侨也心向革命，踊跃参与成立各地的革命组织。远离国内的许多地区如墨西哥、古巴、新西兰等地也成立了革命组织，“凡有华侨所到之地，几莫不有同盟会会员之足迹”。他们发行报刊，成立阅书报社，发动华侨捐款支持国内的军事行动。

1. 墨西哥同盟会

华人大批到墨西哥是在 1864 年左右。1899 年，清朝与墨西哥签订《中墨友好通商行船条约》。此后，还互设了领事馆。到 1910 年，墨西哥有华侨 13 203 人。[①] 1911 年，墨西哥加兰妲埠华侨甄国瑞、邝民光、温敌情、刘煜焕、余衍荣、彭惠祥、邝文亨、黄宽济、余耀荣、黄荣耀、黄宽禄等人与美洲同盟会联系，成立分会，以邝民光的商店作为机关。为了宣传革命，甄国瑞、邝民光、甄寿民等人组织知行阅书报社，购置书籍，吸收爱国积极分子，联络侨胞。同时成立同盟会通讯处，进行募款活动，接济革命需要。

2. 古巴同盟会

到 1907 年，在古巴的华人有 118 37 人。[②] 保皇派早在此地设立机

① 李春辉，杨生茂. 美洲华侨华人史. 北京：东方出版社，1990. 629

② 李春辉，杨生茂. 美洲华侨华人史. 北京：东方出版社，1990. 649

构，发行报纸，鼓吹在国内实行君主立宪。当地华侨黄鼎之不满保皇派的主张，热心革命，曾经与旧金山同盟会会长李是男联络，被指定为驻古巴的革命推动人和《少年中国晨报》在古巴的代理人以及通讯记者。他们先后两次组织筹款支持国内的军事活动。1911 年 3 月广州起义之前，黄鼎之接到北美同盟会的筹款通知，与赵师贡等 6 人共同募款 150 元，黄鼎之自己出资 130 元，汇往旧金山《少年中国晨报》。广州起义失败之后，美洲同盟会组织筹饷局，发行革命军债券。黄鼎之与冼溁云、关席儒联名负责在古巴发行革命军债券，高发明、陈孟瑜、陈炯裳等 10 余人先后加入。古巴同盟会先后发售革命军债券得款 700 多元，汇往《少年中国晨报》，何坤成一人出资 170 多元。

由于古巴华侨对同盟会或革命在内心里有所惧怕，所以黄鼎之在组织革命团体之时借鉴旧金山少年报社的做法，成立了三民阅书报社，选举劳莲舫为社长，吴曜初为副社长，黄鼎之、黄汉一为中文书记，劳自励为宣传，陈孟瑜为总务，高发明、陈炯裳、曾瑞云、冼溁云、关席儒、曾桂芳、劳应骝等为干事。他们以此在古巴宣传革命思想，筹集资金。

随着革命宣传活动的开展，古巴各地也陆续出现一些革命团体。如在云丹埠，当地有华侨数百人，黄作常（即黄尧）、陈述、许灵辅等 11 人也组织了一个革命团体——三民团体会。其二是在梨美料埠，该地处于古巴岛中部，毗邻介华联埠，两地有华侨数百人。三民阅书报社副社长吴曜初是梨美料埠巨商，他与店里同事何坤成、苏怡章、黎家璜、潘汝波，以及埠中黄存德、劳自励等人共同组织了一个革命团体——三民同志会。

当时在古巴的阅书报社有三处：[1]

① 蒋永敬．华侨开国革命史料．台北：正中书局，1977. 203 ~ 204

表 2－4　古巴阅书报社

埠名	团体名称	发起人
夏湾拿	三民阅书报社	黄鼎之、冼滦云、关席儒、高发明、陈孟瑜、陈炯裳、黄汉一、劳连舫、吴曜初、劳自励、劳应骝、陈朔兢、曾瑞云、潘伯烈、邓宾文、关意诚、余金养、曾桂芳、关碧轩
云丹埠	三民团体会	黄作常、陈述、许灵辅、李春琪、许武权、曾启祥、邝修琪、罗合、吴积穰、谢成林、许郁
梨美料埠	三民同志会	吴曜初、何坤成、苏怡章、黎家璜、黄存德、潘汝波、劳自励

在国内革命形势发生变化之后，他们在征得美洲同盟总会的意见之后，将三民阅书报社改组为驻古巴中国同盟会，推举黄鼎之为会长。

旧金山国民救济局成立之后，委任黄鼎之为古巴筹饷专员。三民阅书报社分头在古巴首都募捐，同时，还在内地各埠募捐，先后募集港币1万多元，分次汇给国民救济局。

3. 秘鲁同盟会

1874 年，清朝与秘鲁建立外交关系。到 1909 年，秘鲁有华侨约 4 万人，主要从事工商业。[①] 1910 至 1911 年间，秘鲁利马华侨青年李硕夫、许籀香等人集资创办《民醒报》，以开通民智、宣传革命为务。这是南美洲革命党的第一家报纸，发行到智利、危地马拉、哥斯达黎加、巴西、巴拿马等地。1911 年 4 月 1 日，旅秘华侨同情革命的人士成立爱国社，参加者有 40 余人，直属于檀香山支部。他们定期出版《民醒报》，宣传革命，抨击清朝政府。

4. 新西兰同盟会

新西兰惠灵顿的华侨到 1906 年约有 2 506 人，主要来自广东，从事杂货经营、农业和洗衣业。[②] 当地华侨吕杰、朱楷、黄国民等热心革

① 张玉法．清季的革命团体．台北：中央研究院近代史研究所专刊，1983. 11

② 广东省政协文史资料研究委员会．新西兰华侨史．广州：广东人民出版社，2001. 26

命。吕杰于1908年写信给在香港的冯自由，要求加入同盟会。冯自由允许他自己填写盟书邮寄到香港。同盟会的章程规定，加入同盟会必须有主盟人或是代理主盟人在场，才能允许加盟。吕杰邮递盟书，是他的创举。1910年，吕杰于新西兰惠灵顿组建了同盟分会，首批加盟的有朱楷、袁昆、黄国民等共12人，华侨参与捐款资助国内以及参加国内军事行动之人渐多。①

同盟会会徽

同盟会时期是革命形势走向高潮、革命斗争走向胜利的时期。同盟会在海外建立组织的活动以东南亚为中心，其中最初以越南为中心，后来以新加坡和马来亚槟城为中心。海外同盟会组织的建立，吸引了大批海外华侨参加，扩大了同盟会的社会基础，有效地实现了社会的政治动员，壮大了革命派的声势。通过与维新派的论战，革命思想得到广泛的传播。同盟会所发动的一系列武装斗争，沉重地打击了清朝的腐朽统治，振奋了革命党人的斗志，加速了革命高潮的到来，武昌起义终于在辛亥年取得成功。

① 杨汤城口述，丁身尊整理．新西兰华侨史．广州：广东人民出版社，2001.44

第三章
舆论宣传　中流砥柱

辛亥革命时期，孙中山领导的革命运动得到了海外华侨社会的支持，他们在舆论上大力宣传革命思想，以言论、出版自由为思想武器，创办革命报纸，出版革命书刊，制造革命舆论，启迪民智，发动群众，海外华侨的革命宣传活动对促进革命高潮的到来起到了不可替代的作用。在辛亥革命时期，无论形势如何险恶，条件如何艰难，海外华侨社会始终是革命宣传的中流砥柱。

第一节　海外舆论宣传阵地的建立

在清朝统治下，革命宣传活动在国内始终受到严厉的围剿。于是，革命党人在海外建立了舆论宣传阵地，以此开展革命宣传活动，并向国内渗透。如新加坡华侨陈楚楠、张永福、林义顺集资翻印《革命军》5 000册，改名《图存篇》，托人带回福建漳州、泉州和广东潮州、嘉应州等地散发。他们还根据掌握的地址，向国内寄发《图存篇》，上至清朝翰林院、总理衙门，下至各省府州县的缙绅。① 兴中会时期，海外华

① 华侨革命史编纂委员会. 华侨革命史（下册）. 台北：正中书局，1981. 32～33

侨社会在宣传革命思想的过程中，初步形成了香港①、北美及檀香山、日本、东南亚四个革命舆论宣传阵地的格局。

一、香港

1894年兴中会成立后，孙中山一方面积极准备广州起义，另一方面以香港为基地开展革命宣传活动。谢瓒泰和杨衢云是早期兴中会在香港开展革命宣传的主要人物。

谢瓒泰（1872—1938年），广东开平人，其父谢日昌早年到澳洲谋生，在悉尼埠开了一家“泰益”号店栈，专门经营进出口货物。谢日昌流寓海外，心怀桑梓，夙以反清兴汉为宗旨。1887年，谢瓒泰与其家人抵达香港，进香港皇仁书院学习，后与杨衢云等在香港设立辅仁文社，以“开通民智，讨论时事”为宗旨。1895年，孙中山与辅仁文社联合成立香港兴中会，谢瓒泰成为兴中会总部的重要负责人，“每次会议恒参与机要”，并负责兴中会的外交事务工作。

杨衢云（1861—1901年），福建海澄人，14岁到香港皇家船厂学习机械。他目睹了中法战争中清廷腐败无能、丧权辱国之举，深为不满，因而立志推翻清朝政权。1890年，杨衢云在香港与友人谢瓒泰等16人组成辅仁文社，并被推选为社长。1895年，香港兴中会成立，杨衢云担任首任会长。

为了利用香港出版的西文报刊制造舆论，争取中外同情者，杨衢云、谢瓒泰联络香港西医书院的创办人何启，请他为广州起义起草宣言书，并取得香港《德臣西报》和《士蔑西报》编辑的暗中支持。这两家报纸的编辑之所以支持广州密谋，据说主要是受到何启的影响。②5月30日，《德臣西报》和《士蔑西报》同时刊登了谢瓒泰致清朝皇帝

① 香港，严格意义上来说不能说是海外，香港人也不是华侨，但由于香港独特的地理位置和政治制度，香港在开展革命活动中也成为“海外”的一部分，在开展革命舆论宣传活动中，香港起着独特的作用。因此，在这里把香港列为开展革命宣传的“海外”阵地之一。

② 谢瓒泰．中华民国革命秘史．见中国人民政治协商会议广东省委员会文史资料研究委员会．孙中山与辛亥革命史料专辑．广州：广东人民出版社，1981

的公开信，信中警告光绪皇帝“必须仿效西方进行改革，否则要面对种种后果”[1]。据说，这封信在新加坡和远东其他报纸上也得到发表，并通过英国和其他外国报纸广为传播，以探测海内外国人的意向。[2] 10月9日，何启、谢瓒泰、英人黎德、高文四人起草起义军对外宣言，“要求承认为民主国家交战团体”，[3] 但是，这次起义事未发已泄密，加之内部步调参差以致失败。孙中山、陈少白、杨衢云等人被迫流亡国外，谢瓒泰留港善后。后来，谢瓒泰任英文报纸《南华早报》助理编辑，他利用在香港的社会关系作掩护，安顿余众，接洽联络，以图再举。

甲午战争后，帝国主义掀起瓜分中国的狂潮，谢瓒泰感慨风云、悲愤时事，特绘制《东亚时局形势图》（以下简称《时局图》）。在这张《时局图》中，以熊代俄国，犬代英国，蛙代法国，鹰代美国，日代日本，肠代德国，其旁题词曰：“沉沉酣睡我中华，哪知爱国即爱家！国民知醒宜今醒，莫待土分裂似瓜。”[4] 以此来控诉清政府腐败卖国的罪行，抵制帝国主义的瓜分阴谋，激发全国人民的革命热情。

报纸则是进行革命宣传的重要舆论工具，“提倡革命，非借报馆为喉舌不可”[5]。兴中会时期，华侨整体上的政治觉醒尚未到来，但是个别华侨革命党人，或是对革命抱同情之心的爱国华侨明了“党的主义在先”，于是在孙中山革命理论影响下自发办报、集资办报，或将没有明显政治倾向的报纸改造为革命报刊。

1. 陈少白与革命派报纸的开创

早在1895年，孙中山制定的《香港兴中会章程》就把“设报馆以开风气”定为兴中会的一个“志向”。但在1900年之前，孙中山并没

---

① ［美］史扶邻．孙中山与中国革命的起源．丘权政，符致兴译．北京：中国社会科学出版社，1981. 71

② 谢瓒泰．中华民国革命秘史．见中国人民政治协商会议广东省委员会文史资料研究委员会．孙中山与辛亥革命史料专辑．广州：广东人民出版社，1981. 295

③ 冯自由．兴中会组织史．见革命逸史（第四集）．北京：中华书局，1981. 11

④ 冯自由．三十九年前之东亚时局形势图．见革命逸史（初集）．北京：中华书局，1981. 42

⑤ 冯自由．新加坡图南日报．见革命逸史（初集），北京：中华书局，1981. 172

有充分认识到革命舆论宣传的重要性。在广州起义失败后，他总结经验教训，认为革命宣传未能深入是败因之一，因此决定在香港办报，利用报纸来宣传革命道理。陈少白在孙中山的授意下，在香港创办《中国日报》，开革命派报纸的先河。

陈少白（1869—1934 年），广东新会人，1890 年从广州格致书院转到香港西医书院读书，与孙中山同校，结为知己。兴中会成立后，他明确走上革命道路，是孙中山革命活动的最早追随者。在辛亥革命早期，他处理兴中会事务、联络会党、策划起义，在革命斗争中发挥了重要作用，但他的最大成就还是在革命报业方面。他认为文字与革命的关系不可分，革命要成功，“非济以文字不可”，而就如何发挥文字的力量，他在文章中提出，“文字之道为何，则仿西人之新闻纸行之”。

1900 年 1 月 25 日，《中国日报》在香港出版，取“中国者中国人之中国也”[①] 之义。从 1900 年 1 月到 1906 年 8 月这段时间里，陈少白一直是《中国日报》的主笔和总编辑，他文思敏捷，辩才无碍，“兴中会初期缺少文士，文告多出少白手笔”[②]。陈少白是一位善于开创新局的人，“从前各地中文报纸排印具用直行长行……独《中国日报》始仿日本报式作横行短行……是亦报式之革命也。此报除日报外，兼出十日刊一种，定名《中国旬报》”[③]，《中国旬报》是中国报纸副刊之滥觞。

在内容上，《中国日报》“初以不审英人对华政策所在，一时未敢公然高唱革命排满之说。半载后措辞始渐激烈”[④]。1901 年，曾在日本发刊《开智录》的郑贯公被聘至《中国日报》担任记者，郑贯公在报上介绍欧美自由平等、天赋人权等学说，持论新颖，在社会上广受欢迎。1902 年，洪福全等人在广州起义失败，广州《岭海报》主笔胡衍鹗大放厥词，痛诋革命排满为大逆不道，拥护革命的《中国日报》与之

---

① 冯自由．陈少白时代之中国日报．见革命逸史（初集）．北京：中华书局，1981. 66
② 冯自由．陈少白之辞章．见革命逸史（初集）．北京：中华书局，1981. 3
③ 冯自由．陈少白时代之中国日报．见革命逸史（初集）．北京：中华书局，1981. 66
④ 冯自由．陈少白时代之中国日报．见革命逸史（初集）．北京：中华书局，1981. 66

笔战，产生广泛影响，粤垣志士纷纷投稿声援《中国日报》，革命书报一时大销。1904 年，康有为命徐勤发刊《商报》于香港，大倡保皇主义，《中国日报》痛下攻击。在鼓吹民主思想、推翻清朝统治上，《中国日报》起到了革命喉舌的作用。

《中国日报》不仅是革命报纸，还是海内外党人联络活动的据点。陈少白曾在报社多次接待革命义士，为他们提供临时避难的场所。国民党元老邹鲁评价说："香港《中国日报》为革命机关之元祖，自己亥以迄辛亥（1899—1911 年）此十三年中，兴中会及同盟会所经历之党务军务，皆借此报为唯一之喉舌，中间遭遇无数之风潮及重大阻力，均能独立不挠，奋斗不懈，清、英二国政府，均无如之何……"① 足见该报地位之重要。

《中国日报》是在孙中山直接领导下创办的，陈少白、冯自由等革命党人有筹办、主持之功，同时《中国日报》也得到了爱国华侨在经费、采编发行等方面的支持。

（1）经费。

报纸创立初期，经济拮据，香港富商李纪堂服膺革命思想，对报馆度支时有担负。1904 年，《中国日报》因维持困难与文裕堂印务公司合并改组，李纪堂出资五万元助成其事。1906 年，文裕堂印务公司因为经营不善，宣告破产，李纪堂、冯自由等人出资购买该报，使之免于被拍卖。当时李纪堂虽家道中落，但仍然将储存于文裕堂的三千元拿出来充作《中国日报》的股本②。冯自由回忆"《中国日报》赖以维持不坠也，李之力为多焉"③。

（2）采编发行。

《中国日报》前后办了近 14 年的时间，社址屡经迁移，人员迭经

---

① 何修文．辛亥革命时期的五邑海外华侨与香港．湖南师范大学学报（社会科学版），1998，27（6）：84

② 冯自由．李纪堂事略．见革命逸史（初集）．北京：中华书局，1981. 94

③ 冯自由．陈少白时代之中国日报．见革命逸史（初集）．北京：中华书局，1981. 67

变化。早期编辑人员有洪孝充、陆伯周、杨肖欧、郑贯公、陈春生、黄世仲、陈诗仲等人，继之有王君演、卢少岐、丁雨宸、梁襄武、何冰甫、何雅选、廖平子、卢信等人。[①] 由于资料所限，不能逐一列出个人履历，但其多数为兴中会早期活跃分子，多为华侨应属实。例如[②]：

洪孝充（1862—1934 年），广东番禺人，世居香港，熟悉香港掌故，毕生从事新闻事业。早年曾主《中外新报》与《循环日报》笔政，1900 年协助陈少白办《中国日报》，1904 年与郑贯公办《世界公益报》，晚年患病致瘫，右手不能举笔，乃以左手为各报撰稿，1934 年病卒。

黄世仲（1873—1912 年），广东番禺人，因居乡不得志，到南洋谋生，曾在吉隆坡充任赌馆书记，以其能文颇受华侨各工界团体的礼重，曾先后在新加坡《天南新报》、香港《中国日报》、《世界公益报》、《广东日报》和《有所谓报》担任记者、编辑和主笔。

廖平子（1880—1934 年），广东顺德人，少年聪颖好学，工于诗文，尝为《中国日报》撰稿，为社长陈少白赏识。1903 年，任《中国日报》记者，负责主编该报副刊“鼓吹录”。1905 年秋，东渡日本，加入同盟会，与卢信等人在东京创办《大江月报》，力排君宪言论，宣传革命思想。

卢信（1885—1933 年），广东顺德人，少时受反清思潮的影响，拒绝参加科举考试。1903 年，任《中国日报》记者。两年后，加入中国同盟会。同年东渡日本攻读政治学，得以经常与孙中山先生接触。先后在《民生日报》、《自由新报》、《大声报》任职，参与檀香山革命组织的创建，建立华侨学校，培养革命人才。

2. 郑贯公与《世界公益报》、《广东日报》、《有所谓报》

香港为辛亥革命宣传重地，继第一家革命报纸《中国日报》诞生

---

① 冯自由．陈少白时代之中国日报．见革命逸史（初集）．北京：中华书局，1981. 66 ~ 67

② 人物简介参考《广东近现代人物辞典》、《中国国民党人物全书》及部分地方文史资料。

后，郑贯公又陆续创办三家革命报纸：《世界公益报》、《广东日报》、《有所谓报》。

郑贯公（1880—1906年），原名道，字贯一，后改字贯公，广东香山人。少年“颖悟好学，过目成诵，有神童之名”。16岁时因家贫辍学，东渡日本，在其族人所在的洋行当帮工。工余时间常借阅《时务报》、《知新报》等维新书报。后入横滨大同学校、东京高等大同学校就读，初步接触了卢梭、孟德斯鸠、达尔文、斯宾塞等人的学说，受到平等、自由、博爱和天赋人权等西方资产阶级民主思想的启蒙。自立军起义失败后，思想由维新转向革命，在日本创办革命报刊《开智录》。

1901年3月，经孙中山安排，郑贯公来到香港中国日报社任记者、编辑，后因与陈少白意见不合，从《中国日报》辞职。1903年12月29日，郑贯公与崔通约、谭民三联合在香港创办《世界公益报》，任总编辑，经费主要靠富商林护资助。在郑贯公的主持下，《世界公益报》公开提出“变专制为共和，变满清为皇汉”，号召“投袂而起，光复中国”，“于宣传革命亦甚有力”，世称“香港革命党报之第二家”①。郑贯公还将文艺副刊扩大为附刊随报发行。后因刊发《扬州十日记》龙舟歌，招致当局告诫，部分股东怯于情势，而郑贯公坚持原则，意见不合，遂辞职离去。

1904年3月31日，郑贯公邀集同仁李大醒、黄鲁逸、黄世仲、陈树人等筹资创办另一家大报——《广东日报》附刊《无所谓》，自任督印人兼总编辑。在内容上，《广东日报》仍沿袭《中国日报》、《世界公益报》的革命传统，但其言论更加开放，反对君主立宪，主张暴力革命，实现共和政治，是为“香港革命报纸之第三种”②。可惜该报因资金不足，无法维持，1905年5月转让给李汉生。又维持一年后，因内地

① 冯自由．华侨革命开国史．见中国社会科学院近代史研究所近代史资料编辑组．华侨与辛亥革命．北京：中国社会科学出版社，1981.9

② 冯自由．华侨革命开国史．见中国社会科学院近代史研究所近代史资料编辑组．华侨与辛亥革命．北京：中国社会科学出版社，1981.10

禁止发行而停办。

1905年6月4日，郑贯公又邀请开智社同仁，以集资的方式另办一份小型文艺性革命报刊《有所谓报》，仍由郑贯公任总编辑兼督印人。《有所谓报》比前三家大报，内容更加激进开放，形式更加生动活泼。该报创刊词——《开智社有所谓出世之始声》开宗明义：要“以语言塞异族独夫之胆，以批评而递夺一般民贼之魄、政界之荆蓁，培民权之萌蘖”，“抒救时之策，鸣惊世之钟”。[①]《有所谓报》融雅俗于一体，曾在“拒约运动”和坚决抵制美货斗争中发挥了舆论先导作用。

1906年夏，郑贯公因染时疫病逝于香港。郑贯公从20岁到26岁一共主编6个报刊，其中4个是自己艰苦创办与主编的，虽办报生涯短暂，却为革命报刊宣传作出了卓越贡献，是革命派中为数不多的杰出报人。

二、檀香山与北美地区

1. 程蔚南与《檀山新报》

《檀山新报》是檀香山地区第一份革命报纸，由侨报《隆记报》改组而成。《隆记报》创刊于1895年，创立之初为一纯粹商报，毫无革命色彩。创办人程蔚南，广东香山人，早年在火奴鲁鲁经商，与孙中山有戚谊，是檀香山兴中会第一批会员，并被推选为兴中会总部文案。主笔许直臣，广东香山人，有语言天赋，1891年到夏威夷，与当地人相处数月，学会夏威夷语，后回火奴鲁鲁，他是受邀出席女皇丽莉奥卡拉尼（Liliuokalani）登基加冕礼的华侨代表之一。许直臣也是最早的兴中会会员，任副书记。

《隆记报》的改组与20世纪初檀香山的革命形势关系密切。檀香山是孙中山早期革命活动的大本营，檀香山华侨是孙中山革命活动的最早追随者。但由于保皇党势力的渗透，檀香山兴中会遭到严重破坏，

① 郑贯公．开智社有所谓出世之始声．有所谓报（创刊号），1905－06－04

1903年，孙中山重回檀香山时，发现“会员投身保皇会籍者颇不乏人，正埠及小埠均设保皇会所，而兴中会之名则久已不复挂人齿颊矣”[①]。梁启超等人在檀香山创办的机关报《新中国报》还大肆攻击革命言论，演说保皇宗旨。面对如此猖獗的保皇烈焰，孙中山决定加强革命宣传，改组《隆记报》，与保皇党进行舆论斗争。

孙中山改组《隆记报》的提议得到程蔚南的响应，他还支持孙中山聘请革命同志赴檀担任《隆记报》主笔，以加强革命宣传。孙中山凭借此报亲自撰文《敬告同乡书》、《驳保皇报书》，与保皇党的《新中国报》大开笔战，揭露梁启超借名保皇而行革命的欺骗性，号召爱国华侨“大倡革命，毋惑保皇”[②]，肃清檀香山华侨保皇思想，“夏威夷各岛侨胞自有此报鼓吹革命，耳目为之一新，于是前之误受康党诱骗者，纷纷脱党、复党，而新会员加盟者亦络绎不绝”[③]。《檀山新报》改组为革命机关报，停顿多年的檀香山兴中会因此复兴，“程之力为多矣”[④]。

2. 美国华侨与《大同日报》

美国是世界上第二大华侨聚集地，华侨人数仅次于南洋，是孙中山进行革命宣传的重要区域。和世界上其他地方不同的是，美国华侨会党势力强大，全美华侨中，洪门致公堂成员占总人数的十之八九[⑤]。《大同日报》是1902年洪门致公堂（又称“义兴公司”）在旧金山创办的党报，1904年后，《大同日报》易帜倡言革命，成为同盟会成立之前革命派在美国的唯一喉舌，洪门成员黄三德、唐琼昌等人发挥了重要作用。

《大同日报》的创设源于保皇分子欧榘甲的提议，当时欧榘甲应康

① 冯自由．华侨革命开国史．见中国社会科学院近代史研究所近代史资料编辑组．华侨与辛亥革命．北京：中国社会科学出版社，1981.26

② 孙中山．敬告同乡书．见广东省社会科学院历史研究室，中国社会科学院近代史研究所中华民国史研究室，中山大学历史系孙中山研究室．孙中山全集（第一卷）．北京：中华书局，2006.230～233

③ 蒋永敬．华侨开国革命史料．台北：正中书局，1977.94

④ 冯自由．兴中会会员人名事迹考．见革命逸史（第四集）．北京：中华书局，1981.26

⑤ 冯自由．中国革命二十六年组织史．北京：商务印书馆，1948.27

有为的指派在美国主持该党机关报——《文兴报》，与致公堂黄三德、唐琼昌等人往来密切，“旋游说黄等创办致公堂机关报为洪门喉舌，黄等从之”[①]。《大同日报》的创办资本主要出自旅美富商朱三进，华侨律师唐琼昌被聘为总经理，欧榘甲任总编辑。此外，徐甘棠、蒋梦麟、廖云翔、刘恢汗、梁菊东先后任编辑、著译者。

《大同日报》的创办宗旨有二：一是“改良义兴本党之组织，由私会而升为公会，由民党而进为政党”；二是“联合义兴会外之各会，凡有志于救中国者，不论其会之大小、其党之众寡，皆联络之，以期收提携之益、响应之功”。欧榘甲在报上经常发表文章，议论时政，也经常著论排斥孙中山领导的革命运动。

1904 年 4 月，孙中山从檀香山赴美，准备在华侨中开展革命活动。由于保皇党徒和清朝驻旧金山领事的告密与陷害，孙中山抵旧金山时被移民局官员拘禁，幸得爱国华侨《中西日报》总理伍盘照、司理伍于衍、旧金山致公堂首领黄三德等人营救。他们延聘美国律师，并出具保证金，帮助孙中山安全登岸入境，还替孙中山翻印邹容著的《革命军》一万一千册，伍盘照免收排印费，黄三德负责邮费，“分寄美洲及南洋各地侨胞，以广宣传”[②]。这部书在美洲和南洋华侨中广为散发，起到了很好的启蒙作用，“全美华侨得此有力宣传品之启导，不半载，知识为之大进，此书之力多焉”[③]。孙中山赴美给保皇党的活动带来冲击，欧榘甲遂在《大同日报》发文攻击，诋毁洪门尊重孙中山是不智行为，激怒了致公堂首领黄三德、唐琼昌，欧榘甲被逐出报社。洪门请孙中山推荐他人来代替总编职务，孙中山遂介绍留日学生刘成禺赴美继续主持笔政。

《大同日报》自刘成禺任主编后，“旗垒为之一新，渐渐发挥洪门反清复明之宗旨”。易帜后的《大同日报》，宣布了以“驱除鞑虏、恢

① 冯自由．旧金山大同日报．见蒋永敬．华侨开国革命史料．台北：正中书局，1977. 163

② 刘玉遵，成露西．台山县的辛亥革命运动与华侨．见华侨华人历史论丛（第一集）．广州：中山大学出版社，1985. 64

③ 杨国标等．美国华侨史（第二集）．广州：广东高等教育出版社，1989. 427

复中华，创立民国、平均地权”为宗旨的致公堂新章程，刊登了孙中山在美国几十个城市向洪门会众发表的反清革命演说，大大地传播了革命思想，“前之误受康党诱骗者，纷纷脱党、复党，而新会员加盟者亦络绎不绝”[①]。

三、东南亚地区

在檀香山、香港、日本相继点燃民主革命思想的星火之后，20 世纪初，东南亚地区也汇聚了一批革命党人，成为革命活动的中心，在此背景下，华文报界出现了革命报刊，并在革命宣传中发挥了重要作用。南洋革命报纸的鼻祖为新加坡的《图南日报》。

《图南日报》创刊前，新加坡已有《叻报》、《星报》、《天南新报》等华文报纸，分别为保守派和维新派把持，保皇思想在华侨中广泛传播。惠州起义失败后，尤列及其他兴中会会员到新加坡避难，在华侨界宣传革命思想。一部分华侨知识青年在比较和思考中首先觉悟起来，认识到保皇派的真面目，转而革命，代表人物有陈楚楠、张永福等。

陈楚楠（1884—1971 年），福建厦门人，世居新加坡，经营橡胶、木材及罐果业。受新学书报的熏陶，对政治颇有兴趣，起初思想倾向维新改良，后明白革命、保皇之异旨，逐渐萌生革命思想。

张永福（1872—1957 年），广东潮汕人，其父亲早年到新加坡谋生，经营绸缎布匹。张永福青少年时期十分爱好中国历史，思想活跃，常聚集三五好友，纵古论今，关注时局，为一有志之士。[②]

陈楚楠与张永福有着共同的志向，私交甚好，曾结成小桃园俱乐部，“风雨如晦，鸡鸣不已，常以国家大事民族政治相探讨”[③]，1903 年，鉴于南洋没有宣传反清、倡言革命的报纸，两人合资创办了《图南

---

① 中国社会科学院近代史研究所近代史资料编辑组．华侨与辛亥革命．北京：中国社会科学出版社，1981. 26

② 冯自由．新加坡图南日报．见革命逸史（初集）．北京：中华书局，1981. 171

③ 张永福．南洋与创立民国．见中国社会科学院近代史研究所近代史资料编辑组．华侨与辛亥革命．北京：中国社会科学出版社，1981. 93

日报》。《图南日报》于1904年春出版，陈楚楠任总经理，《中国日报》前记者陈诗仲任主编，尤列任名誉编辑，另有黄伯耀、康荫田、何德如、邱焕文、胡伯骧等人分任编辑、译述。

《图南日报》的宣传目标是为华侨社会内的全体华侨立言。“图南”是接近南洋的意思，目的在于接近所有居留南洋的华侨与华工，“这种无视阶级性的立场，正可反映出革命策略在寻求所有华侨的支持”①。

根据张永福《南洋与创立民国》一书中保留的两份报纸原件，可知该报采用石印技术，报面年号有西历和光绪年号两种纪年方式，文字、插图见“独立”、“光复先声”、“自由”、“国民”等字样，是革命要旨的宣传阐发。《图南日报》是南洋第一份革命报纸，当时革命风气未开，各商店视之为大逆不道，“严禁子弟伙友购阅”，“长期订报者仅得三十余份”。②《图南日报》得不到广泛的社会支持，由此也造成了其内部经济危机，某些职员因此而深感灰心，但陈楚楠与张永福仍再接再厉，想出许多办法以吸引读者，如免费赠送宣扬种族革命的小册子《革命军》、《黄帝魂》，并趁华侨祝贺新春佳节的机会，印行一种彩色日历，分赠华侨，以资宣传，两侧书写对联：“文字收功日，全球革命潮，图开新世界，书檄布东南。”经过半年的坚持努力，报纸销量增至两千余份。

尤其值得一提的是《图南日报》还引起了孙中山的注意，他曾移书尤列，查询报纸为何人组织，并在自欧洲东归途中致电尤列，“嘱介绍《图南日报》诸同志相见”，及相见后，“对楚楠等赞扬备至，并以振兴南洋党务相嘱托”。③

1905年冬，因为资金周转不灵，报纸被迫停刊。《图南日报》在资金来源、社会大环境都不利的状况下维持两年实属不易，停刊后，陈楚楠与张永福复谋募集资金，另创《南洋总汇报》，接续《图南日报》的

---

① 黄建淳．新加坡华侨会党对辛亥革命影响之研究．新加坡：新加坡南洋学会，1988. 149

② 冯自由．新加坡图南日报．见革命逸史（初集）．北京：中华书局，1981. 172

③ 冯自由．新加坡图南日报．见革命逸史（初集）．北京：中华书局，1981. 173

革命宗旨，惜不久沦为保皇派的机关报之一。革命思想的宣传行动再受挫折。

《图南日报》为革命宣传尽了最大的努力，以之为发端，其后缅甸、槟榔屿、菲律宾、爪哇等处党人相继组织报馆，“鼓吹革命，收效殊巨”。

兴中会时期，革命侨报在香港、东南亚、美国等地的萌生是孙中山等革命党人积极宣传的结果。尽管革命报纸的出现晚于保皇派报纸，数量也比保皇报纸较少，但是他们的作用不可低估，在华侨社会风气闭塞的环境下，革命侨报通过与保皇报纸的对峙和小范围论战，宣传了革命思想，澄清了保皇思想和革命思想的区别，促进了华侨思想从改良向革命的觉醒，扭转了革命形势。

革命侨报在发展初期呈现出以下特点：

1. 创办者、编辑者多为华侨知识分子

革命侨报的创办者和编辑者都受过一定程度的教育，有着良好的中西文化基础。

陈少白出生于士大夫家庭，天资聪颖，少年时已阅读多种西学译本，了解国际形势，接受西方先进思想的启蒙。青年时曾就读美国传教士哈巴牧师在广州创办的“格致书院”（岭南大学前身），后在香港西医院读书，与孙中山同学。因其长相俊美，才思敏捷，有“风流才子”之称。[①] 郑贯公幼时颖悟好学，过目成诵，有“神童”之称[②]。东渡日本后，工作之余常向友人借阅《时务报》、《知新报》等新学书报，开始接触资产阶级民主思想。在东京高等大同学校读书后，他又系统地学习了欧美各国革命史，以及希腊先哲与卢梭、孟德斯鸠、达尔文、斯宾塞等学说。黄世仲少年颖悟，怀才不遇，到南洋谋生后，业余常投稿给新加坡《天南新报》，自 1902 年 7 月 18 日至 1903 年 3 月 25 日，他在

① 冯自由．陈少白之辞章．见革命逸史（初集）．北京：中华书局，1981. 3

② 冯自由．郑贯公事略．见革命逸史（初集）．北京：中华书局，1981. 82

该报发表政论多达68篇。[1] 唐琼昌出生于广东恩平世家，毕业于旧金山肯特法律学院，不仅精修英文，而且对中国文学、历史及文化之学习亦非常认真，是中西学造诣极深的爱国华侨。[2] 正是有了若干思想敏锐、文笔流畅的革命报人，革命侨报才能在海外华侨社会崭露头角，推动了资产阶级民主革命运动向前发展。

2. 某些革命侨报旋起旋灭，生命短暂

1903年，郑贯公在香港相继主编、主办了三种革命报纸，其中两种都只是维持了一年就被迫停刊了，新加坡《图南日报》出版不到两年停办，继之而起的《南洋总汇报》1905年冬创刊，转年春天已落入保皇党手中。革命侨报之所以昙花一现，有以下两个原因：第一，出资办报的多为中小侨商或下层华侨，他们的经济实力有限，在华侨社会风气不开化的条件下，报纸经营入不敷出，很难长期坚持。第二，清政府驻外领事馆和保皇派分子的阻挠破坏也导致华侨办报之路困难重重。但在这样艰难的条件下，仍有部分华侨不畏艰难，越挫越勇，坚持实践自己的办报理想。比如新加坡华侨陈楚楠、张永福等先后三次创办革命报刊，黄世仲随同郑贯公两年内创办三种报纸，表现出不屈不挠、前仆后继、屡败不馁的办报精神。

3. 编辑群体狭小制约了革命侨报的规模

与保皇派报纸在日本、东南亚、美国、加拿大、香港遍地开花的情况形成对比的是，革命侨报只在若干地方燃起星星之火，除去革命党人先期的忽视和经济实力薄弱等方面的原因外，编辑群体狭小也是很大原因。兴中会成员中擅长舞文弄墨者很少，除了前文提到的几位报业风流人物之外，再难找出其他人，与保皇党能文者众相比是很大的劣势。1905年，孙中山致陈楚楠信中谈及西贡“已有同志欲创一报馆于此，

---

① 胡志伟．文武双全的辛亥功臣黄世仲．炎黄春秋，2003（2）

② 恩平政协文史研究委员会．杰出华侨之母——简介唐琼昌先生生平．见恩平文史，1990（22）

以联络各埠之声气。惟不知办法，及欠人员”[①]。寥寥几个报人要在海外支撑一个舆论宣传的阵地，难免有捉襟见肘之感。比如陈诗仲先后担任过《中国日报》记者，《图南日报》总编；黄世仲先后担任过《中国日报》记者，《世界公益报》记者编辑，《广东日报》、《有所谓报》编辑等。

第二节　留日学人与民主革命思潮

近代意义上的“留学”主要是指在国外特定一地居留一定的年限，系统学习各类专门知识的一种教育行为。留学生与华侨是近代中国的两大留洋群体，由于同处异域，同感弱国子民的屈辱，在近代中外文化的交融碰撞中，同演着“边际人”与“过渡人”的角色，因此，近代留学生与华侨之间存在着较深的认同和毗连，在民间和官方文书中也常把留学生囊括在华侨这一群体中。[②]

一、晚清留日运动的兴起与高涨

鸦片战争后，中国的官派留学主要分为幼童留美和欧陆求学两个分支，但1894年至1895年的中日甲午战争，中国败给“尔岛国”日本，刺激国人将留学的目标从西洋转向东洋。1898年，康有为在《上清帝第五书》中说：“闻日本地势近我，政俗同我，成效最速，条理尤详，取而用之，尤易措手……”[③] 1898年，张之洞写成《劝学篇》，在其中《游学》一节，张之洞明确发出游学日本的倡导并详细阐发了理由：

---

① 孙中山．致陈楚楠函．见广东省社会科学院历史研究室，中国社会科学院近代史研究所中华民国史研究室，中山大学历史系孙中山研究室．孙中山全集（第一卷）．北京：中华书局，1981. 275

② 王奇生．近代留学生与华侨．华侨华人研究，1990（3）

③ 康有为．上清帝第五书．姜义华，张荣华．康有为全集（第四集）．北京：中国人民大学出版社，2007. 6

至游学之国，西洋不如东洋。一路近省费，可多遣；一去华近，易考察；一东文近于中文，易通晓；一西书甚繁，凡西学同切要者，东人已删节而酌改之。中、东情势风俗相近，易仿行，事半功倍，无过于此。①

这些意见在当时产生了广泛的影响，以致清政府在政策上也对游学日本给予了肯定。

1896 年 6 月，清政府首次向日本派遣 13 名留学生，揭开了近代中国人留学日本的序幕。1898 年，日本驻华公使矢野文雄和清政府商定增派留日学生，“人数约以二百人为限”，但由于清政府各级官吏顽固守旧，风气未开，最后只有湖北派出 20 名，南洋公学派出雷奋、章宗祥等 6 名，北洋大学派出王宠惠、金邦平等 14 名，浙江求是书院派出陆世芬、吴振麟等 6 名，此外尚有两名自费生，共 48 名。1899 年，福建派 8 人赴日留学，湖北派 78 人往日本，1900 年，又有 14 人被派赴日留学。总体来说，这一时期的留日学生以清政府派遣的官费生为主，对学生资格如年龄、学历等无严格限制，到 1900 年，在日本的中国留学生总数有 161 人。②

1901 年，清政府推行新政，内容包括“朝章、国政、吏治、民生、学校、科举、军制、财政”等一系列的改革措施，9 月 17 日，谕令各省广派游学。从中央到地方，大批青年相继被选派赴日留学，形成了中国近代史上的留日大潮。此外，政府还简化自费留学手续，鼓励自费留学，自费生人数逐渐超过官费生。据统计，“1902 年留学日本的中国学生有 608 人，1903 年 1 300 人，1904 年 2 400 人，1905 年 8 000 人，1906 年 12 000 人，1907 年 10 000 人，1908 年 30 000 人”③。

---

① 冯克诚．（清）张之洞（1837—1909 年）“中体西用”思想与教育论著选读．北京：中国环境科学出版社，学苑音像出版社，2006. 81

② 李喜所．清末留日学生人数小考．文史哲，1982（3）

③ 《清朝续文献通考·学校十》

二、留日学生革命思想的形成

留学生作为近代知识分子的重要组成部分，一方面继承了传统知识分子的强烈责任感和使命感，夙夕求存图强以挽救“神州之陆沉”、“四万万之沦胥”；另一方面他们亲受“欧风美雨”之浸润，肩负着学习西方先进文明，并将其精华传播到全社会中去的启蒙任务。但面对日益加剧的民族危机，面对积贫积弱的社会现状，他们并没有形成明晰的改制、改革认识，也没有形成统一的革命取向。正如黄福庆指出，“1896 年以后，中国学生陆续东渡，他们最初的目的，纯然是吸收新知，俾于学成为国效力，毫无革命与立宪的意识”[①]。

那么留日学生的革命意识到底是怎样形成的呢？可以从以下两个方面找到原因：

1. 日本繁荣强盛的国势带给留日学人的文化震惊

1853 年之前，日本是一个封闭落后的封建小国，但是 1868 年建立明治政府以后，明治天皇宣布“破除旧有之陋习，求知识于世界”，提出了一系列维新变法的纲领性方针，其总体目标是以西方为楷模，把日本建成资本主义近代国家。在这样一个目标下，日本明治政府先后推行了“富国强兵”、“殖产兴业”、“文明开化”三大措施。经过三十余年的发展，到 20 世纪初，当中国学人踏上邻邦的国土后，他们看到的是一个迅速崛起的资本主义现代化国家，“政事一变，雄视东方”[②]，他们不得不震惊于日本蒸蒸日上的国势，进而在理智和情感上产生倾慕之心。正如李宗棠所说：学生未出洋时，若告以“日本政治之善，学校之备，风俗之美，人心之一”，或以为是谀词，及抵其国门，“目之所见，身之所接，始叹前言非为溢美，不觉向者狭隘之心，化为恢弘矣；偏视

---

① 黄福庆．清末留日学生．台北：中央研究院．1975. 212

② 张之洞．劝学篇．桂林：广西师范大学出版社，2008. 72

之见，化为大公矣；非特知识因之而增，即爱国爱人之心，亦因而发展”。[1] 仰慕赞叹之后是反思，接着是奋起，研究强国之所以强的原因，学习强国的知识和本领。留学生对留学所在国的观感实际上是其文化选择的指导思想，左右着其留学动向和归国后的社会行为。

鸦片战争以来，中国的师法西方经历了“师夷长技”、“中体西用”两个阶段的发展，但洋务运动的失败使朝野上下对于如何学习西方重新进行反思，“语言、文字、制造、器械”都是“西学之皮毛而非西学之本源”，“徒学一言一话一技一能”，“天下安得富强”？[2] 日本明治维新能够取得成功的原因是他们在学习西方文化时，把西方的政治制度、法律、教育、学术思想、科学技术、军事技艺等看成一个有机整体，进行全方位的学习，“不过纯用西法，而判断决定，勉强蹈厉，稽合国情已耳”[3]。因此，中国要想走西学致强的路也要像日本一样，体用兼学，更张法令，革除锢习。这体现在留学动向上则是留日学生中学习法律政治和社会科学的比例，远远高于学习科学技术的。据统计，1901 年至 1911 年留日的中国学生共有 2 831 人，其中公立、私立法政科的学生就有 1 366 人[4]。他们“所取教材多采用英法名儒之自由、平等、天赋人权诸学说”[5]。从书本上得到的新知识、新思想潜移默化中改变着留日学生的文化取向。正如梁启超回忆“自居东以来，广搜日本书而读之，若行山阴道上，应接不暇，脑质为之改易，思想言论，与前者若出两人”[6]，而张继回忆“除上课外，专在图书馆翻阅该国维新时中江笃介所译之法兰西大革命、民约论等书，革命思想，沛然自滋”[7]。

---

① 李宗棠．东游纪念第五——护送游学官绅学生日记．见吴小龙．细节的警示．上海：三联书店，2004. 28

② 光绪二十七年七月十六日上谕（光绪政要卷二十七），第 59 页。

③ 蔡锷．蔡锷集．长沙：湖南人民出版社，1983. 14

④ 叶龙彦．清末民初之法政学堂 1905—1919. 台湾私立中国文化学院史学研究所未刊论文，1974. 110

⑤ 冯自由．东京高等大同学校．见革命逸史（初集）．北京：中华书局，1981. 72

⑥ 丁文江，赵丰田．梁启超年谱长编．上海：上海人民出版社，1983. 188

⑦ 张继．张溥泉先生全集．台北：中央文物供应社，1951. 233

2. 日益加剧的帝国主义压迫和清政府的倒行逆施催生了革命思想

19 世纪后半期，帝国主义加紧了对东方的侵略，中国日益沦为半封建半殖民地社会，寄身异域的留日学人在踏出国门后比在国内更深切地体会到了作为弱国子民所受的屈辱和歧视。1903 年 2 月，日本大阪博览会发生侮辱中国人事件，3 月弘文学院变相强索中国学生费用事件，4 月成城学校运动会不挂中国国旗事件……这些都激发了留日学生的愤慨以及对日本等帝国主义国家的敌视。唐宝锷为最初赴日留学的学生之一，他曾表示“自己就是因为到日本留学，才产生排日之感，因为在日本所受的耻辱，毕生难忘”[①]。对祖国落后的痛感和对列强妄图瓜分中国的危亡意识是留日学生共同的思想基础，但是由于留日目的、学费来源、思想认识水平等方面的差异，在如何对待晚清政权的问题上，留日学生中存在不同意见，有主张激进革命者，有主张维新改良者，有主张先改良后革命者，也有接近官场者。总体来看，初期保皇思想占据主流。

戊戌政变后，梁启超亡命日本，主持《清议报》、《新民丛报》，在日本侨界有很大影响。但随着晚清政府日益腐朽，甚至沦为帝国主义侵华的工具，孙中山倡导的资产阶级民主革命运动得到越来越多仁人志士的同情，留学生中的革命力量逐渐冲破保皇改良思想的影响，勃然而兴。正如梁启超所言：“中国数年以前，仁人志士之所以奔走呼号，则曰改革而已。比年外患日益剧，内腐日益甚，民智程度亦渐增进，浸润于达哲之理想，逼迫于世界之大势，于是感知非变革不足以救中国。”因此，“革命”之名词遂“深入人人之脑中而不可拔”。[②] 在组织上，留日学生先后成立了“广东独立协会”、“青年会”等学生团体及各地同乡会，并在 1903 年掀起拒俄运动，成立军国民教育会等组织；在思想上，他们广泛开展革命宣传攻势，以出版刊物、集会、游行、演讲、论

---

① 黄福庆. 清末留日学生. 台北：中央研究院，1975. 112

② 李云峰，刘东社. 清末民初政治研究. 西安：西北大学出版社，2008. 468

战等各种形式，捍卫和阐发孙中山的政治纲领，特别是此间留日学人在日本创办和主办的数十种期刊，为辛亥革命作了充分的舆论准备。正是在他们的策动下，民主革命思潮汇成了一股巨大的力量，日本也因此成为辛亥革命运动的主要“根据地”。

三、留日学人革命宣传的初始阶段

中日甲午战争后资产阶级改良主义思想是思想界及其知识分子的主流思想，被留日学生广泛接受，但自立军勤王运动失败以后，一部分人开始摆脱改良主义思想的局限，不再把希望寄托在圣主贤臣上，而主张由人民掌握国家的命运。加之自 1894 年孙中山创办兴中会以来，革命思想在留日学生中得以小范围地传播；到 1900 年，日本留学生中的个别人已有“主张光复主义”者[①]，革命思想在留日学界创办的刊物中显现。

1900 年至 1901 年，留日学界创办的刊物共有三种，即《开智录》、《译书汇编》和《国民报》。

《开智录》、《译书汇编》差不多同时出版于 1900 年的下半年，《开智录》“专发挥自由平等真理”[②]，以政论性文章为主；《译书汇编》“专以编译欧、美法政名著为宗旨”[③]，以翻译性文章为主，两种刊物的风格不同，影响亦不同。《译书汇编》是我国知识界较早介绍西方资产阶级政治学说的刊物，曾逐期登载卢梭《民约论》、孟德斯鸠《万法精理》、约翰穆勒《自由原论》、斯宾塞《代议政体》等，除编译外，该刊同仁还以单行本的形式作为增刊，发行过《波兰衰亡战史》、《美国独立史》、《菲律宾志士独立传》、《爱国独立谭》等书，对国人了解世界大势，探求西方诸国兴衰的原因，认清帝国主义弱肉强食的本性，具有积极意义。[④] 如果说《译书汇编》的精神侧重在“取法日本欧美之制

---

① 冯自由．励志会与译书汇编．见革命逸史（初集）．北京：中华书局，1981. 98

② 冯自由．横滨开智录．见革命逸史（初集）．北京：中华书局，1981. 95

③ 冯自由．励志会与译书汇编．见革命逸史（初集）．北京：中华书局，1981. 99

④ 丁守和，符致兴．译书汇编．见辛亥革命时期期刊介绍（第一集）．北京：人民出版社，1982. 58

度以为我国政体改革借鉴”，“融爱国感情与寻求救国救民之路为一炉”[1]，那么《开智录》则已初步表达了反清革命的倾向。

《开智录》发刊于1900年11月1日，由东京大同高等学校学生郑贯公、冯懋龙、冯斯栾在横滨创办，为半月刊，以《清议报》为发行及印刷机关，随《清议报》销流各地，因其“文字浅显、立论新奇”，在各地尤其南洋群岛华侨中颇受欢迎。

《开智录》以“开民智”为宗旨，“倡自由之言论，申独立之民权，启上、中、下之脑筋，采中、东、西之善法”[2]，它虽然在出版和发行上要依靠清议报馆，主编郑贯公同时又是《清议报》的编辑，但它抛开“尊皇”宗旨，不用帝王或孔子纪年，而采用干支纪年。在内容上，《开智录》除了大量介绍西方资产阶级革命及独立运动的学说和历史外，还对帝国主义的侵略扩张给予了揭露，“彼国等我国也，毋夺他人之土地而并之，彼民等我民也，无精杀人之具以戮之。平其不平，等其不等。俄碍于平等，而须归还我旅顺口、大连湾；英牵于平等，而须让回我长江一带、九龙新安，德制于平等，而须还我胶岛船坞，法阻于平等，而须舍我广州湾；日本拘于平等，而须璧我二万万之款，台澎之地”，等等，然而作者也觉得无法实现：“呜呼，狼顾五洲，鹗视万国，其能一一率行乎？”[3]《开智录》中明确提出反清革命思想的是刊载于第5期的《论支那之真元气》一文，作者尖锐地抨击了清王朝的专制统治，并指出：“夫支那人苦于虐政也久矣，如倒悬之急，水火之危。盖亦欲脱政府之羁轭，奈事与心违，百唱不和，孤掌难鸣，欲起而建业者，陷身于死窟之中，故相戒不敢前耳。”“支那人除八股顽固党外，有不仇视政府者，则吾不信也！夫今日支那人之愿揭竿而起者，岂止一人哉，直千百万人也。徒以人心未合，众志不一，往往以此败事。……若训以革命之义，大揭革命之旗，配以革命之运，则人心划一，众志成

① 沈渭滨．孙中山与辛亥革命．上海：上海人民出版社，1993. 197

② 张宪文，方庆秋等．中华民国史大辞典．南京：江苏古籍出版社，2001. 188

③ 热庵．平等说．见开智录

城，所谓支那人者，孰不秣马厉兵，大奋鹰扬之志，以争杀满洲人哉，则支那维新，可立而待矣!”①

《开智录》的历史地位，在于它是我国报刊史上革命思想潮流的第一个体现者。②

《国民报》创刊于1901年5月10日，是一份月刊，由先主张改良后主张反清革命的秦力山、沈翔云、戢元丞联络留学生中思想新进者杨廷栋、杨荫杭、雷奋、王宠惠、张继等人发起。内容分八栏：社说、时论、丛谈、纪事、来文、外论、译编、问答。文字由秦力山、杨廷栋、杨荫杭、雷奋等执笔，篇末附以英文论说，由王宠惠执笔。该刊的特点是措辞激昂，大倡革命反清学说，是留日学生中一份倾向较为激烈的报刊，曾经载有秦力山《暴君政治》不日出版的英文广告一则，列出该书基本内容：①中国必须彻底革命；②叙述满人虐待汉人的历史，举扬州十日、嘉定三屠为证；③批评清朝九代谕旨；④清朝刑罚之残酷；⑤暴虐政治之史实；⑥满洲详纪；⑦中国人之特性；⑧自传，宣扬革命仇满二大主义的主旨昭然若揭。学术界普遍认为它是留日学生创办的第一份革命刊物③。

《国民报》出版四期后因资金困难被迫停刊。其发起人戢元丞在上海发刊《大陆报》，仍旧“鼓吹改革，排斥保皇”，可视为《国民报》在内地的延续。

四、革命思潮的高涨

1902年以后，留日学生的革命宣传进入快速发展期，主要表现为口头宣传与文字宣传并举，集会、结社、办刊、著书等多种形式被运用。

1. 集会与结社

新政以后，留日学生日渐增多，为了彼此联络感情、砥砺节操、针

---

① 横滨有情人. 论支那之真元气. 见开智录

② 宁树藩，陈匡时. 评开智录. 复旦大学学报（社会科学版），1984（3）

③ 如前文所提，创刊更早的《开智录》在1901年也出现了言辞激烈的反清革命文章，说明1901年留日学生中的革命思想已有风起云涌之势。

砭时弊，留日学生出现团体结合的趋势。最早成立于1900年的励志会，是一个具有政治性的学术与修身团体，次年，广东籍学生发起组织了广东独立协会，“留日华侨入会者大不乏人”①，说明留日学生已经意识到“合群”的重要性。进步团体的结合汇聚了具有革命思想的学生力量，使革命宣传的声势日益壮大。

1902年，青年会成立，它“以民族主义为宗旨，破坏主义为目的”，是“日本留学界中革命团体之最早者”，② 曾编有《法兰西革命史》、《中国民族志》等多种新学书籍。1903年，“为结一大团体，以灌输民族主义”，留日学生趁俄国进兵东三省之际，组织了拒俄义勇队，青年会会员多从事拒俄义勇队的工作。

除了结社外，留日学生还通过沙龙、集会等形势宣传革命思想。1902年，章炳麟与秦力山等10人发起纪念明朝灭亡258周年纪念会，章炳麟起草了二千余言的纪念会宣言书，内容以各地抗清名将为号召，激发留日学界的反清革命情绪。虽然由于清政府和日本政府的阻挠，纪念会未能召开，但此事在留日学界引起了巨大震动，后来香港《中国日报》又将宣言书刊发，“香港、澳门、广州各地人士闻之，颇为感奋”③。

2. 报刊宣传

报刊宣传的最大变化是留日学生纷纷以各省同乡会为主体创办了一系列刊物，其中影响较大的有《游学译编》、《湖北学生界》、《直说》、《浙江潮》、《江苏》等。

《游学译编》，1902年12月由湖南留日同乡会在东京创刊，是第一个由留日学生同乡会主办的刊物。开始时，刊物“全以译述为主”，“不著论说”，最后几期则以译述为主兼刊政论、时评和通讯，1903年11月停刊，共出12期。

《湖北学生界》，1903年1月由湖北留日同乡会在东京创刊，是第一个以省名命名的留学生革命刊物，所刊登的文章内容并不以本省为限，对各省学生的爱国运动都有详细报道。刊物以“输入东西之学说，唤起国民之精神”为宗旨，第6期起改名《汉声》，提出“扬民族之风

---

① 冯自由．广东独立协会．见革命逸史（初集）．北京：中华书局，1981. 98

② 冯自由．壬寅东京青年会．见革命逸史（初集）．北京：中华书局，1981. 102

③ 冯自由．章太炎与支那亡国纪念会．见革命逸史（初集）．北京：中华书局，1981. 60

潮，兆汉祀于既绝”，1903 年 9 月停刊，前后共出 8 期。

《直说》，1903 年 2 月由直隶河北留日学生在东京创办，月刊，每期 60 余页，4 万余字，出版不久即停刊。刊物名称《直说》是取“直隶人所说”和“直言不讳”双重含义，以“输东西文明、开内地风气”为宗旨，锋芒直指外国帝国主义与国内的封建政府。

《浙江潮》，1903 年 2 月在日本东京创刊，浙江留日同乡会主办，月刊。刊物名称《浙江潮》是革命大潮汹涌的象征，“我愿我青年之势力如浙江潮，我青年之气魄如浙江潮……”[①] 刊物每期百余页，约 8 万字，于阴历每月 20 日定期出版，每期印数 5 000 余册，最初几期还重印过多次，1904 年出至第 12 期停刊。

《江苏》，1903 年 4 月创刊于东京，江苏留日同乡会主办，月刊，每期 50 余页，共出 12 期，1904 年 5 月停刊。发刊词声称，创办宗旨是“谈腐败”，其目的是“去其陈，谋其新”，即通过揭露腐败的清廷，建立民主自由的新中国。为表明与清廷决裂，该刊从第 3 期起不用光绪纪年，而改用干支纪年。

随着 1903 年“激烈民族主义”真正成为思想界、知识界的一股洪流，这些刊物都将反清作为一个明确的宣传目标。如《浙江潮》第 8 期刊出的一篇文章，名为《那拉氏之借款庆寿》，第一段即开口大骂慈禧太后：“那拉氏者，一淫贱老妪耳，在中国为公敌，在满洲为亡国妖孽，其一身之外无长物。万寿宫、颐和园，其辉煌陆离者，借以自娱也；借外债、增租税……亦借以自娱也。此老妪者，惟自娱之是图，于借款庆寿又何吝?”[②] 真是嬉笑怒骂，皆成文章，表明了作者蔑视清朝统治者，并与之决裂的坚定立场。在连载长篇传记《中国爱国者郑成功传》中，作者大力歌颂明末反清英雄郑成功，寄希望于降生新英雄人物，其用意是显而易见的。

3. 著书

留日学生还撰写出版了《革命军》、《猛回头》、《警世钟》等一系列革命宣传作品，这些宣传作品风行海内外，成为资产阶级革命派宣传

---

① 《浙江潮》发刊词，《浙江潮》第 1 期

② 《浙江潮》第 8 期

革命的利器。邹容在《革命军》中全面论述了革命派的革命思想，“我同胞处今之世，立今之日，内受满洲之压制，外受列国之驱迫，内患外侮，两相刺激，十年灭国，百年灭种”，已处于生死存亡的关头。由此，他大声疾呼“我中国今日不可不革命；我中国今日欲脱满洲人之羁缚不可不革命；我中国欲独立，不可不革命；我中国欲与世界列强并雄，不可不革命；我中国欲长存于20世纪新世界上，不可不革命；我中国欲为地球上名国、地球上主人翁，不可不革命”，正式“宣布革命之旨于天下”。① 陈天华在《猛回头》、《警世钟》这两部著作中，以炽烈的爱国热情、通俗的形式、明白易懂的语言，宣传了两个重要的思想：救亡反帝和反清革命。“日本侵占了台湾，俄国占了旅顺，英国占了威海卫，法国占了广州湾，德国占了胶州湾，把我们十八省都划在势力范围内，丝毫也不准我们自由。”“须知这瓜分之祸，不但是亡国罢了，一定还要灭种。”“现在的朝廷仍是满洲的吗？多久是洋人的了！列位若还不信，请看近来朝廷做的事，哪一件不是奉洋人的号令？我们分明是拒洋人，他不说我们与洋人作对，反说与现在的朝廷作对，要把我们当作谋反叛逆的杀了。……难道说这洋人的朝廷也不该违拒么？”

20世纪初，当海外华侨社会的革命思想尚未全面觉醒之时，留日学生掀起的革命思潮显示了强大的精神力量，推动了海内外华人社会思潮由改良向革命转移，日本成为革命早期宣传的重要阵地。

第三节　同盟会时期华侨与革命宣传的高涨

一、革命侨报后来居上

同盟会成立后，海内外革命形势迅速发展。到武昌起义爆发之前，同盟会在菲律宾、越南、缅甸、暹罗、新加坡、马来亚、荷属印度尼西亚、帝汶、夏威夷、加拿大、美国、墨西哥、古巴、秘鲁、新西兰和欧

① 《中国近代史资料丛刊》编委会，中国史学会．辛亥革命（第一册）．上海：上海人民出版社，1957. 331～364

洲共有总会、分会近 80 个，有姓名者 600 余人，会员 3 000 余人。[1]“凡华侨所到之地，几莫不有同盟会员之足迹。”[2] 与革命组织纷纷建立的热潮相呼应，华侨社会进入办报的全盛时代，革命侨报如雨后春笋般不断涌现。

据不完全统计，从 1905 年至 1911 年，华侨创办或者华侨与革命党人合办的报刊有 41 种。比较重要的有：

1. 新加坡

表 3-1 新加坡革命侨报

刊名	起讫时间（年）	创办人及主笔
中兴日报	1907—1910	陈楚楠、张永福、林义顺等 主笔：胡汉民、田桐、居正、陶成章
星洲晨报	1909—1910	周之贞、谢心准
南侨日报	1910—1911	黄吉宸、卢耀堂

2. 马来亚

表 3-2 马来亚革命侨报

刊名	起讫时间（年）	创办人及主笔
槟城新报	1896—1937	林道南、陈新政、吴世荣（由保皇派转为革命派）
吉隆坡日报	1909—1910	林道南
光华日报	1910—1936	庄银安、黄金庆、陈新政

3. 印度尼西亚

表 3-3 印度尼西亚革命侨报

刊名	起讫时间（年）	创办人及主笔
泗滨日报	1908—1942	田桐、林煮梦

① 章开沅，严昌洪．辛亥革命与中国政治发展．武汉：华中师范大学出版社，2005. 702

② 冯自由．中华民国开国前革命史（第 2 册）．上海：中国文化服务社，1944. 42

（续上表）

刊名	起讫时间（年）	创办人及主笔
汉文新报	1909—？	华侨教员
华铎报	1909—1919	陈百鹏、朱茂山、钟公任、白萍洲（由保皇派转为革命派）
吧城日报	1908—？	

4. 菲律宾

表3－4　菲律宾革命侨报

刊名	起讫时间（年）	创办人及主笔
公理报	1911—1972	郑汉淇、吴宗明

5. 日本

表3－5　日本革命侨报

刊名	起讫时间（年）	创办人及主笔
民报	1908—1910	胡汉民、张继、陶成章、章炳麟、汪精卫等
梅州	1908—1910	问津

6. 缅甸

表3－6　缅甸革命侨报

刊名	起讫时间（年）	创办人及主笔
仰光新报	1904—1906	庄银安、庄伯英（由保皇派转为革命派）
商务调查月报	1906年秋—1906年冬	庄银安、张石泉、萧少珊
光华日报	1908—1910	庄银安、陈仲赫、居正、杨秋帆、吕志伊等

7. 暹罗

表3－7　暹罗革命侨报

刊名	起讫时间（年）	创办人及主笔
图南日报	1906—	陈景华、萧佛成、沈荇思
华暹新报	1907—1942	陈景华、萧佛成、康荫田、王斧
同侨报	1908—？	尤列等

8. 美国

表 3－8 美国革命侨报

刊名	起讫时间（年）	创办人及主笔
中西日报	1900—1951	伍盘照、邓翼云、伍于衍、苏醒之（由保皇派转为革命派）
美洲少年周刊	1906—1910	李是男、黄伯耀、温雄飞、黄超伍
少年中国晨报	1910—	黄伯耀、黄超伍、李是男、黄芸苏、崔约通、伍平一、张霭蕴等

9. 檀香山

表 3－9 檀香山革命侨报

刊名	起讫时间（年）	创办人及主笔
民生日报	1907—1908	曾长福、张泽黎、卢信
启智报	1907—1907	郑秀隆、林怀
自由新报	1908—1928	卢信、温雄飞、吴荣新

10. 加拿大

表 3－10 加拿大革命侨报

刊名	起讫时间（年）	创办人及主笔
华英日报	1906—1908	周天霖、周耀初、崔通约
大汉公报	1907—现在	陈文锡、张泽黎、冯自由、伍泽濂
新民国报	1911—1985	

11. 澳大利亚

表 3－11 澳大利亚革命侨报

刊名	起讫时间（年）	创办人及主笔
民国报	1911—1915	刘涤寰、伍洪培、黄右公

这些报纸大体可以分为同盟会的机关报和具有革命倾向的商报两类。思想内容或者抨击清廷的暴虐与腐朽，或者揭露保皇党的欺骗言论，与君主立宪改良主义思想作斗争，或者笔锋直指帝国主义殖民者的

贪婪暴虐。比如1908年8月27日创立的缅盟同盟会机关报——《光华日报》，即以“鼓吹孙中山革命主张，唤醒华侨”为宗旨，极力“宣传‘驱除鞑虏，建立民国’的主张”，“大倡革命排满，尤抨击康梁，不遗余力”。[①] 1909年，巴达维亚华侨出版的定期刊物《华铎报》，其发刊词就是针对保皇派而言，“今日者，吾不惧人之欺我、侮我、杀我，奴隶而牛马我，我惟惧我之自欺、自侮、自奴、自杀，则黄帝之华胄终没，而周孔之遗泽永沦。我为惧而不得不大声疾呼痛哭哀号曰：同胞醒！同胞醒！”[②] 提醒侨胞警惕保皇派的欺骗。

华侨办报高潮的形成，大致由以下三个原因促成：

1. 华侨教育的开展促进了民族主义思想的形成

20世纪最初的10年中，海外华侨出现了第一次办学高潮。维新派志士、革命党人以及清政府都不约而同地号召华侨爱国兴学，1903年9月，康有为应吧城中华会馆的邀请，到南洋各地发表演说，他指出：“为中国人，就必须恢复中国人之优良风俗，讲中国之语言，识中国之文字，读中国之圣贤遗训，然后可成为一个真正之中国子民。……现在各会馆间有兴办学堂，但其数不多，尤须陆续增加。文字之声音应用国音，日常言谈应用国语。”[③] 1905年，粤督岑春煊派刘士骥到南洋召集各埠代表及玛腰、甲必丹在万隆开学务会议[④]，奉朝旨敦促兴学。此后，清廷陆续派林文庆、钱询、董鸿伟、陈华等人去南洋，派内阁侍读梁庆桂到北美筹办侨民兴学事宜。华侨教育的开展提高了华侨的科学文化知识水平，激发了华侨的民族觉悟和爱国情感，增进了华侨的民族向心力与凝聚力。华侨的民族情感和祖国认同是其接受孙中山革命思想的重要基础。

---

① 游奋扬．缅甸华侨救国运动史略．闽侨月刊，1939（2）：50～54

② 罗耀九．印尼华侨与辛亥革命．厦门大学学报，1961（3）

③ 廖嗣兰．辛亥革命前后荷属东印度华侨情况的回忆．见广东文史资料研究会．广东辛亥革命史料．广州：广东人民出版社，1981. 193

④ 周邦道．第一次中国教育年鉴（丙编）．上海：开明书店，1934

2. 革命党人的长期宣传提高了华侨的革命觉悟

孙中山先生的革命思想和建国主张最终能得到大多数华侨的认同和支持，这在很大程度上依赖于革命党人坚持不懈的宣传。孙中山先生对华侨非常重视，与华侨的关系密切。在其革命生涯中，他到新加坡、日本各 11 次，到马来亚、越南、美、英、法各 5 次，到檀香山 4 次，到比利时 3 次，到暹罗（今泰国）、加拿大各 2 次，到德国、锡兰各 1 次。他在国外所接触交往的人，主要是革命同志、留学生、华侨和会党成员。通过对孙中山的言论和著作的统计，发现其对华侨的讲演达六七十次，专门文章十余篇，其他口头谈话、通信和有关指示之多，难以确数①。孙中山等人的长期宣传教育使华侨“观念大新，齐倡革命。知非追随孙中山先生不足以救祖国之危亡”②。

3. 同盟会的遍地开花使华侨办报获得了组织的扶持和指导

同盟会成立后，有计划地派遣革命者到各地开展革命活动。革命侨报的创办和改组得到了同盟会成员的大力支持。1905 年春，革命党人秦力山受孙中山和同盟会总部委托，自香港抵仰光，结识了保皇派报纸《仰光新报》的主办人庄银安。秦力山便向庄银安“详述康、梁棍骗华侨历史，及己身参加汉口富有票经过”，“银安豁然觉悟”。于是，秦力山进一步要求“时向……《仰光新报》撰作论文”，力主“革新该报言论”，“以启愚蒙”，乃著《革命箴言》二十四章，共六万余字，在《仰光新报》连续登载，“力辟康梁邪说”，与保皇派展开了面对面的斗争。③ 仔细推敲，同盟会时期的革命侨报都或多或少地与同盟会有着各种联系，许多报纸的股东、编辑与记者都是同盟会会员。例如，新加坡《中兴日报》的创办人陈楚楠、张永福是新加坡同盟分会的会长和副会

---

① 罗福惠．孙中山时代华侨的祖国认同．见中山大学孙中山研究所．孙中山与华侨——“孙中山与华侨”学术研讨会论文集．广州：中山大学出版社，1996

② 中国人民政治协商会议全国委员会文史资料研究委员会．辛亥首义回忆录（第二辑）．北京：中华书局，1962. 110

③ 冯自由，华侨革命开国史．见中国社会科学院近代研究所近代史资料编辑组．华侨与辛亥革命．北京：中国社会科学出版社，1981. 74

海外华侨

长；印度尼西亚《华铎报》的创办发起人陈百鹏（百朋）是雅加达同盟会负责人；《泗滨日报》总编辑也是同盟会会员。

二、各地革命党报述略

在华侨创办的一系列报刊中，《中兴日报》、《光华日报》、《华暹新报》、《少年中国晨报》等均产生过较大影响。

1.《中兴日报》

《中兴日报》是同盟会在南洋的机关报，于1907年8月20日创刊，1910年2月3日停刊。创办人为新加坡同盟会会长陈楚楠、副会长张永福以及会员许子麟、林义顺、陈先进、邓子瑜、沈联芳等。

陈楚楠、张永福在同盟会成立之前曾在新加坡先后创办革命报纸《图南日报》、《南洋总汇报》。1906年，《南洋总汇报》改旗易帜成为保皇派机关报，“南洋各埠之革命喉舌为之暗哑者一年有余”，随着同盟会新加坡分会的建立，越来越多的华侨入会，迫切需要成立新的党报作为联络报道机关。陈楚楠、张永福遂联合许子麟、林义顺、陈先进、邓子瑜和沈联芳等人，发起募股，重建党报。同时，函请冯自由在香港代聘记者及购办铅字，香港《少年报》的创刊人、主编王斧（商人出身）被邀请就任主编，后来由东京《二十世纪之支那》、《复报》的创刊人、主编田桐（留日学生）继任。孙中山、黄兴、胡汉民、汪精卫、居正、方瑞麟等中国同盟会东京本部的核心人员时常为此刊撰稿。因此，“《中兴日报》是由新加坡华侨革命派、以留日学生为核心的中国同盟会东京本部、孙中山的根据地香港的革命势力，这三者共同创办的南洋革命报”[1]。1907年8月20日，《中兴日报》出版。“中兴”二字取自“兴中会的名上下倒转及汉业中兴”[2] 的意思。胡汉民为其撰写发

---

① ［日］深町英夫．革命宣传在南洋——新加坡中兴日报．见王建朗，栾景河．近代中国、东亚与世界（下卷）．北京：社会科学文献出版社，2008. 675

② 张永福．南洋与创立民国．见荣孟源．华侨与辛亥革命．北京：中国社会科学出版社，1981. 110

刊词，指明《中兴日报》的目的是要在华侨中间宣传爱国的学问，促使每个华侨爱民族、爱国家，恢复汉人统治的中国。[①]

《中兴日报》发刊不久即与保皇派的《南洋总汇报》进行笔战。新加坡成为继日本《民报》与《新民丛报》论战之后，革命派与改良派在南洋论战的主要战场。孙中山与同盟会的一些知名人物如田桐、居正、胡汉民、陶成章、汪精卫等先后撰文参加论战。1908 年后在日本东京与保皇派《新民丛报》笔战获得全胜的《民报》诸记者也都纷纷移师南来，到新加坡一齐战斗，“把保皇党攻击得体无完肤，人心大快”[②]。

作为一家日刊报纸，《中兴日报》除了登载直接进行革命宣传的社论外，还辟有新闻报道、娱乐、广告等内容，但均寓革命旨趣于其中，因此有人形容其“首先提供国内新闻（报道）及传统文化（娱乐），来提高他们对祖国的关心，进而以各种各样的现实问题为例，阐述中国国内的政体变更能够符合海外华侨的切身利益（社论）”[③]。

1910 年，由于资金短缺，《中兴日报》停版歇业。作为南洋同盟会的机关报，《中兴日报》在出版两年多的时间里，担负起同盟会主要宣传机关的作用。在 1907 年至 1908 年的两年间，《中兴日报》日销四千余份，“英荷两属侨众，直接蒙其感化，厥功至伟”[④]。

2.《光华日报》

《光华日报》的起源最早可以追溯到缅甸同盟会成立初期，这份报刊既是革命组织发展推动的结果，也是保皇派和革命派在缅甸争夺舆论宣传阵地的结果。

---

① 胡汉民．《中兴日报》发刊词．见荣孟源．华侨与辛亥革命．北京：中国社会科学出版社，1981. 124 ~ 126

② 陈楚楠：晚晴园与中国革命史略．见辛亥革命史料选辑（续编）．长沙：湖南人民出版社，1983. 40

③ ［日］深町英夫．革命宣传在南洋——新加坡中兴日报．见王建朗，栾景河．近代中国、东亚与世界（下卷）．北京：社会科学文献出版社，2008. 685

④ 冯自由．南洋各地革命党报述略．见革命逸史（第四集）．北京：中华书局，1981. 141

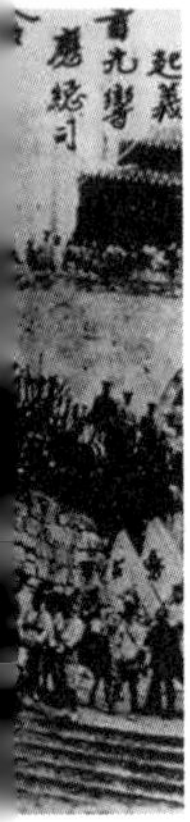

和南洋其他地区一样，缅甸华侨社会初期的舆论宣传被保皇势力所主导，《仰光新报》为其机关报。1905 年春，革命党人秦力山受孙中山和同盟会总部委托，自香港抵仰光，开展革命活动。他与当地侨领、《仰光新报》主办人庄银安结识，向其灌输革命思想。秦力山还在《仰光新报》撰作论文——《革命箴言》，力辟康梁邪说，“全缅侨众读之，大为感奋”①。未几，《仰光新报》因为股东意见不合停刊。1906 年秋，庄银安、陈甘泉、徐赞周等人为继续宣传革命理论，又创办了《商务调查月报》，但反响寥寥，仅出版数月即停刊。

1908 年，缅甸同盟会的成立为革命报刊的创办注入了新的活力。革命党人杨振鸿、黄子和、杜韩萧力主创办缅甸同盟分会的机关报。他们竭力奔走，四方联络，得到已成为革命积极分子的庄银安、徐赞周等人的资助，再得“巨商陈玉著、张永福（不是新加坡的张永福）、陈金在、曾广庇多人附股”，募集资金八千余盾（缅元），旋以三千盾承购原《仰光新报》的铅字、机器，创立了缅甸同盟分会机关报——《光华日报》，并于是年 8 月 27 日正式出版。② 庄银安任经理，陈仲赫任副经理，并电新加坡《中兴日报》，聘请滇人杨秋帆和鄂人居正任报馆主笔，报馆设在仰光百尺路 62 号。自从《光华日报》出版后，“即高倡革命排满，抨击保皇立宪，尤不遗余力”③。保皇派在它的谬论被驳得体无完肤之后，对革命派及其《光华日报》怀恨在心，伺机报复。1909 年秋，在清政府驻仰光领事肖永熙为华侨富商陈文郑出殡之时，向商户敲诈钱财，《光华日报》因编辑、革命党人吕志伊撰联讥笑之而被迫停刊。停刊不久，报社财产被保皇派阴谋出资购得，更名《商务报》。

缅华同盟会员们愤于《光华日报》被保皇派攘夺，召开全体盟员

---

① 冯自由．南洋各地革命党报述略．见革命逸史（第四集）．北京：中华书局，1981. 141

② 洪丝丝等．辛亥革命与华侨．北京：人民出版社，1982. 76

③ 冯自由．南洋各地革命党报述略．见革命逸史（第四集）．北京：中华书局，1981. 144

大会，“筹募复兴资本，一夜集股一万三千余盾”，使《光华日报》于同年12月13日复刊。复刊后的《光华日报》与《商务报》大开笔战，论争数月。然而，保皇派、清政府与帝国主义进一步勾结，对革命派进行迫害。1910年，康党勾结清驻仰光领事肖永熙，谋陷《光华日报》“鼓吹无政府主义”，谋求英国“将该报当事人驱逐离境”，[①] 于是，英外部电示驻缅总督怀特，递解《光华日报》主编居正、经理陈汉平出境，《光华日报》被迫再度停刊。

1910年，在槟榔屿避居的庄银安与同盟会成员陈新政、黄金庆、徐洋溢等人筹集资金在槟榔屿二次复办《光华日报》，“以继承仰光党报之统绪”[②]。当时新加坡的《中兴日报》和《星洲晨报》都已经相继停刊，只有《光华日报》在马来亚“大声疾呼，光芒万丈”[③]。直到辛亥革命胜利，“民国”成立，仍屹立不衰！

纵观《光华日报》的沿革，可以看到它是在缅甸同盟会的直接领导和推动下创办的，期间几经停刊而复办，折射出革命报刊在严酷的政治斗争中走过的不平凡的道路。

3.《华暹新报》

泰国（暹罗）的华侨报业始于20世纪初。最早的华侨报纸——《汉境日报》创刊于1903年，由保皇派主持。当时暹罗华侨社会政治思潮激荡，以康、梁为首的保皇派和以孙中山为首的革命派都曾派人到暹罗宣传各自的思想主张，以求得华侨社会的支持。革命党人及爱国华侨合作创办的报纸有《美南日报》（后改为《湄南日报》），但先后因为经费困难和保皇党人的破坏而停刊。

1907年，革命派另辟舆论阵地，在曼谷创华文、暹文版的《华暹

---

① 冯自由．南洋各地革命党报述略．见革命逸史（第四集）．北京：中华书局，1981. 145 ~ 146

② 冯自由．南洋各地革命党报述略．见革命逸史（第四集）．北京：中华书局，1981. 146

③ 冯自由．南洋各地革命党报述略．见革命逸史（第四集）．北京：中华书局，1981. 146

新报》，开启了中国资产阶级民主革命派在暹罗公开宣传革命、与保皇派论战的新局面，成为当时曼谷很有影响力的一份报纸。

《华暹新报》的创办人是陈景华和萧佛成。陈景华（1864—1913年），字陆逵，广东香山人。曾任广西贵县知县，因为得罪了两广总督岑春煊而远走香港，后到暹罗的曼谷。陈景华与当地侨领萧佛成、爱国华侨沈荇思、王杏洲等往来颇密，遂共同创办了《华暹新报》。

萧佛成（1862—1940年），字铁桥，祖籍福建南靖，出生于暹罗。青少年时代在曼谷读书，师从失败后逃到暹罗的太平天国将领顾成佩，并受其影响加入反清秘密团体三合会。1904年又加入光复会，后加入同盟会从事反清活动。曾与陈景华等创办宣传民主革命的《美南日报》，并任社长。1907年创办《华暹新报》，任社长。另聘《有所谓报》前记者王斧，《图南日报》前记者康荫田为主笔，侨商中同情革命者如沈荇思、王杏洲、何少禧、陈美堂、陈载之、朱广利、马兴顺、梁挺英等也为报纸出力甚多。

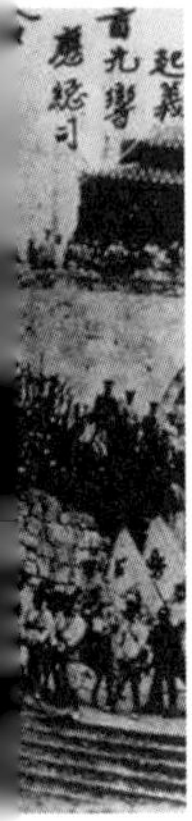

《华暹新报》分华、暹两种文字版本，陈景华任华文版总编辑，暹文版由萧佛成父女负责。1908年，孙中山、胡汉民等由新加坡到曼谷，宣传革命，成立同盟会，萧佛成被推举为会长，陈景华为书记，《华暹新报》正式成为同盟会在暹罗的机关报，一直出版到1942年，日军侵占暹罗时才自动停刊。这家报馆，办了30多年，是南洋革命党报中寿命最长的。[①]《华暹新报》自始至终就与华侨华人的祖籍国政治息息相关，贯穿了当时革命派与保皇派于海外华侨华人之间所进行的激烈斗争，显露出报纸作为舆论工具的鲜明特点。

4.《少年中国晨报》

《少年中国晨报》为美洲同盟会机关报，社址在旧金山大埠古里街，由华侨李是男、黄伯耀、黄超伍等人创办。先后任笔政者有李是男、黄芸苏、黄超伍、崔约通、张霭蕴、黄伯耀、伍平一、马醴馨、刘

① 冯自由．南洋各地革命党报述略．见革命逸史（第四集）．北京：中华书局，1981. 142

涤寰、林华耀等人。

《少年中国晨报》的前身为《美洲少年》周刊。1907 年，旧金山土生华侨李是男在香港加入同盟会后，重赴美国，开展反清活动。有感于清朝政治之腐败，华侨寄居海外各国受到异邦的欺侮与苛例限制，1909 年，他和祖籍台山的华裔青年黄伯耀、黄超伍、温雄飞，留美学生黄芸苏等人在旧金山成立了少年学社，出版油印刊物《美洲少年》，“鼓吹革命排满”。适逢孙中山从欧洲抵达纽约，看到了这份周刊，大加赞许，但认为周刊七天才出版一次，未免为时过久，对于革命宣传工作，似乎不够。于是，他与李是男、黄伯耀两人共同设法将其改为日报，使之确实成为党的言论机关报。因为当时旧金山已有三家华文日报：《中西日报》、《大同日报》、《世界日报》，此三报皆系每日午间出版，而该报位居后起，又属青年人所办的革命党报，自当别创一格以示富有朝气，遂决定以晨报姿态出现，每日清晨六时即出版，《少年中国晨报》因此得名。1910 年 8 月，《美洲少年》改名为《少年中国晨报》，并成为同盟会的机关报，黄伯耀任经理，黄超伍任总编，李是男任副刊与新闻编辑。

《少年中国晨报》成立初期宣传革命，反对君主立宪，与《大同日报》密切配合，积极在美洲华侨中推进革命思想的传播，发挥了党报政论的战斗作用，推动资产阶级民主革命运动向前发展。“言论者，事实之母，武力实行者即空言鼓吹之果。……惟是鼓之吹之，久而又久，则革命必不能免之原理已大著，自足以收摄当世人之心，皆趋于革命之一途，使革命之思潮，为之澎湃而不可遏抑，革命之方法，为之研究口口无不详，是武力实行者即从空言鼓吹所陶铸而出”①。“民国”成立后，《少年中国晨报》积极参与反对袁世凯独裁统治的斗争，支持二次革命。后内部一度分裂，在抗日战争期间继续出版，“是清季革命党机关报之惟一寿命最长者”②。《少年中国晨报》是海外影响巨大的革命报刊之一，“民国”成立后不久，临时大总统孙中山颁给该报旌义状：“《少年中国晨报》于中华民国开国之始，宣扬大义，不遗余力，特给予优等

---

① 附录：旧金山少年中国晨报发刊词．见蒋永敬．华侨开国革命史料．台北：正中书局，1977. 169 ~ 171

② 冯自由．华侨革命组织史话（第 2 版）．台北：正中书局．1974. 77

旌义状，奕代后民，永多厥义。此旌。”①

三、南洋、美洲的革命书报社

革命报刊是传播革命思想的有效工具，但实际传播的对象以“中等社会”的知识分子为主，但是海外华侨中还有很大部分是文化层次较低的或经济困难的普通民众，如何将这部分人纳入革命斗争的洪流中是革命党组织发展壮大后要迫切解决的问题。同盟会成立后，为了避免殖民当局的迫害，华侨革命党人采取了建立阅书报社，借知识普及、文化普及之名，行革命思想传播之实，既保证了同盟会的活动不被干扰，又扩大了革命舆论宣传的辐射面，是新时期海外华侨社会政治风潮激荡的表现。

1. 星洲书报社：新式革命宣传机关的创办

海外华侨建立的最早的书报社是1903年创立于新加坡的星洲书报社。星洲书报社最初并不是为了宣扬革命，而是为了传播基督教和初级文化知识。其创办人郑聘廷是新加坡基督教华人牧师，他先期开办了一个耶稣教会——青年会，但当时很多人并不了解青年会的用意，怀疑与教堂差不多，故一般人都“裹足不敢参加”②，造成该会门庭冷落。郑聘廷于是将青年会改为书报社，初设于吉宁街38号，后迁入郑氏任职之丹戎巴葛长老会礼拜堂内，免费提供一些报刊书籍给那些家庭穷困无力上学的青少年阅读，意使他们将来成为基督教的信徒。对于郑聘廷本人来说，当初创办书报社并无明显的政治倾向，对改良派或革命派两种对立的思想派别，并无成见，两派人员均曾被邀去书报社进行公开演说。新加坡华侨陈楚楠、张永福等人认为这是为革命思想张本的好机会，在每次被邀请发表演说的时候，“必以种族观念革命主义向群众演讲，每演说时，听者满座，盛极一时”③。其他如胡汉民、汪精卫、田桐等均曾到该社演讲过。

---

① 陈旭麓，郝盛潮．孙中山集外集．上海：上海人民出版社，1990. 674

② 蒋永敬．华侨开国革命史料．台北：正中书局，1977. 348

③ 蒋永敬．华侨开国革命史料．台北：正中书局，1977. 348

1905年，孙中山来到新加坡，在了解了星洲书报社的情况后，认为可以利用书报社进行革命宣传活动，壮大革命力量。后来经过工作，书报社的创始人郑聘廷首先被吸收为同盟会会员，其他如李镜如、卢礼明等不少华人基督教徒也相继加入了同盟会。“至于非教徒而加入同盟会者，亦以先入星洲书报社而后入党者不少。”[①] 星洲书报社很快就变成革命活动的联络中枢、传播革命思想的发源地，进而发展成为一个有效而成功的革命宣传机构。著名学者颜清湟对此书报社有如下评论：

无论从哪一方面来看，革命派成功地渗透和控制了星洲书报社，对于新加坡、马来亚革命势力的增进，都是具有很大意义的事。因为星洲书报社除了为革命的宣传增加了一个新的场所之外，也代表着革命派在整个东南亚可以渗进许多其他的社团组织。[②]

在星洲书报社的影响下，新加坡、马来亚及印度尼西亚等地华侨，也纷纷组织书报社或阅书报社。“推其原始，则星洲书报社为先锋也。”[③] 可见，星洲书报社开创了南洋各地书报社之先河。

2. 书报社在南洋、美洲的蜂起

星洲书报社的成功范例鼓舞了其他华侨革命党人，他们在各自的活动区域纷纷创办书报社。1907年以后，孙中山在新加坡、马来亚一带开展革命活动，特别指示革命党人致力于此项活动。革命党人创办书报社的活动遂达到高潮。例如，在新加坡，实行分帮设社，粤帮方面由何心田等组织开明书报社，福帮方面由许子麟等组织公益书报社，潮帮方面由潘兆鹏和张仁南等组织同德书报社。在印度尼西亚，1908年，张煊、吴文波等人组织雅加达书报社。在缅甸有公开设置的觉民阅书报社，以“开通民智，联络华侨，了解国内外时事”为宗旨，进行革命

① 蒋永敬．华侨开国革命史料．台北：正中书局，1977. 348
② 颜清湟．星马华人与辛亥革命．李恩涵译．台北：联经出版事业公司，1982. 12
③ 蒋永敬．华侨开国革命史料．台北：正中书局，1977. 348

宣传，联络和团结革命积极分子和广大侨胞。在美洲有旅古侨胞陈孟瑜倡议设立的三民阅书报社。从分布地区来看，阅书报社以南洋的新加坡、马来亚、印度尼西亚等地为多。下面将南洋华侨设立的阅书报社列举出来，以便观察辛亥革命前书报社开办之规模。[①]

（1）新加坡书报社（4家）。

表3－12　新加坡书报社

新加坡公益书报社	新加坡同德书报社	新加坡星洲书报社
新加坡同文书报社		

（2）马来亚书报社（55家）。

表3－13　马来亚书报社

霹雳华侨书报社	霹雳安顺书报社	霹雳美罗华群书报社
霹雳端洛中兴书报社	霹雳蒲芦江秀觉民书报社	霹雳拿出兴华书报社
霹雳布先益智书报社	霹雳古楼南洋书报社	霹雳沙叨培文书报社
雪兰娥介文书报社	芙蓉书报社	麻楮巴辖益群书报社
知知埠华商书报社	打把埠益群书报社	庇能槟城书报社
鲁乃波益民书报社	柔佛公民书报社	实兆远益群书报社
槟榔屿大山脚华侨书报社	龙邦书报社	朱毛埠启智书报社
红毛丹达材书报社	庇能益智书报社	霹雳金宝开智书报社
雪兰莪士我月埠书报社	加焦埠启明书报社	都尽启蒙书报社
巴里文礁新华书报社	金宝中国青年益赛社	麻坡启智书报社
安邦埠书报社	双文丹埠斯文书报社	纳闽坡启文书报社
武来岸策群书报社	新马尽新华书报社	文丁埠华商书报社
楮巴哈益群书报社	万扰益智书报社	吉隆坡中国青年益赛会
彭亨北千光汉书报社	素哩哩开智书报社	宋溪诗佛文墨书报社
彭亨文东书报社	北婆罗洲山打根中华书报社	南巴哇觉群书报社
古毛埠竞明书报社	巴生群智书报社	甲洞开明书报社

① 华侨史编纂委员会．华侨革命史（下册）．台北：正中书局，1981．151～155

（续上表）

叨思埠公益书报社	加影文华书报社	关丹中华书报社
六条石埠书报社	马六甲中华书报社	巴东色海东华书报社
布知埠益智书报社		

（3）印度尼西亚书报社（51家）。

表3－14　印度尼西亚书报社

巴达维亚华侨书报社	山口洋民生书报社	打横埠书报社
泗水明新书报社	井里汶同文书报社	巨港中华书报社
文岛檀港中华报社	楠榜书报社	巴眼亚比民德书报社
三宝垄乐群书报社	文岛加勿士中华书报社	巴城老巴杀书报社
芝沙兰中华书报社	西都文罗书报社	浮卢甘巴中华书报社
万隆埠民仪书报社	毛燕埠日新书报社	亚齐瓜朥新邦启文书报社
美仑埠公益书报社	坤甸白树脚群生书报社	坤甸图存书报社
勿里洞华侨书报社	邦加烈港明德书报社	日里巴株巴劳中华书报社
觉厘洞岸党书报社	日里火水山中华书报社	日里顿挽中华书报社
日里新邦知甲中华书报社	龙目安班兰侨光书报社	日里瓜朥中华书报社
东婆罗洲哥打巴鲁中华书报社	松柏港民群书报社	亚齐士吉利中华书报社
帝汶叨觉群书报社	苏门答腊巴东书报社	日里仙达中华书报社
哥打丁宜觉群书报社	万里望智群书报社	日里民礼书报社
日里瓦冷中华书报社	日里直名丁宜开智书报社	日里棉兰华崇书报社
日里武丽安中华书报社	日里笼葛中华书报社	日里瓜朥新邦中华书报社
文岛加勿土中华书报社	日里大棉中华书报社	监光登宜开智书报社
日里勿老湾中华书报社	帝汶叨利觉群书报社	日里昔冷中华书报社

（资料来源：温广益，蔡仁龙，刘爱华，骆明卿．印度尼西亚华侨史．北京：海洋出版社，1985. 314～315）

（4）缅甸书报社（18 家）。

表 3－15　缅甸书报社

仰光觉民阅书报社	仁兰美协汉书报社	绕彬九振华书报社
吉桃义民书报社	知摸汉群书报社	丹老新民书报社
杰柳巾演进书报社	士瓦务民书报社	洞遇益华书报社
望濑启智书报社	瓦城振汉书报社	勃卧培民书报社
毛淡棉汉声书报社	密沙兴汉书报社	秉礼光智民书报社
勃生埠汉兴书报社	木各具爱群书报社	猫宇振民书报社

（5）越南书报社（8 家）。

表 3－16　越南书报社

萃武精庐	槟知同侨社	美拖启明社
永隆振明社	沙沥笃黄社	芹苴尚志社
金边新汉社	马德望阅报社	

3. 书报社的革命宣传活动

众多的书报社虽然存留时间和历史影响不一，但他们都是开展革命活动、宣传革命思想的机关。其中比较重要的有新加坡的公益书报社、同文书报社和同德书报社，马来亚的槟城书报社和益智书报社，缅甸瓦城的振汉书报社和勃生埠汉兴书报社，印度尼西亚的万隆埠民仪书报社、苏门答腊巴东书报社等。美洲著名的书报社有古巴的三民阅书报社、美国旧金山的少年学社。

辛亥时期的书报社一般是经过当地政府注册的公开文化教育机构，直接受同盟会、革命党人的领导或影响，许多地区的书报社和同盟会在人员上都互有重叠。比如成立于 1908 年的槟城书报社的正社长吴世荣、副社长黄金庆就分别是槟城同盟会的正、副会长，第一届社员熊玉珊、陈新政、邱明昶也是同盟会的首届成员。槟城书报社在革命重心从新加坡转移到槟城后一度是革命的策源地，在谋划起义、筹措革命经费方面都发挥了重要作用，远远超出了革命宣传的功能，可视为一个特例。总体上看，辛亥时期的阅书报社的功能在开通民气、团结同胞、谋求侨民幸福等方面起到很大的作用。这从成立于1908年的暹罗中华阅书报社的绪言中可证：

20世纪之世界，正种族智识竞争之世界也，不观乎今日东西洋各国乎。夫各国能屹然独立于地球之上，何一非由民气之发达团结而成乎？然究其民气之发达团结，又何一非由热心爱国之士，著书出报以鼓吹其国民之力乎？征之孟德斯鸠万法精理，卢梭民约论，德那谟新闻记者数人之书报，当时国民之受益若何？已可概见，是书与报之有益于国民，诚非浅鲜矣！吾中华近十年来，一般热血之士，知国家之积弱，种族之沦亡，皆由民气不振，到处著作新书，刊发新报，大声疾呼，唤醒国民之迷梦，使人人皆知有中华民国一分子，联络一气结成团体？起而共谋应享之幸福，其心良苦，其功亦良多矣！特是有因地方阻隔，寄买末由，资本无多，购办莫备，是虽有益于国民之书报甚多，而国民之受益终不能遍及，诚可惜耳！今暹罗旅居华人，号称二百余万，其数不可谓不多，然人数虽多，而叩其人心之团结，社会之改良，与夫一切公益之事，竟寥寥无几。此无他，皆由未尝领略近今志士所著之新书新报耳。兹本社同人，有鉴乎此，特组织一阅书报社，凡有益于同胞之书报，罔不采办齐备，以饷同胞之观阅，并于夜间举行演说，俾谘商界工界中人，咸受其益，咸知大义，共谋吾中华国民之幸福，方不负诸有志之士著书出报之苦心，而得與东西洋各国并驾驰驱于地球之上，是本社同人所厚望于吾同胞也。①

同盟会成立后，革命思想在南洋、美洲渐次涌起成高潮之势，所谓

---

① 暹罗中华阅书报社绪言．中兴日报，1908－01－16

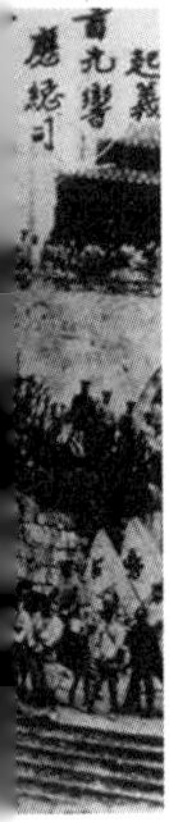

"开通民气、启民智识"，即向普通民众灌输革命真理，反映在书报社内陈列的报刊种类上即是革命报刊占绝大部分。比如缅甸觉民阅书报社内陈列的革命派报纸有：《民报》（东京）、《星洲晨报》（新加坡）、《中国日报》（香港）、《醒华报》（加拿大）、《华暹日报》（暹罗）以及仰光分会出版的《光华日报》，另外还有《太平天国革命史》、《鸦片战争史》、《岳飞传》和邹容撰写的《革命军》等书籍。这些激励民族自豪感和民族气节、宣传民族革命的书报，对于身处异乡、饱受殖民者凌辱的华侨来说，特别易于接受和引起同情，不少缅甸华侨，就是因为读了这些书刊，特别是《革命军》后，"联想祖国受清政府腐败专制统治，同胞走投无路，自己来到缅甸谋生，又受英国殖民当局种种苛例压迫，便激起一股反清的革命情绪，愤而将辫发剪掉"[①]，毅然加入同盟会。

自第一个海外书报社——星洲书报社成立起，定期举行演讲会宣传革命、发表革命言论就成为大多数书报社的常设活动。比如开明书报社"按期敦请民党名流演说革命真理"[②]。觉民阅书报社每周举办一次演讲会，每次与会听讲者多则两三百人，少则一两百人。三民阅书报社成立之日，多名革命党人相继登台演说，"对于革命真谛，发挥尽致"[③]。被聘请到书报社演说的一般都是革命党中有学问的知识分子，或者是华侨中率先入盟的先进分子，如缅甸《光华日报》的编辑吕志伊、饶潜川，同盟分会干部庄银安、何荫三、黄水田，三合会首领曹华碧以及盟员陈卓南（牧师）、曹伯忠（华商）等，原东京同盟会核心成员汪精卫、胡汉民，包括孙中山也常被邀请到社演讲。据说星洲书报社开办期间，汪精卫的演说声名最著，"凡达到他演说之夕，人未登台，而座已拥满。

---

① 黄馥生．孙中山革命与缅甸华侨．见中国人民政治协商会议广东省委员会文史资料研究委员会．广东文史资料（第25辑）．广州：广东人民出版社，1979．4～16

② 中国社会科学院近代史研究所近代史资料编辑组．华侨与辛亥革命．北京：中国社会科学出版社，1981．66

③ 黄鼎之．古巴三民阅书报社之成立及活动．见蒋永敬．华侨开国革命史料．台北：正中书局，1977．208

演讲时，鸦雀无声，每至一段精彩处，掌声如雷，足见听者注意及其兴奋”[①]。在觉民阅书报社，有一次陈卓南在演讲《宁赠友邦，不予家奴》时，声泪俱下，对清朝政府屈膝媚外、卖国求荣的可耻行径，对籍制、奴役与杀害各族人民的罪恶行径作了淋漓尽致的揭露，大大激起华侨对清朝政府的仇恨和参加革命的热情。

除了陈列革命报刊、发表革命言论外，书报社还根据情势组织各种各样的宣传活动。雅加达书报社成立后随即开展活动，于明朝灭亡纪念日举行演说大会宣传革命，又于慈禧太后生日之际散发传单劝告华侨不要为其祝寿。[②] 越南华侨黄景南、刘易初、陶铁等十几人设立“萃武精庐”后撰歌曲南音、粤讴等宣传反清革命，积极开展革命宣传活动，“一时打倒满廷声浪沸腾，发聋振聩，不数月同声相应，同气相求，召集社友二百余人，履迹往来，户阈为满”[③]。1911 年，清海军统领程壁光乘军舰到纽约、古巴等地游历，古巴三民阅书报社，趁机扩大革命宣传，“一以唤起该舰官兵之觉悟，为将来响应革命之赞助，二以鼓舞旅古侨胞，俾收踊跃助饷之效果”[④]。于是三民阅书报社的同志印刷“海圻军人听者”传单广为散发，还在舰队军官游历公园之时，“每乘间进以革命之说，并指公园中巍然矗立之革命伟人马的（Marti）等之肖像以喻之”[⑤]。三民阅书报社同志的殷切厚望令某军官“大为动容”。

综观革命报刊、革命书报社风起云涌的繁盛景象，可以说，华侨宣传革命斗争的热情和兴中会时期相比有了很大的不同。首先，越来越多的资产阶级深明民族大义，虽身在商界，但以革命为己志，而广大普通民众亦渐渐对革命抱有同情之心，以各种形式支持赞助革命。其次，随

---

① 张永福．星洲书报社与中国革命．见蒋永敬．华侨开国革命史料．台北：正中书局，1977. 348

② 罗耀九．印尼华侨与辛亥革命．厦门大学学报，1961（3）

③ 谭天保，陈占标．同盟会员黄景南传略．新会侨刊，1986（33）

④ 黄鼎之．古巴三民阅书报社之成立及活动．见蒋永敬．华侨开国革命史料．台北：正中书局，1977. 212

⑤ 黄鼎之．古巴三民阅书报社之成立及活动．见蒋永敬．华侨开国革命史料．台北：正中书局，1977. 213

着同盟会组织的不断扩大，革命党人数量激增，他们分散于南洋、美洲、日本等革命要地，对华侨的宣传活动、宣传策略提供了更多的指导，华侨的革命斗争始终在同盟会的领导下有序地进行，革命宣传阵地异彩纷呈、人才辈出，大有生生不息的峥嵘气象。当然，除了办报纸、创书报社等，爱国华侨还利用文艺演出、戏剧表演等形式进行反清宣传。最早由香港富商李纪堂出资2万元，促成建立“采南歌剧社”，陈少白担任戏剧编辑曾编写了改良粤剧《黄帝征蚩尤》、《六国朝宗》，宣扬民族主义精神，成为粤剧演革命戏的先导。之后，旧金山华侨李是男组织“新舞台剧团”，演出了《唤国魂》等以反清革命为主题的粤剧。新会人黎民伟也在1911年创办香港第一个文明戏团体——清平乐会社，演出《爱河朝》等革命剧目。革命的宣传朝夕不暇，革命的真理越辩越明，旧金山、芝加哥、古巴等地华侨同盟会领袖组织宣传队向华侨灌输革命思想，虽然有些队员“被殴，几遭不测”，但仍“以鼓吹革命为天职，职责所在，抱不淫、不移、不屈之精神，勇往直前，莫之能御”[1]。1910年10月，同盟会会员、祖籍台山的华裔青年邝佐治，在奥克兰伺机行刺前去访问的清朝海军大臣戴洵时不幸被捕。他进而把美国法庭当作宣传反清革命的讲台，声明“吾此举在于唤起我国民族之革命精神，及予满州君臣以严厉之警告，万死不辞”[2]。这种种举动都表明了广大华侨以革命为务，为革命尽瘁的爱国主义精神。

① 李绮庵，梅乔林．开国前美洲华侨革命史略．见中国社会科学院近代史研究所近代史资料编辑组．华侨与辛亥革命．北京：中国社会科学出版社，1981. 282

② 刘玉遵，成露西．辛亥革命运动中的台山县与华侨．见洪丝丝等．辛亥革命与华侨．北京：人民出版社，1982. 98

第四节　革命派与维新派的思想论战

一、保皇派的报刊舆论阵地及对革命势力的侵夺

相对于革命报刊的创办，保皇派的舆论宣传比革命党起步更早，戊戌政变后，康有为、梁启超等维新党人流亡海外，在香港、南洋、美洲等地开始创办报刊。

据统计，从1898年至1905年，保皇派在海外和港澳地区共创办了数十种报刊。在日本横滨创办《清议报》和《新民丛报》。在新加坡创办《天南新报》、《仰光新报》。在美国创办《大同日报》、《文兴报》、《世界报》、《维新报》；在檀香山创办《新中国报》。在澳门创办《知新报》、《镜海丛报》和《濠镜报》。在香港创办《商报》。[①]

保皇派建立报刊舆论阵地的途径大致可以分为以下三种：

1. 保皇派自己创办的报刊

保皇派创办的刨刊，以1898年康有为、梁启超在日本横滨创立的《清议报》和1902年梁启超在横滨创办的《新民丛报》为代表。《清议报》是康有为和梁启超在海外创办的第一份报刊，由梁启超主编，编辑有麦孟华、欧榘甲等。该报宗旨是“专以主持清议，开发民智为主义”。所谓“土持清议”就是抨击“逆后贼臣”慈禧、荣禄把持朝政，拥护“明君圣主”光绪复位；所谓“开发民智”，就是介绍西方资产阶级社会政治学说和科学文化知识，以此来“倡民权、衍哲理、明朝局、励国耻”。在此期间，梁启超频繁地与孙中山、陈少白等革命党人接触，在思想上受其影响，因而，梁启超、欧榘甲在《清议报》上发表了一

① 冯自由．南洋各地革命党报述略，美洲革命党报述略，清末革命与君宪的论争．见革命逸史（第四集）．北京：中华书局，1981

些主张民权、自由和论述破坏革命的文章，受到了读者的欢迎。然而，思想保守的麦孟华却向康有为告密，康有为大怒，下令在保皇会的报刊上不准再出现“革命”、“自由”、“民权”、“独立”等字样，并将梁启超、欧榘甲分别调往檀香山、旧金山去进行保皇活动。1901 年 12 月 21 日，《清议报》刚出满 100 期后，报馆发生一场大火，损失惨重，被迫停刊。

1902 年，梁启超在旅日华侨的大力支持下，又在横滨创办了《新民丛报》，这是仿效西方大型综合性杂志创办的一份半月刊，主编是梁启超，编辑有蒋智由、马君武、麦孟华等。《新民丛报》的宗旨是“开民智”、“造新民”。为此，《新民丛报》大量介绍西方资产阶级的政治、军事、文教、宗教等各个方面的学说，在政治倾向上，《新民丛报》总的倾向是鼓吹保皇立宪，但在 1903 年以前梁启超等人因与革命派接触，受其影响，《新民丛报》也发表了许多谈革命的文章，受到读者欢迎，销量高达 14 000 份，国内外代销处有 97 个，盛极一时。1903 年以后，梁启超政治态度大变，明确将斗争矛头指向革命派，在《新民丛报》上发表许多反对革命的言论和主张。同盟会机关报——《民报》成立之后，《新民丛报》与之进行了激烈的论战。经过论战，“保皇之旗，遂不复见于留学界”[①]，1906 年 11 月 20 日，《新民丛报》停刊，共出版 96 期。

2. 华侨在保皇派支持下创办的报刊

1905 年之前，保皇思想在海外风行一时，很多爱国华侨受此思想影响出资创办报刊，鼓吹维新理论。最典型的例子是 1898 年由新加坡著名侨商邱菽园出资创办的《天南新报》。邱菽园是福建人，父亲早年在南洋经商成巨富。邱菽园承其家业，曾参加晚清科举考试，并列名“公车上书”名单，受维新思潮影响很深。《天南新报》虽为邱菽园个

① 胡汉民．胡汉民自传．见丘权政，杜春和．辛亥革命史料选辑（上册）．长沙：湖南人民出版社，1981．175

人创办，但得到康有为的支持帮助，梁启超也一度参与筹办。维新派的重要人物、康门弟子徐勤、欧榘甲、汤觉顿等人参与主编。随后，康有为在新加坡成立保皇会，推邱菽园为南洋分会会长，《天南新报》便成为保皇会在南洋地区的机关报。《天南新报》采用“孔子纪年”，在内容上宣扬康有为、梁启超的变法学说，主张开设议院、改变科举、兴建学堂、创办报刊、废除缠足等，也不乏吁请光绪复位和抨击慈禧的言论。当时孙中山革命派尚未立足南洋，《天南新报》影响较大，“英属各埠华侨，从之者大不乏人”①。

3. 侵夺、控制革命党报或者没有明显政治倾向的侨报

最典型的事例就是《大同日报》和《南洋总汇报》。《大同日报》原来是旧金山洪门致公堂创办的报纸，保皇派欧榘甲借自己年轻时曾参加过洪门组织的关系，加入《大同日报》，担任编辑，使之成为宣传保皇立宪的报纸。新加坡《南洋总汇报》原是陈楚楠等人集资创办的宣传民主革命的报纸，但保皇势力趁报社股东内部矛盾之机，插足其间，控制该报。

保皇派和革命派是在 19 世纪 90 年代中期同时登上政治舞台的两股政治力量，在反对君主专制的斗争中各自宣传自己的救国主张，形成了完整的理论。康有为、梁启超等人虽怀革新之志，但认为中国国民愚昧无知，只能以明君实行立宪，不可行民治。他们幻想在根本不动摇封建统治的基础上，通过自上而下的改良来发展资本主义。革命党人认为晚清政府腐败无能，寄之无望，只有选择推翻封建统治的革命道路才能摆脱民族危机，使中国转弱为强。革命派和保皇派也是 20 世纪前后海外华人社会主要存在的两大势力，尽管在反对清政府腐败专制这一点上两者具有共同的思想基础，但是随着两派在海外势力的不断扩张，组织上的纷争和思想上的论战不可避免。

---

① 冯自由．新加坡图南日报．见革命逸史（初集）．北京：中华书局，1981．170

二、革命派与维新派的分歧

1901 年 8 月，革命派与保皇派之争，已初露端倪。庚子年后，晚清政府内忧外患日甓，维新运动屡遭挫折，梁启超于是在 1901 年的《清议报》上连续刊载长文《积弱溯源论》，探索中国落后的原因和救国救民之路。他认为中国积弱不振的总根源在于全体国民素质差，有奴性、愚昧、为我、好伪、怯懦、无动六大弱点，中国积弱不振的原因在那拉氏一人柄政三十年。因此他主张支持光绪皇帝重新执政，夺回慈禧太后手中的权力，继续走君主立宪的道路。针对梁启超的改良主义论调，章炳麟在秦力山主编的《国民报》第 4 期上发表《正仇满说》予以驳斥。他首先指出推翻清朝统治政权的必要性。他说：“夫今之人人切齿于满洲，而思顺天以革命者，非仇视之谓也。屠剑之惨，焚掠之酷，钳束之工，聚敛之巧，往事已矣，其可以仇视者，亦姑一切置之。而就观今日之满人，则固制汉不足亡汉有余，载其訾窳，无一事不足以丧吾大陆。”章炳麟还认为光绪皇帝只关心自己的权势，不足以寄予厚望：“夫其所谓圣明之主者，果能定国是、厚民生、修内政、御外侮，如梁子私意所料者耶？彼自乙未以后，长虑却顾、坐席不暖者，独太后之废置我耳。殷忧内结，智计外发，知非变法无以之通外人得其欢心。非交通外人得其欢心无以挟持重势而排阻太后之权力。故戊戌百日之新政，足以书于盘盂，勒于钟鼎，其迹则公，而其心则只以保吾权位也。”[①] 章炳麟的《正仇满说》是向保皇派放出的第一枪，由此拉开了革命派与保皇派论争的序幕。

1902 年，康有为广为散发《答南北美洲诸华商论中国只可行立宪不可行革命书》，阐述他保皇立宪的思想，从而攻击革命。“今欧、美各国，所以致富强，人民所以得自主，穷其治法，不过行立宪法、定君民之权而止，为治法之极则矣……皇上以救民变法，不幸被废，事竟不

---

① 国民报，1901（4）：37～44

行，然以寻常言之，人以救我而至大祸，我民乃不能救之，于报施之理，已为不公，况因恩人不幸在祸，被缚于贼之时，而反戈攻之，曰革命，曰扑满，是以怨报德，以仇报恩也……今所见革命之人，挟权任术，争锱铢小利而决裂者，不可胜数，如此之人，使其有天下，而望其行尧、舜、华盛顿之事，是望盗跖之让国也。"① 对此革命派坚决给予了回击。1903 年 6 月，章炳麟在上海出版的《苏报》上发表《驳康有为政见书》，黄世仲在香港出版的《中国日报》上发表《辨康有为政见书》，对康有为散布的"满汉不分，君民同治"等谬论加以驳斥。如黄世仲指责康有为是"穷极无聊，乃转借感恩图报以图解罪，欲保护异族窃据之版图，以隐抗革命风潮之膨胀"，并针对康有为对革命的种种责难逐一反击，认为只有进行民族民主革命才是中国独立富强的唯一途径。② 如果说此时革命派和保皇派的论争还只是局限于两派个别代表就事论事，那么 1902 年保皇派在广州出版的《岭南报》和革命派在香港出版的《中国日报》之间的笔战就可视为两派报刊之间的第一次直接交锋。战端起于 1902 年革命派在广州起义失败，《岭南报》趁势诋毁革命为"大逆不道"，《中国日报》严词驳斥，双方笔战逾月，"粤垣志士纷纷投稿为《中国日报》声援，而革命书报在粤销场为之大增"③。

孙中山于 1903 年 12 月和 1904 年 1 月，在美国《檀山新报》上发表《敬告同乡书》和《驳保皇报书》两文，是同盟会成立前孙中山第一次在报刊上公开批判保皇派，这次论战的主要问题成了日后两派大论战的主要内容。

孙中山作为革命派的最高领袖发起与保皇派的新闻战是两派势力日益扩张已经形成直接利害冲突的结果，孙中山檀香山之行是论战开启的导火索。从历史上说，孙中山和康、梁派有过短暂的合作，比如曾在日本协作举办大同学校，戊戌政变后的一年多时间里，两派人物有过很多

---

① 沈茂骏. 康南海政史文选. 广州：中山大学出版社，1988. 27～37

② 黄世仲. 辨康有为政见书. 见颜廷亮. 黄世仲与近代中国文学. 兰州：甘肃人民出版社，2000. 310

③ 冯自由. 陈少白时代之中国日报. 见革命逸史（初集）. 北京：中华书局，1981. 68

接触，也多次商谈过合作之事，“时梁及同门梁子刚、韩文举、欧榘甲、罗伯雅、张智若等与总理往还日密，每星期必有二三日相约聚谈，或主张革命排满论调，非常激烈，因有孙、康两派合并组党之计划，拟推总理为会长，梁副之”①。但因为康有为极力反对，合作终成泡影。20 世纪初，孙中山和康、梁加紧在海外扩张势力，为了取得华侨的支持，梁启超在檀香山借“名为保皇、实则革命”的幌子，分化檀香山兴中会，使兴中会成员多加入保皇派，思想上奉行君主立宪主义，行动上拥护保皇派，同时横滨兴中会也被保皇派潜移默化，自会长冯镜如之下皆服膺保皇之说。保皇派通过混淆华侨视听的手段攘夺孙中山的革命地盘激起了孙中山的愤慨，同时也促使孙中山在战略上日益重视新闻战、思想战。孙中山的《敬告同乡书》的中心思想是划清革命派和保皇派的界限，“革命、保皇二事决分两途，如黑白之不能混淆，如东西之不能易位。革命者志在扑满而兴汉，保皇者志在扶满而臣清，事理相反，背道而驰，互相冲突，互相水火”，梁启超等人“口谈革命者，欲笼络革命志士也；彼身入洪门者，欲利用洪门之人也……彼辈所言保皇为真保皇，所言革命为假革命，已彰明较著”。②

《敬告同乡书》发表后，檀香山保皇派报纸《新中国报》主笔陈仪侃于 1903 年 12 月 29 日抛出一篇《敬告保皇会同志书》，企图用一系列似是而非、最易惑人的论调来稳住保皇派的阵脚。《敬告保皇会同志书》的论点有两个：一谓中国瓜分，在于旦夕，外人窥伺，乘间郎发，当此之际，不应当提倡革命。二谓立宪为共和的过渡，保皇派的最终目的也是共和，但共和不能一蹴可及，故主先行立宪。为此，孙中山又发表《驳保皇报书》“以塞毒焰，而辟谬论”。文章一开头就针对保皇派自我标榜的所谓“爱国”，针锋相对地指出：“彼开口便曰爱国，试问其所爱之国，为大清国乎？抑中华国乎？”“保异种而奴中华，非爱国也，实害国也。”接着，孙中山针对保皇派所谓革命可召瓜分及先行“立宪君主”始能“立宪民主”等谬论，予以逐条驳斥，指出瓜分的原因是“政府无振作也，人民不奋发也……欲免瓜分，非先倒满洲政府，

---

① 冯自由．梁启超介绍周孝怀书．见革命逸史（初集）．北京：中华书局，1981. 64

② 广东省社会科学院历史研究室，中国社会科学院近代史研究所中华民国史研究室，中山大学历史系孙中山研究室．孙中山全集（第一卷）．北京：中华书局，1981. 230 ~ 233

别无拯救之法也”，“先经立宪君主，而后可成立宪民主……其为破天荒者则然耳，若世间已有其事，且行之已收大效者，则我可以取法而为后来居上也……今彼以君主立宪为过渡之时代，以民主立宪为最终之结果，是要行二次之破坏，而始得至于民主之域也。以其行二次，何如行一次之为便耶？夫破坏者，非得已之事也，一次已嫌其多矣，又何必故意以行二次？”[①]这篇文章将陈仪侃文章中自相矛盾、立论荒谬、逻辑混乱、常识错误之处揭露无遗，从而宣传了革命救国的道理。

经此论战，“深受保皇论影响的广大檀香山华侨从保皇即革命的谬说中解脱出来，重新振奋了革命精神和增强了识别保皇论的能力”[②]。

总体来看，同盟会成立前，两派之间的论争是零星分散的，还没有形成系统的全面的辩驳。争论既起，势必扩展，随着同盟会的成立和民报的创刊，两派交锋呈现白热化，海外侨报迎来了新闻战的高潮。

三、大论战的时代

1905 年《民报》创刊后，为了消除保皇派思想的影响、扫除革命发展的障碍、扩大革命阵营，一大批留学生加入革命宣传的行列，投入到与保皇派的《新民丛报》的论战中。首先，创刊号上登载了汪精卫的《民族的国民》、陈天华的《论中国宜改创民主政体》、朱执信的《论满洲虽欲立宪而不能》三篇文章，向康、梁为首的保皇立宪派发难，《新民丛报》继而在梁启超的主持下起而应战，并于 1906 年春将其新近为反对革命而发表在该刊的《开明专制论》和《申论种族革命与政治革命之得失》等文，辑成一本题为《革命存亡一大问题》的小册子，加印一万册，广为散发，这样就形成了两军对垒的阵势，一场旷日持久的大论战拉开了序幕。

① 广东省社会科学院历史研究室，中国社会科学院近代史研究所中华民国史研究室，中山大学历史系孙中山研究室．孙中山全集（第一卷）．北京：中华书局，1981．233～238

② 沈渭滨．孙中山与辛亥革命．上海：上海人民出版社，1993．332

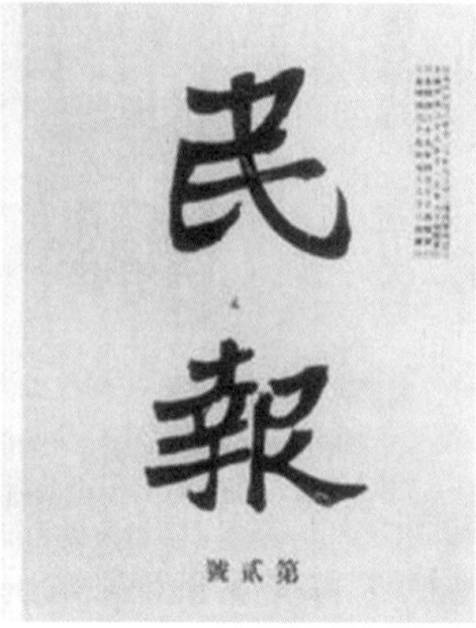

《民报》方面参与论战的撰稿人主要有汪精卫、陈天华、胡汉民、章炳麟等，《新民丛报》则以梁启超为主将，还有一个中派偏右分子徐佛苏偶尔写过一两篇文章①。这次论战是革命派有计划、有组织、积极主动进行的，是向保皇派最重要的舆论阵地发起的总攻击，因此论战针锋相对的激烈程度空前，在 1905 年至 1907 年两年的时间里，几乎每期的《民报》和《新民丛报》都有论争的长篇文字。

两报针锋相对的论文篇目主要有②：

表 3－17　《民报》刊发论文篇目

篇目	作者	刊号
《论满洲虽欲立宪而不能》	朱执信	第 1 期
《论支那必先以革命》	汪东	第 2 期
《希望满洲立宪者盍听诸》	精卫	第 3 期
《驳新民丛报最近之非革命论》	精卫	第 4 期
《斥新民丛报之谬妄》	辨奸（胡汉民）	第 5 期
《驳革命可以召瓜分说》	精卫	第 6 期

① 徐佛苏于《新民丛报》第 11 号、13 号分别写过《劝告停止驳论之意见书》及《答精卫书》。

② 刘家林．中国新闻通史（上册）．武汉：武汉大学出版社，1995. 267～268；戴逸．中国近代史通鉴 1840—1949. 见辛亥革命．北京：红旗出版社，1997. 792

（续上表）

篇目	作者	刊号
《再驳新民丛报之政治革命论》	精卫	第 6 期
《新民丛报之怪状》	枝头抱香者	第 6 期
《驳革命可以生内乱说》	精卫	第 10 期
《杂驳新民丛报第十二号》	精卫	第 10 期
《杂驳新民丛报》	精卫	第 11、12 期
《告非难民生主义者》	民意（汪精卫）	第 12 期
《排外与国际法》	胡汉民	第 6 至 13 期

表 3－18 《新民丛报》刊发论文篇目

篇目	作者	刊号
《开明专制论》	饮冰	第 75、77 期
《申论种族革命与政治革命之得失》	饮冰	第 76 期
《答某报第四号对于本报之驳论》	饮冰	第 79 期
《暴动与外国干涉》	饮冰	第 82 期
《杂答某报》	饮冰	第 86 期
《驳某报之土地国有论》	饮冰	第 89 期
《再驳某报之土地国有论》	饮冰	第 90 期

革命派与保皇派思想战火燃起后，即一发不可收。1906 年，南洋地区也呈现两报对垒的局面，主战场在新加坡，参与论战的双方分别是革命派的《中兴日报》和保皇派的《南洋总汇报》。

这次论战由《南洋总汇报》于 1906 年首先发难。开始，由于保皇派的欧榘甲、伍宪子等人来新加坡主战，革命派忙于建立同盟会组织，因此在言论上革命派暂时居于下风。1907 年同盟会创立《中兴日报》，对《南洋总汇报》展开了猛烈的反击。《中兴日报》罗致了一批著名的革命新闻人员和革命领袖主持笔政，代表人物有孙中山、胡汉民、田桐、居正、汪精卫、张绍轩和陶成章等人。保皇派方面有徐勤、欧榘甲、黎研诏、伍宪子、梁伯鸣等。两报的论战主要出现在“论说”之

栏，大体而言，“《中兴日报》的文章多基于法理、政治与史事的理论，逐层剖析和驳斥保皇维新之论说，故说服力较强，应占上风”[①]。

《中兴日报》与《南洋总汇报》论战的主要篇目[②]：

《中兴日报》：《申论革命决不致召瓜分之祸》、《革命可以杜瓜分之实据》、《论惧革命召瓜分者乃不识时务者也》、《斥康有为引满汉为同舟共济之谬说》、《正总汇报之奇谬》、《驳总汇报论国会与君主之关系》、《“平实”开口便错》……

《南洋总汇报》：《论革命必不能行于今日》、《论革命不可强为主张》、《革命召瓜分论》、《满洲本我同种论》、《论今日时局止可立宪救国万无可革命之理》、《乱事波及国民之损害》、《论国会之趋势》、《论国会与乱党之关系》、《革命党实乱党之变相》……

除日本、新加坡两个论战的主战场外，两派在南洋、美洲的其他报刊也投入了这场论战。暹罗的革命派报刊《华暹新报》与保皇派报刊《启南新报》，缅甸的革命派报刊《光华日报》与保皇派报刊《商务报》，在1907年至1910年就革命与改良等问题展开了激烈的辩论。在加拿大，革命派的《大汉日报》与保皇派的《日新报》之间，“彼此驳论至二百余续，为海外两党最持久之文战”[③]。“半年之后，收效大著，保皇党徒以是登报脱党而服革命真理者络绎不绝。”连保皇会会长叶恩、黄孔昭及《日新报》编辑何卓竞等人都与康、梁脱离关系。[④] 在檀香山，革命派报刊《自由新报》与保皇派报刊《新中国报》从1907年至1911年，几乎每天都在辩论，而且常常闹到法庭。在美国旧金山，革命派报刊《少年中国晨报》与保皇派报刊《世界日报》，革命派报刊

---

① 黄建淳．新加坡华侨会党对辛亥革命影响之研究．新加坡：新加坡南洋学会，1988.156

② 黄建淳．新加坡华侨会党对辛亥革命影响之研究．新加坡：新加坡南洋学会，1988.156；彭剑．清季宪政大辩论．华中师范大学博士学位论文，2005；附录：《中兴日报》、《南洋总汇报》论战之文章目录。

③ 蒋永敬．华侨开国革命史料．台北：正中书局，1977.175

④ 冯自由．革命逸史（第三集）．北京：中华书局，1981.324～325

《大同日报》与保皇派报刊《文兴报》的论战也十分激烈。此外，在澳大利亚，革命派和保皇派也掀起论战风云，具有革命倾向的《警东新闻》抨击保皇派的《东华报》宣扬的保皇改良思想，最后迫使《东华报》停刊。

四、论战的主题

同盟会成立后，革命派与保皇派的这场大论战遍布全球，“当时亚、美、欧、澳等几大洲有80多家华侨报刊先后卷入这场论战”，“笔枪墨炮，硝烟弥漫”。[①] 两派都投入了巨大的人力和财力，两派思想战的领军人物都参与其中，在彼此的辩驳中迸发了璀璨的思想火花。由于各报刊的办刊风格不同，面对的读者群体有异，表现出来的论战文章就有长短、难易、论理和通俗等区别，但是细加考究，可以发现论战始终围绕着以下主题进行：

1. 种族革命之论

要不要推翻清政府，进行民族革命是革命派和保皇派双方立论的基点，也是双方笔战反复讨论的内容。自《新民丛报》与《民报》论战开始，保皇派政论家打出的旗帜始终是反对种族革命。他们否认民族压迫，反对推翻清政府，倡导满汉一体、民族融合，主张拥戴光绪皇帝，推动清廷进行自上而下的改革。梁启超说：“举国人民其在法律上本已平等，别无享特权者。”[②] 革命派则认为清廷对内实行民族压迫、摧残人民，对外则投降卖国，要依靠这个政府抵制外国侵略、对内实行改革，已不可能，因此，坚决主张推翻清廷。《民报》认为“满洲之对于汉民也，无一不虐”，满族统治者对其他民族同样实行民族压迫。不仅如此，清王朝还变成了帝国主义的“守土长官”，所以，要想救国就必须进行民族革命。

---

① 任贵祥．华侨与中国民族民主革命．北京：中央编译出版社，2006. 88

② 饮冰．申论种族革命与政治革命之得失．新民丛报（第76号）

东京论战之后，为了争取广大华侨对推翻清朝革命的支持，南洋革命侨报继续将种族革命作为宣传的重点。《中兴日报》围绕这个问题与《南洋总汇报》进行了旷日持久的论战。革命派论述清政府对华人的漠视和利用，强调反满的原因，“华侨敛血汗之资输之清吏，清吏之力卒亦不能遍地球之华侨人人而保之也”，既然如此，“华侨亦何乐此有名无实之力，而不自求济乎”?[①]与此同时，朝廷对洋人步步退让，“招洋人之来者满人耳，对汉人以不堪者亦满人耳，满人无一息不为灭汉族之谋无一人不是杀汉人之贼”，“吾谓吾国前途之险莫不险于满人之据我主权”，因此要华侨养成“冒险之精神”，推翻清政府。[②]

2. “君主立宪”与“民主共和”

反对清政府的封建专制统治，改造中国是革命派和保皇派两派共同的心愿，但是到底是用共和政体还是用君主立宪政体来代替封建专制是两派政治理念的分歧所在，也是两派新闻战论辩最多的问题之一。

保皇派认为革命不可行，拯救中国的良法是通过君主立宪以实现宪法。梁启超说：“然则吾国今日所最要者，在使一国中大多数人知立宪，希望立宪，且相率以要求立宪。”梁启超把它称做“真可谓唯一正当之手段，唯一正当之武器也”。如何要求立宪，梁启超的回答是“其提出之条件必须为彼所能行，若为彼所必不可行，则是宣战而非要求”[③]。立宪的方法只能是单方面的乞求，这自然不能收到寸效。然而梁启超的设计仍然为保皇派的思想家所服膺。在《南洋总汇报》，保皇派用力的分配来证明君主立宪是最完美的制度：“且国家之大力有三，曰权力，曰才力，曰财力。专制之国，三力皆聚于上，共和之国，三力皆操于民，立宪之国，上操其一，而民操其二，上以其一而制民，民以其二而

---

① 天汉世民．华侨自宜筹保护策．见章开沅等．辛亥革命史资料新编（第五卷）．武汉：湖北人民出版社，2006. 295～296

② 希侠．冒险之精神．见章开沅，罗福惠．辛亥革命史资料新编（第五卷）．武汉：湖北人民出版社，2006. 316

③ 饮冰．申论种族革命与政治革命之得失．新民丛报（第76号）

制上，上下相制而得其平，此国家之所以强也。”[①] 1906 年，清政府预备仿行宪政，这给了保皇派以极大的鼓励，他们的主张中又增加了速开国会的内容，他们在政论中将速开国会以实现君主立宪政治说成是挽救时局危亡、促进国家富强的一味良药。1908 年 8 月 1 日到 8 月 8 日《南洋总汇报》刊登《论国会之趋势》，“国会者富强之基础也，治安之本原也，国会立则宪政可成，宪政成则百废具举”，“国会之成立，可以转弱为强，由贫致富，拨乱反治，举危措安，内之可以防煽乱之莠民，外之可以救外交之失败，近之可以挽隔阂之颓风，远之可以结涣散之团体，如饥者之得食，如寒者之得衣，如枯木之逢春，如久旱之时雨”。总之，“中国今日，欲求所以救亡之策，舍国会其末由矣”。[②]

对于保皇派对清政府的幻想及对君主立宪体制的狂热崇拜，革命派从事实的角度对此进行了反驳。他们列举事实，证明现有的清朝政府已经是一个极端反动腐败的政府，处处与国民站在敌对的地位，已不可能再指望它进行任何有力的改革。他们痛快淋漓地驳斥道：“所谓皇帝，以世袭得之。不辨菽麦，不失九五之尊也。所谓大臣，以蝇营狗苟得之。非廉耻丧尽，安得有今日？然则政府诸人，可谓一国之中至不才、至无耻者，何足与言能力？”[③] 这个政府“其所处之地位，只能与国民为敌，不能与国民为助明矣。故吾不以改革之事望诸政府，而专望之国民。国民既能改革矣，则民权立宪当然之结果也”[④]。对于保皇派之速开国会就可以使中国转弱为强的想法，革命派驳论称“立宪则强，不立宪则弱，日本以立宪胜，俄国以专制败，诸等可笑之门面语也。夫一国之国民，有实力则强，无实力则弱，非与于国会之有无也……贵族院之议员，只有为满人说话，更无为汉人说话者。即有一二，能否与多数相争乎？……至满人立宪成功，吾敢断言之曰，内阁与贵族院必同心，既

---

① 平实．论国民宜预备实力以救国．南洋总汇报，1908－09－17
② 锄．论国会之趋势．南洋总汇报，1908－08－01—1908－08－08
③ 精卫．再驳新民丛报之政治革命论．民报（第 7 号）
④ 精卫．驳新民丛报最近之非革命论．民报（第 4 号）

同心矣，势必合力以排挤汉人有势力之众议院，而专为己族谋利益者”[①]。立宪与国会都不能改变君主专制，真正的解决之道是推翻腐败的清朝政府，使民权得以伸张，这样才能实现建立强国并抵御外侮的目标。

3. 革命与内乱、瓜分之论

改良派攻讦革命派的一个重要内容就是斥责革命派是乱党，根本无力推翻清政府，其革命行动只是叛乱，只会导致内部分裂，国无宁日，最终导致列强瓜分中国。就此问题，孙中山在《檀山新报》上发表的《驳保皇报书》就给予了针锋相对的反驳，在《民报》与《新民丛报》的笔战中，双方也多次争论过这个问题，《中兴日报》与《南洋总汇报》也将此作为一个论辩的重点。

1906年，梁启超在《新民丛报》上先后发表《开明专制论》和《申论种族革命与政治革命之得失》，提出革命就会打破社会的秩序，而从中国的历史来看，一旦原有秩序被打破，通常出现的就是群雄并立的局面，各不相上下，战乱不休。“群盗满山，磨牙吮血，举国中无一人能聊其生。若光外国乘之，则俟数年或十数年后，有刘邦、朱元璋起，复于君主专制；若有外国，则不俟恺撒、拿破仑、刘邦、朱元璋之兴，已入而宰割之矣，于是乎其国遂亡。”[②] 梁启超在描绘了这样一幅恐怖的前景后，进一步指出：以中国目前所处的国际环境来看，更大的可能是后者。他得出结论：“吾以为今后之中国，不容有三年以上之战乱。有之则国必亡矣。”[③]

对此，汪精卫发表《驳革命可以生内乱说》，声称革命事业是以建设为目的，破坏只是它的手段，它所要破坏的是不适宜于社会的东西，而所要建设的正是适宜于社会的东西：“今之言革命者，其所欲破坏者，异族钤制之势力也，专制之淫威也，社会经济组织之不完全也，凡是皆

---

① 宅仁．正总汇报定期开设国会为中国自强之基础．中兴日报，1908－09－16

② 饮冰．申论种族革命与政治革命之得失．新民丛报（第76号）

③ 饮冰．开明专制论．新民丛报（第75号）

不适宜于社会者也；而其所欲建设者，民族的国家也，民主立宪政体也，国家民生主义也，凡是皆适宜于社会者也。”“破坏其所不适宜者，而建设其所适宜者；本乎建设之目的，以行破坏之手段，其现象乌得有恶乎？”① 对于革命可以导致瓜分，《民报》也反驳说“正因革命然后可杜瓜分之祸”，又称“各国苟欲瓜分，不必有所借口”，“今日满洲政府之政治，可以借口者多矣。随时随地，何不足以借口，必坐待有内乱起，然后有以借口乎？”②

汪精卫在后来的《中兴日报》上也就这一问题有篇长论：“中国未至于瓜分者，以各国维持势力平均之故。各国欲维持势力平均，故用开放门户保全领土政策。各国既定此政策，故虽有义和拳之乱，尚不至于瓜分 。”“维持势力平均及保全领土云者，不过中国乘时自立之机会，而非可恃以为长治久安。各国以协约解决均势问题，故协约即为他日实行瓜分之本。吾人当于各国未能实行瓜分之时，速使中国独立自强于世界。非革命党无以达自强独立之目的。”他指出：“清政府之外交政策，实足惹各国之瓜分。”但革命军则不是这样，因为“革命军起，堂堂正正，以破坏世仇民贼之政府为目的。而对于外国，一切照国际法以行，并无被干涉之原因，更何致有召瓜分之结果”。③

革命派与保皇派在海外的报刊大论战，持续数年之久，双方数十家报刊都参与论战，声势之浩大、影响之深远，是前所未有的。经过这次论战，保皇派气势锐减，一些原本支持保皇派的华侨，从改良主义迷雾中醒悟过来转而支持革命派，革命派力量获得空前发展，从而推动了资产阶级民族民主革命浪潮的高涨。

---

① 精卫．驳革命可以生内乱说．民报（第9号）

② 精卫．驳革命可以生内乱说．民报（第9号）

③ 精卫．申论革命决不致召瓜分之祸．中兴日报，1908－07－28—1908－08－18

第四章
慷慨助饷　义无反顾

开展革命活动，人力物力是关键的前提条件。辛亥革命时期，孙中山领导的革命运动，在经济上离不开海外华侨的支持。可以说，如果没有海外华侨在经济上的支持，孙中山的革命事业会遇到更大的困难，辛亥革命会遇到更多的障碍。从 1894 年兴中会成立到 1912 年中华民国临时政府时期，华侨为武装斗争和革命宣传、组织工作，为孙中山、黄兴等奔走各地的革命活动，提供了一次又一次的经济支持。孙中山说："慷慨助饷，多为华侨。"这是对海外华侨在辛亥革命时期经济贡献的高度概括。

第一节　捐输武装斗争

华侨捐款主要为支持革命的宣传、组织工作和武装斗争，在武昌起义前，革命派曾组织了 10 次武装斗争，虽然这些武装斗争最终都以失败而告终，但有着重要的历史意义。正是因为革命派的不懈斗争，一步步地冲击着腐朽的封建政权，才会有武昌起义的一举成功，才会将在中国延续了几千年的封建体制连根拔起，也才会有民主政体的构建。从革命派揭橥革命的义旗开始，华侨就已开始资助革命，随着革命形势的发展和华侨动员力度的不断加大，捐款数目也不断增多，华侨对国内革命斗争的贡献也越来越大。

从1894年兴中会成立到1912年中华民国临时政府成立时期，华侨为国内的民主革命捐资助饷，无私地为革命提供了一批批宝贵经费，促进了革命形势的发展。从捐款地区和华侨的发动面不断扩展、助款数目的不断增多，以及对国内革命斗争的贡献越来越大等情况来看，华侨对辛亥革命时期武装斗争的捐助大致可以分为四个阶段，华侨的捐款在这四个阶段中呈现出不同的特点，反映出国内革命形势的变化。刚开始华侨的发动面和捐款数额相对较小，但随着革命形势的发展，参与捐输的海外华侨的分布面不仅越来越广，而且捐款数额也越来越多。

第一个阶段，从1894年兴中会成立到1905年同盟会成立，可称之为兴中会阶段。兴中会成立之前，孙中山开始走上革命道路，此时期的革命经费大多来源于孙中山在广州和澳门地区行医所得。① 兴中会成立之后，由于革命的影响尚小，支持革命的人也不多，孙中山开始组织革命团体、举起革命的义旗，进行革命的宣传和动员工作，经费也逐渐多了起来，此阶段革命活动的经费则完全依靠香港革命党人和华侨的支持。1894年，孙中山在檀香山创建了兴中会后不久，又在香港建立了兴中会总会，并策动了两次武装起义。中国资产阶级民主革命的第一次武装起义——广州起义，爆发于1895年10月。这次起义虽因事机泄露遭受失败，却开启了革命派用武力推翻清政府的历史，可谓意义重大。这次起义的经费约43 000港元，基本都来自于香港革命党人和檀香山华侨捐款，檀香山华侨捐赠13 000港元，占捐款总额的30.23%，香港同胞捐款占69.77%，② 其中黄咏商、余育之两人的捐款就超过了两万港元，黄咏商甚至将自己在苏杭街的大楼捐出来作为革命经费，郑士良

---

① 冯自由．中华民国开国前革命史．上海：中国文化服务社，1944

② 陈树强．辛亥革命时期南洋华人支援起义经费之研究．见辛亥革命与南洋华人研讨会论文集编辑委员会．辛亥革命与南洋华人研讨会论文集．台北：台湾国立政治大学国际关系研究中心，1986. 245（该论作中图表中的数据有误现更改为檀香山捐款占30.23%，香港捐款占69.77%）

将自己的全部财产捐出，陆中桂也捐出了部分家产。

虽然第一次武装起义以失败告终，但孙中山并没有气馁，他继续发动华侨开展革命活动。1900 年 10 月，他在惠州发动了第二次武装起义——惠州起义。这次起义所花费用约为 345 000 港元，主要来自香港李纪堂和菲律宾革命党人的捐助，李纪堂在该役中先后共捐赠 55 000 港元，加上善后费用 189 000 港元，来自香港的捐资占据经费总额的 69.57%；菲律宾革命党彭西馈赠 100 000 港元，占这次起义经费的 28.99%。[①] 惠州起义虽然失败，但博得了社会各界许多人的同情。孙中山回忆第一次广州起义失败说，“举国舆论莫不目予辈为乱臣贼子、大逆不道，咒诅谩骂之声不绝于耳”，而惠州起义之后，“鲜闻一般人之恶声相加，而有识之士且多为吾人扼腕叹惜，恨其事之不成矣。前后相较，差如天渊”。[②] 惠州起义后，革命形势逐渐得以发展，兴中会组织在日本、越南、比利时、德国、法国等地蔓延开来，革命的影响力逐步扩大，也赢得了更多人的同情和支持。

总体而言，这个阶段由于革命的宣传范围尚小，发动的华侨不多，参与捐助的华侨范围还非常小，捐助的数目也较小，体现了华侨在经济上支持国内革命的初期特点。如表 4－1 所示。

---

① 陈树强．辛亥革命时期南洋华人支援起义经费之研究．见辛亥革命与南洋华人研讨会论文集编辑委员会．辛亥革命与南洋华人研讨会论文集．台北：台湾国立政治大学国际关系研究中心，1986.245

② 黄彦．孙文选集（上册）．广州：广东人民出版社，2006.91

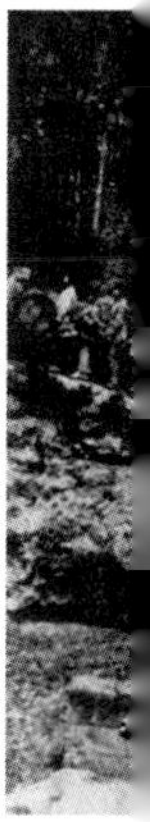

第一阶段华侨捐助款项主要情况表①

年代	地点	捐助者或筹募者	款数	用途	备注
1895年	檀香山	檀香山兴中会会员	288（美元）	1895年广州起义经费	会员底银
	檀香山	邓松盛、孙眉、郑仲昭、李多马、容吉兆	1 100（美元）		股银
	檀香山	孙眉、邓松盛	4 612（美元）		
1896年	日本	冯镜如、冯紫珊	500	革命活动经费	
	檀香山		6 000（美元）		
1900年	香港		20 000	惠州起义经费	经孙中山拨给李纪堂
1903年	檀香山	发行革命军需债券		孙中山在美国革命活动经费	华侨捐助者颇为踊跃
1904年	旧金山	发行革命军需债券	4 000余（美元）		

从表中我们可以清楚地看出，这个阶段捐资支持革命的以香港革命党人和檀香山的华侨为主。

当时在檀香山，孙中山的哥哥孙眉不惜低价出售一部分牛，捐作军饷；跟随孙中山回国起义的邓荫南，将他在檀香山的商店、农场全部出卖，用来充当起义军费。开小饭馆的宋居仁也变卖了自己的家产，回国参加革命。②

这个阶段的华侨捐助基本以无偿捐献为主，但到这个阶段的末期，孙中山开始以军需债券的方式进行筹款。因当时一般民众害怕受到革命牵累，军需债券的不记名且不强制入会的方式可满足华侨参与和支持革命的热情，因而能在一定程度上为当时的华侨所接受。最早的军需债券是由兴中会的股银加以扩充而来的。1903 年至 1904 年，孙中山在檀香

① 洪丝丝等. 辛亥革命与华侨. 北京：人民出版社，1982. 29

② 马兖生. 孙中山在夏威夷——活动和追随者. 北京：世界知识出版社，2003. 24

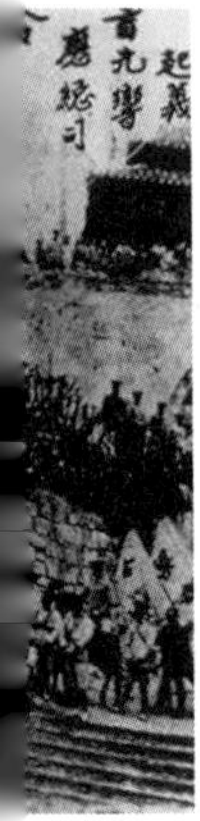

山发行票面为十元的军需债券，注明此券收美金一元，俟革命成功，则还本息十元。据载，当时檀香山的华侨踊跃认捐者众多。1904 年，孙中山在旧金山华侨中，继续以此种方式募款，规定债券一张收美金十元，待革命成功，则还本息一百元。但此时的美洲华侨尚未真正地发动起来，多谈虎色变，认捐的数额有限，仅得美金四千余元。[①] 从华侨捐款的数额来看，此阶段华侨的发动面尚小，表明此时革命的宣传力度和华侨对于革命的认识尚处于初级阶段，但这个阶段毕竟开启了华侨对国内革命的捐助，因此具有非常重要的历史意义。

从 1905 年同盟会成立到 1908 年河口起义失败，可以称为华侨捐资助饷的第二阶段。孙中山在世界各地建立和健全兴中会的革命组织之后，革命形势迅速发展，革命活动出现新局面。1905 年 8 月同盟会成立后，同盟会的支部和分会先后在海内外成立。以孙中山为首的革命党人，在这个阶段对保皇派进行了系统的批判，他们积极动员华侨加入革命组织。同时，也组织了一系列的武装斗争。在同盟会的领导下，革命派发动了粤、桂、滇三省边境的六次武装起义，具体来说有：1907 年 5 月的潮州黄冈之役，1907 年 6 月的惠州七女湖之役，1907 年 7 月的防城之役，1907 年 12 月的镇南关之役，1908 年 3 月至 5 月的钦廉之役和 1908 年 4 月至 5 月的河口之役。这些战役所需经费众多，武器军火的购置，战士的生活费用，战争的策划、宣传和组织，无不需要经费的支撑，如果没有经费则寸步难行。正是在华侨的捐助下，革命形势才能如火如荼。

这个阶段革命所需的经费，大部分来自南洋华侨的捐助。1907 年至 1908 年孙中山发动六次起义期间，大约募捐了 298 550 元革命经费，其中南洋华侨成了主要的捐助者，共计捐助 199 150 元，占全部捐助额的 66.82%。[②] 此外便是孙中山自垫及其家人私储首饰计 15 000 元，河内欠

① 冯自由．华侨革命开国史．台北：台湾商务印书馆，1975.62

② 吴凤斌．东南亚华侨通史．福州：福建人民出版社，1994.506

债 10 000 元，一位同志[①]独捐 60 000 元，日本人铃木捐 14 000 元。

由于革命组织开始在南洋建立，同盟会的支部和分会先后在海内外成立，革命在海外的影响逐步扩大。通过革命派所进行的多样的宣传工作，海外华侨了解国内革命的机会也日渐增多，支持革命的人数和力度也更多、更大。据不完全统计，仅 1907 年至 1908 年孙中山发动的六次起义期间，华侨所捐助款项，两年间总额已达数十万港元，比第一阶段十年间增加了十倍以上[②]。例如，西贡华侨李卓峰为防城、河口、镇南关等处的起义就捐了军费几万元。[③] 事实上，还有部分经费未经孙中山之手，而是华侨通过其他渠道捐助革命的。如潮州黄冈之役（第一次潮州起义）虽然是在 1907 年 5 月发动的，但早在 1904 年就已经开始酝酿，第二次潮州起义原计划定于 1907 年 9 月发动，后因时机不当而中止，这两次起义共花费了 60 000 叻币，其中约有 30 000 叻币源自新加坡华侨。[④]

1907 年黄冈起义失败后，许多起义人员逃到新加坡，已经资助 3 万元起义经费的陈楚楠又设法加以筹措安置。1908 年，镇南关（今友谊关）和河口起义失败后，退入越南境内的 600 多名起义士兵，遭法国殖民当局驱逐，先后分两批撤退到新加坡，他们的衣、食、住以及其他日常生活费用，都由新加坡、马来亚同盟分会的会员负担，仅为接纳他们而以契约为抵押向英国殖民当局交纳的担保金即有 13 万元，后张永福、林义顺、林受之、沈联芳、陈楚楠等又设法于蔡厝港开设中兴石山公司以安置他们，并介绍他们到槟榔屿、吉隆坡、霹雳、文岛等埠的工厂、矿场工作，为革命保存有生力量。[⑤]

---

① 可能指的是张静江。参见辛亥革命与南洋华人研讨会论文集编辑委员会．辛亥革命与南洋华人研讨会论文集．台北：台湾国立政治大学国际关系研究中心，1986. 246

② 洪丝丝等．辛亥革命与华侨．北京：人民出版社，1982. 33

③ 洪丝丝等．辛亥革命与华侨．北京：人民出版社，1982. 13

④ 辛亥革命与南洋华人研讨会论文集编辑委员会．辛亥革命与南洋华人研讨会论文集．台北：台湾国立政治大学国际关系研究中心，1986. 246

⑤ 林远辉，张应龙．新加坡马来西亚华侨史．广州：广东高等教育出版社，1991. 295 ~ 296

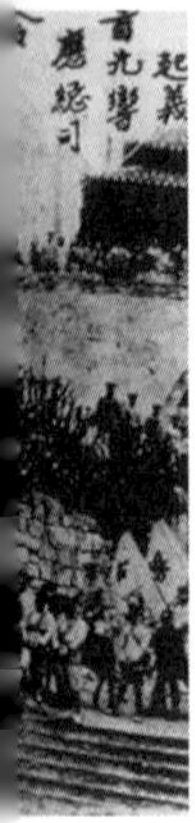

这个阶段，南洋华侨的贡献是最大的，其中越南华侨所助款项更是远超其他地区华侨。“或募集饷糈，或入伍从军，舍身捐产……实为全球各地华侨所不及”[①]。孙中山曾这样评价越南华侨的捐款义举：“此处（河内）与西贡商人，甚踊跃提倡捐助义军之需，大约可得十余万，……海防一埠华侨工商不过三千人，一晚捐资得万余元。河内一埠华侨工商不过千人，所捐亦也八千余元”[②]。从中可见南洋华侨的贡献。南洋华侨在众多华侨中得以脱颖而出，究其原因，与南洋的具体情况及孙中山的战略计划是分不开的。

南洋，包括越南、暹罗（泰国）、缅甸、新加坡、马来亚、荷属爪哇各埠等地区，是华侨旅居海外最多、最集中的地方。南洋华侨在20世纪初期约有600万人，占当时全世界华人人口760万人的79%。这些华侨的籍贯以广东为主，福建次之。由于孙中山是广东人，基于乡谊的亲切感，在语言上更易于跟籍贯为广东的华侨沟通，也为革命思想的传播奠定了良好的基础。而相较于世界其他地区，南洋与中国距离较近，交通也较为方便，地理上的因素为革命联络工作提供了有利的条件。[③]这一地区与中国毗邻，无论是地理位置、历史渊源、民族心理、人种肤色、文化结构、社会风俗、价值取向，还是政治制度和经济发展等各个方面，都同中国有着密切关系。鸦片战争后，中国和东南亚各国相继沦为殖民地和半殖民地国家，共同受到帝国主义的压迫和奴役。悠久的历史、密切的关系、相同的命运，促使中国与东南亚各国相互同情与支持。早在孙中山开始革命之初，东南亚就兴起了民族解放运动的高潮，这里的华侨耳濡目染殖民者对当地民众的奴役，也跟当地民众一样具有反抗意识，因而这些地区具有从事革命活动的政治和思想基础，孙中山在这些地区

---

① 冯自由．华侨革命开国史．中国社会科学院近代史研究所近代史资料编辑组．华侨与辛亥革命．北京：中国社会科学出版社，1981.49

② 广东省社会科学院历史研究室，中国近代史研究所中华民国史研究室，中山大学历史系孙中山研究室．孙中山全集（第一卷）．北京：中华书局，1981.348

③ 辛亥革命与南洋华人研讨会论文集编辑委员会．辛亥革命与南洋华人研讨会论文集．台北：台湾国立政治大学国际关系研究中心，1986.239

宣传革命能比较容易得到华侨的认同和支持。

但在兴中会时期，也就是前一阶段的两次武装起义期间，东南亚尚未成为孙中山及革命党人活动的重点地区，当时孙中山的行踪及宣传的重点地区为美国、加拿大、欧洲及日本等地，到同盟会时期，孙中山才开始将其战略重点放到东南亚来。这个时候孙中山的计划是这样的：先取得中国的海岸交通线，占领边境省份，再以此为据点进行北伐，这样能便于武器弹药的输入，为武装战争的开展提供强大的后盾。所以这个阶段孙中山开始以东南亚地区作为发动起义的基地。他在此地着力最大，深入开展了各种宣传和组织工作。孙中山曾经 11 次到新加坡，5 次到马来亚，5 次到越南，2 次到暹罗，11 次到日本，5 次到香港，5 次到美国，4 次到檀香山，5 次到英国，2 次到加拿大，3 次到比利时，1 次到德国，5 次到法国，1 次到锡兰。从次数上来看，他一共有 23 次到达东南亚，约为整个出洋筹款 42 次的二分之一，[①] 从他多次到达东南亚地区，不难判断出他对东南亚地区的重视程度。有史料记载的孙中山 60 ~ 70 次公开演讲、10 余篇专文等宣传文章，大都发表在东南亚地区的刊物上。而此时期海外出版的传播革命思想的报纸有 83 种，其中有 26 种在东南亚地区发行，书报社有 158 处，东南亚占了 157 处。革命党人携带过去的各种革命丛刊、宣传革命的各种戏剧演出及革命志士的公开或秘密的演讲也多在东南亚地区开展。在 1900 年惠州之役失败后亡命东南亚的黄福、黄耀庭、邓子瑜，1901 年在新加坡创组中和堂的尢列，都在当地广泛联络华侨和小商贩，积极宣传革命。因而东南亚地区受革命思想的影响是非常大的，这些都为东南亚华侨直接或者间接支持革命奠定了良好的基础。

尽管东南亚为宣传和组织革命提供了各种便利条件，但是初期革命思想的传播仍然举步维艰，当时东南亚华侨的思想并未统一，而革命党

---

① 辛亥革命与南洋华人研讨会论文集编辑委员会．辛亥革命与南洋华人研讨会论文集．台北：台湾国立政治大学国际关系研究中心，1986. 240

人到达东南亚的时间较保皇党人要晚，东南亚华侨对革命尚不能理解和接受，在东南亚宣传革命，需要克服种种困难，突破保皇党思想的限制，才能有所成效，因此孙中山及革命党人在此处倾尽全力开展工作，促使华侨觉悟。随着宣传工作的不断深入，东南亚华侨逐渐觉悟起来，革命思想也随之传播开来，革命组织纷纷建立，革命风气也得以全面改观。如孙中山等人于1905年10月赴越南，先后在西贡、堤岸、河内、海防等地建立了同盟会分会；1906年4月和5月，孙中山等人又先后在新加坡、吉隆坡、槟榔屿等地建立了同盟会分会。至1908年，东南亚各地凡华侨所到之处，几乎都有同盟会会员的足迹。[①] 由此不难判断出，东南亚华侨成为此阶段乃至整个辛亥革命期间为革命作出最大贡献者是与孙中山及革命党人对东南亚华侨宣传动员工作的重视分不开的。

这个阶段还发行了债券，主要有两种：第一种是1905年12月发行的中华民务兴利公司债券，每券面值千元，实收250元，五年内还清，还本利千元，但发行极少。当时孙中山印制了两千张面额千元的债券，这种债券数目稍大、周期较短，但由于多种原因，出售效果并不好。第二种是1906年发行的英法文中国革命政府军债券，面额一百元。这种债券在1907年潮州黄冈之役时，经许雪秋手发出的有两百张，计2万元。在新加坡、马来亚发行军需债券得5 700美元。比第一阶段在美国发行的军需债券所得，亦有所增加。[②]

① 洪丝丝等．辛亥革命与华侨．北京：人民出版社，1982. 31

② 洪丝丝等．辛亥革命与华侨．北京：人民出版社，1982. 33

尽管此阶段还处在革命动员的初级阶段，但也涌现了不少华侨慷慨捐输的感人事迹。如1905年10月，孙中山从日本乘船前往越南筹款，抵达西贡后，应邀参加了旅越华侨举行的欢迎会。在欢迎会上，孙中山发表了慷慨激昂的演讲，很多华侨深为感动，当即要求以认捐的方式支持革命，就在当晚，孙中山就获得捐款1.2万元。这些踊跃捐输的华侨大都不是富商大贾，他们基本来自省吃俭用艰苦维持生计的中下层华侨。如商贩黄景南，以卖豆芽为生，平日里生活非常节俭，日子也过得非常拮据，竟然一次认捐了3 000元，将一生的积蓄毫不犹豫地全部捐出。[①] 当有人问他"平日不肯多花一文钱，今日为啥这样慷慨"的时候，他回答："没有祖国，我们华侨就永远受人欺负！"爱国之心浸透在他朴实的言语中，让人感慨；1907年广东潮州黄冈起义前夕，孙中山命许雪秋前往东南亚筹饷，新加坡华侨林受之等数十人纷纷解囊相助，踊跃输将，热忱为革命筹措资金，尤其是林受之，前后共捐献五次，捐出3万多元，甚至毁家助饷也在所不惜；[②] 潮州起义时，糖厂商人蔡干初曾捐献10次以上，直到破产；箫竹漪曾抵押田产筹得数千元。[③] 这些感人的事迹直到今天仍然让人对这些华侨肃然起敬，正是有了许许多多对国家和民族命运关心的爱国人士，才推动了国家的发展、民族的复兴。

第三阶段，从1908年河口起义失败后至1911年广州黄花岗之役。这个阶段革命形势日趋高涨，同盟会的主要活动为发动新军之役、黄花岗之役和在美洲发展革命组织，革命的影响越来越大，华侨也被广泛地发动了起来，支援革命的华侨日渐增多。

粤、桂、滇三省边境的武装起义虽然以失败告终，但革命形势进一步发展起来，革命党人也在这种高涨的革命浪潮中越挫越勇。1910年2

---

① 华侨问题资料．厦门：厦门大学南洋研究所，1978.5

② 张希哲，陈三井．华侨与孙中山先生领导的国民革命学术研讨会论文集．台北：国史馆，1997.92

③ 冯自由．革命逸史（第三集）．北京：中华书局，1981.266

月，以孙中山为首的革命党人，策划了广州新军起义。广州新军之役费用约为45 000元，主要来自香港同胞和美国纽约、芝加哥、波士顿华侨的捐助。[①] 具体有：香港的林直勉变卖其叔父留给他的遗产得款20 000元，李海云捐出其在某商店的股东存款20 000元，美国华侨捐助9 000元，总计49 000元，但实际用于此役的革命经费约为45 000元，因美国旧金山的华侨捐款1 000元到达香港时，起义已经失败，未能派上用场；另外3 000元则为余款，后由李海云在起义失败后上交香港组织。[②]

广州新军起义失败后，革命党人再接再厉，加紧策划广州黄花岗之役。1910年11月13日，孙中山在槟榔屿柑仔园召开同盟会领导人秘密会议，策划翌年在广州发动大规模的武装起义（即辛亥“三・二九”广州起义），黄兴、胡汉民、赵声等与会，吴世荣、黄金庆、林世安等槟城与南洋各埠华侨同盟会代表如怡保李孝章、芙蓉邓泽如、坤甸李义侠也由吴世荣通知前来参加会议。这次会议是辛亥革命史上一次重要的会议，即有名的“槟城会议”，这次会议对中国命运的影响十分深远，会议上孙中山等人精心策划广州起义。1911年3月爆发的广州黄花岗之役，是同盟会在武昌起义前最大也是最后一次重大战役，同盟会经过了周密的计划和充分的准备，倾尽全力试图攻占广州，期间因为经费和器械迟迟未到等原因使得起义一再延期，最后，战斗在黄兴的率领下打响，战争非常惨烈，伤亡惨重，碧血横飞，浩气四塞。其影响力可与后来的武昌起义相比肩。虽然此次起义不幸失败，却直接促成了1911年10月10日的武昌起义。中国自此从封建帝制的桎梏中解放出来，开始走向民主共和。为筹集这一次重要起义的经费，吴世荣动员同盟会槟城分会的会员踊跃捐款，自己则变卖店产，毁家以纾国难，尽力支持这次武装起义。陈楚楠在他的《晚晴园与中国革命史略》中指出，“吴世荣

海外华侨

① 吴凤斌．东南亚华侨通史．福州：福建人民出版社，1994. 506

② 辛亥革命与南洋华人研讨会论文集编辑委员会．辛亥革命与南洋华人研讨会论文集．台北：台湾国立政治大学国际关系研究中心，1986. 248～249

同志，本是槟榔屿的殷实商家，后来因革命，把几十万的家产都革完了”，他为国倾家，是“本党极可贵极光荣的历史”。[①] 广州黄花岗之役爆发前，革命派在香港设立统筹部，在广州所设的秘密机关，亦有38处之多。这些革命机关的活动经费亦多靠华侨捐助。黄花岗之役后，黄兴等革命党人在香港设暗杀机关，急需活动经费15 000港元，就由美洲洪门筹饷局及檀香山、伦敦同盟会组织负责供给。[②]

这次起义是唯一的一次有经费收支报告的武装起义，共花费224 443元，其中南洋地区华侨捐助之款有115 143港元，占总数的51. 3%。[③] 据有数可考者，荷属南洋32 550港元，英属南洋47 663港元有奇，[④] 美国华侨捐款15 000港元，占总经费的15. 59%，加拿大华侨的捐助为此役各地华人捐赠的首位，共计74 000港元，占总经费的32. 97%[⑤]。但是，根据1913年1月12日中国驻温哥华领事张康仁的调查，这次捐款有温哥华致公堂自捐及集捐2万元，利和号商人岑琛个人捐助2 000元，维多利亚致公堂破产捐和集捐4万元有奇，新威斯敏斯特等四埠致公堂自捐和集捐万余元，蒙特利尔、多伦多、柯度及中部致公堂自捐和集捐约4万元，合约港币10多万元，各埠的捐款以维多利亚最多。[⑥] 张康仁的调查应该比较准确些。

从上述数据可以看出，这个阶段捐款的地区从南洋进一步扩展到了美洲。这与此阶段革命派对于华侨的发动面有所扩大有直接的关系。这个阶段同盟会对华侨的宣传和动员工作，超越了东南亚地区，在美洲华侨中也开展了卓有成效的宣传和组织工作。革命先行者孙中山也离开东南亚亲自到了美洲。孙中山原本计划继续在东南亚地区发动华侨进行筹

---

① 丘权政，杜春和．辛亥革命史料选辑续编．长沙：湖南人民出版社，1983. 37

② 洪丝丝等．辛亥革命与华侨．北京：人民出版社，1982. 49

③ 吴凤斌．东南亚华侨通史．福州：福建人民出版社，1994. 507

④ 《中国近代史资料丛刊》编委会，中国史学会．辛亥革命（四）．上海：上海人民出版社，1957. 185

⑤ 辛亥革命与南洋华人研讨会论文集编辑委员会．辛亥革命与南洋华人研讨会论文集．台北：台湾国立政治大学国际关系研究中心，1986. 249 ~ 250

⑥ 李东海．加拿大华侨史（下）．温哥华：加拿大自由出版社，1967. 246

款活动，但由于帝国主义和清政府相勾结，他在各处遭到驱逐，无法在东南亚立足，于是辗转来到美洲。正如孙中山自述的：“如是则东亚大陆之广，南洋岛屿之多，竟无一寸为予立足之地，予遂不得不远赴欧美矣。”[1] 孙中山亲自赴美洲筹款，使这个阶段除了东南亚华侨继续在经费上积极帮助国内革命之外，美洲华侨为革命捐输的数目也激增。

在美洲，孙中山首先发动的便是致公堂。1904 年改组美洲致公堂时，他就“预计全美会员总数七八万人，若注册有效，可得美金 20 万元以上”[2]。如为黄花岗之役，东南亚与美洲华侨共捐助款项 187 000 余元，其中美洲华侨共捐助 77 000 余元，而捐助力量则以致公堂为主。值得一提的是，北美华侨中绝大多数是华工，富商很少，总体的收入水平不如南洋华侨，但捐款人数比例远远超过南洋华侨。

虽然此时美洲华侨已被发动起来加入到积极捐输的行列，但东南亚华侨在这个阶段的捐款仍占主导地位，而且随着革命形势的发展，华侨觉悟的提高和发动面的扩大，捐款数目也越来越大。1911 年 1 月，孙中山派邓泽如等人到南洋筹款，他们来到马来亚的怡保募捐，华侨郑螺生等共捐款 4 500 元，吉隆坡的华侨工人黄扬，将自己的房子抵押金全部捐献，印度尼西亚雅加达华侨黎公耀捐款 5 000 多元。[3] 马来亚华侨谭德栋，在黄花岗之役捐款中，最初捐助 500 元，当得知筹款困难，他将捐款增加至 1 000 元，最后更是将其店中的 5 000 元货物全部捐出，以充军饷。[4]

第四阶段，从 1911 年广州黄花岗之役后至中华民国临时政府时期。尽管黄花岗之役以失败告终，但影响很大，海外华侨纷纷被黄花岗之役中革命志士为民族大义置生死于度外的精神所感动，革命的影响范围进

---

① 孙中山选集．北京：人民出版社，1981. 181

② 冯自由．华侨革命开国史．见中国社会科学院近代史研究所近代史资料编辑组．华侨与辛亥革命．北京：中国社会科学出版社，1981

③ 邹鲁．广州辛亥三月二十九日革命记．广州：中日文化协会广东省分会，1944. 14

④ 杜元载．中国同盟会革命史料（一）．台北：中国国民党中央委员会党史委员会，1974. 385

一步扩大，革命精神不断蔓延，更多华侨加入到支援国内革命的队伍中来。尤其是武昌起义胜利后，华侨在经济上对国内革命的支持达到顶峰。因此，这个阶段华侨的捐款主要用来支持建立中华民国临时政府和各省的光复活动，以巩固和发展革命成果。

武昌起义由同盟会中部总会主持，但在经费方面仍然依赖海外华侨。1911 年 4 月，广州黄花岗起义失败，为了筹集进一步起义的经费，国内同盟会电告孙中山，急需经费 15 万美元。孙中山一时难以筹措，焦头烂额间，司徒美堂提议将加拿大多伦多、温哥华、维多利亚三地四所致公堂大楼典当出去，以募集革命经费。致公堂会所原为侨胞捐资所造，是他们在海外聚会的场所，为了光复华夏不惜变卖，体现了华侨无私的爱国精神，同时也极大地鼓舞了所有侨民的爱国热情。

东南亚华侨一直处于资助革命之首，此阶段他们依然是捐输助饷的主要力量。据资料记载，马来亚槟榔屿同盟会南洋支部，曾捐出数千叻币至上海民立报转交黄兴，作为其赴湖北、四川联络革命党人之用，间接协助武昌起义的发动。在此之前，胡汉民也在越南西贡募得数十万元。[①]

武昌起义获得成功和各省响应光复的喜讯传到新加坡和马来亚后，华侨都高兴万分，他们争相庆贺，奔走相告，在经济上对辛亥革命的支持发展到高峰。武昌起义胜利后，大笔的捐助款项从新加坡、马来亚及世界各地源源不断地汇往国内，捐助数目超过了以往的数十倍，有人统计，仅辛亥一年，东南亚华侨便捐助了五六百万元。[②] 原来对革命党人避之唯恐不及的部分华侨也纷纷加入进来，以参加捐资助饷为荣，竞相捐款。这些捐款的人来自不同的阶层，既有普通的工人，也有大资本家，如荷印苏门答腊的大资本家张耀轩也捐出了一笔巨款给孙中山。[③]

---

① 辛亥革命与南洋华人研讨会论文集编辑委员会．辛亥革命与南洋华人研讨会论文集．台北：台湾国立政治大学国际关系研究中心，1986. 251

② 《侨务报》，第 5 期，第 32 页。

③ 中国人民政治协商会议广东省委员会文史资料研究委员会，中山大学历史系孙中山研究所．广东文史资料（第 28 辑）．广州：广东人民出版社，1980. 74

当孙中山在为组织中华民国临时政府急需资金而焦虑不已时，原来对革命并不热心的南洋富商陆佑，当即承诺承担 10 万借款，并于当天汇至广东 5 万元，汇到上海 46 562 两①。

据载，在武昌起义后的数月之间（1911 年 10 月 11 日至 1912 年 2 月 12 日），新加坡—马来亚华侨捐款即达 870 896 元（其中包括汇寄香港革命党筹款局的 234 334 元），寄广东革命军政府的 250 000 元，寄福建革命党政府的 270 000 元，直接汇往上海的 66 562 元，寄给孙中山的 50 000 元，荷属八打威同时期的捐款约为 120 000 元，越南捐助 530 000 元，缅甸 278 000 元，美国 288 261 元，香港 800 000 元，横滨 30 000 元，古巴 61 860 元，华侨在武昌起义前后的捐款高达 2 822 817 元，其中南洋华侨共捐助 1 802 696 元，占全部捐款的 60. 44% 。②

尽管这个时期东南亚华侨依然是华侨捐款的主体，但此时世界范围内的华侨都被发动了起来，他们高涨的爱国情感在祖国即将推翻帝制迎接新的革命政权的时刻集中表现了出来。出现了一些以前未曾发动的捐款地区，如亚洲的印度、菲律宾，澳洲的悉尼、墨尔本，非洲的马达加斯加，拉丁美洲的巴拿马、古巴的秘鲁、智利等；捐资的阶层分布也更加广泛，从普通的工人群众到中层的资产阶级再到上层的大资产阶级，都普遍地加入到支持革命的行列中来。美洲华侨也得到了进一步的发动，捐助款项的地区得到了继续扩展，捐款数量也急剧增多。总之，这个阶段，整个世界范围内的华侨都被发动了起来，革命浪潮在世界范围内的华侨心中激起了情感的共鸣，为腐朽的封建体制奏响了挽歌。

世界范围内华侨的广泛支持，不仅是革命党人宣传扩大、华侨觉悟提高的结果，还与当时团体募捐的筹款方式有关。筹款团体积极地在世界各地活动，如美洲的洪门筹饷局、檀香山华侨所设立的广东筹饷局、东南亚华侨的福建保安会等，都取得了很好的效果。

---

① 邓泽如. 中国国民党二十年史迹. 上海：正中书局，1948. 83

② 吴凤斌. 东南亚华侨通史. 福州：福建人民出版社，1994. 508

美洲的洪门筹饷局，于1911年7月在旧金山成立（又称“中华革命军筹饷局”，对外称做“国民救济局”），专门负责为国内武装起义筹备军饷，并颁布了《洪门筹饷局缘起章程》和《革命军筹饷约章》两个文件，广为刊发。文件重申了革命宗旨，规定了组织机构、捐款措施及对捐款者的奖励办法等。筹饷局的组织机构由致公堂和同盟会推选出代表组成，如由原属致公堂的总办员朱三进、监督员黄三德、原属同盟会的李是男担任会计一职。孙中山也为游埠筹饷专员，参加筹饷活动的共有44人，其中26人属致公堂，18人属同盟会。①

洪门筹饷局的成立以及演说员不辞劳苦的演讲宣传活动，对争取美国各地致公堂在财力上支持革命起了积极的作用。按照筹饷局的计划，孙中山等游埠筹饷专员打算在美国南北近百个城镇（埠）进行演说，但在出发之前，金山大埠致公总堂不仅向美洲各埠发出号召洪门兄弟慷慨捐助并优礼欢迎孙中山等筹饷员的布告，而且筹饷局还在金山致公总堂的协助下，向各地致公堂寄发了捐册，以便各地登记华侨捐款之用。如此，不仅孙中山等演说劝捐到达的地区，就连很多劝捐动员工作尚未到达地区的华侨也自动为革命慷慨解囊。筹饷局成立伊始，温哥华致公堂带头捐港币1万元，在致公堂的带动之下，华侨支持革命的热情更加高涨，上至富商，下至小商贩，纷纷慷慨解囊。不少华侨还向亲友借债捐献，甚至倾囊为革命捐款，许多工人将整月的工资都捐了出来。虽然筹饷局发行了债券，但其筹集的款项绝大部分属于义捐，并不要求兑换，一些华侨还将债券付之一炬，以示对革命事业的坚决支持。这次募捐，筹饷局接受了上万华侨的捐款，捐助范围前所未有的广泛。

在洪门筹饷局成立前的十多年，美国华侨的捐款微乎其微，所集不过万余港币，远不及加拿大华侨之捐款。然而经过洪门筹饷局短短5个月的宣传筹饷之后，就募集到了144 130.41美元。据统计，在其成立

---

① 美洲中华革命军筹饷局筹款情况研究．见中国史学会．辛亥革命与二十世纪的中国．北京：中央文献出版社，2002．2077

的一年时间里，仅美国筹饷局就筹得 40 余万美元，是当时起义的主要经费来源，其对革命的贡献由此可见一斑。武昌起义爆发后，筹饷局继续派演说员按原计划筹款，同时筹集了万余美元赠予即将回国的孙中山，并陆续汇款供应各省义军，为数颇巨。据统计，自武昌起义到中华民国临时政府时期，仅旧金山洪门筹饷局一处就提供了 20 余万美元。此外，筹饷局还拨款购买了 6 架飞机以充军用，并雇用美国机师威尔霍斯与两名助手将飞机运送至上海。中华民国临时政府成立后，飞机队携两架飞机回国，虽然没有参战，但造成了很大的声势，对促使清帝退位产生了积极的影响。[①] 1912 年，洪门筹饷局又筹集资金以充实国库，将筹饷局的余款 30 余万美元汇到上海，作为犒赏军士之用。[②]

洪门筹饷局以发行“中华民国金币券”为主，该券由孙中山及筹饷局会计两人签名盖章，助饷 5 美元，即可得到券面票价 10 美元的金币券，该券在“中华民国”成立之日即可作为法定货币流通。[③] 当时发行了面额十元、百元、千元的多种金币债券，到革命成功之日，共筹款 144 130. 41 美元，是所发行革命债券中售卖成绩最好的一种。[④]

檀香山华侨则设立了广东筹饷局，所筹款项专为广东省光复后的善后工作。1911 年 12 月 8 日，胡汉民电请东南亚华侨捐助广东省的光复工作，仅新马侨胞汇回广州款项即有 23. 4 万叻币[⑤]。据广东省财政司收支总册报告，从 1911 年 11 月 9 日至 1912 年 5 月底这半年中，华侨支持广东光复和革命政权的捐款和借款共达 1 758 099. 54 元。[⑥] 正如当时主管广东财政的李煜堂所说，“回思反正之初，吏役逃亡，席饱卷矣”，

---

① 冯自由. 革命逸史（第二集）. 北京：中华书局，1981. 289 ~ 291

② 吴春梅，查星星. 美洲洪门筹饷局与辛亥革命. 团结报，2006 - 11 - 16

③ 冯自由. 华侨革命开国史. 台北：台湾商务印书馆，1975. 70

④ 陈树强. 辛亥革命时期南洋华人支援起义经费之研究. 见辛亥革命与南洋华人研讨会论文集编辑委员会. 辛亥革命与南洋华人研讨会论文集. 台北：台湾国立政治大学国际关系研究中心，1986. 242

⑤ 颜清湟. 星马华人与辛亥革命. 李恩涵译. 台北：联经出版事业公司，1982. 356

⑥《广东财政司（自旧历辛亥九月十九日起至民国元年五月三十一号止）收支报告总册》（下卷）第 1 页。

"饷需逼迫，急于星火"，在这种困难时刻，华侨爱国人士"竭汗血，倾脂膏，捐钗环，短衣食，燃眉济急"，[①]华侨强烈的爱国热情直接推动了国内各省的光复工作。

福建保安会则在陈嘉庚的主持下，筹集了几十万元。[②] 新加坡的福建华侨于1911年11月13日由侨领陈嘉庚、陈楚楠等在天福宫召开大会，成立保安会和捐款委员会，陈嘉庚当选为主席（会长），当场募捐2万叻币，电汇福州支援刚成立的福建军政府，接着又于月余间陆续电汇20多万元，对于战乱后库空如洗的福建新政权，这是一个极有力的支持，而对于处于动乱中的福建人民也在很大程度上起到了稳定人心的作用。马来亚各埠推举陈新政等人为代表，缅甸华侨推举庄银安为总代表，回闽进行慰劳，赞襄光复大业。军政府也派出李恢、张施到南洋筹款，并带有公债票30万元。海外华侨热心家乡事业，慷慨解囊，踊跃认购，公债券顷刻间便被购买一空。长乐华侨林芳原系爪哇一名教员，加入同盟会后被陈嘉庚聘为新加坡道南学校校长，他为了筹捐巨款，接济祖国，率领学生一百多人到新加坡等地演剧、卖花劝募。有些华侨，每月工资只有10元，而捐款却达三四十元。据当时福建临时政府交通部长黄乃裳记叙，光复后的福建新政府共计收到华侨汇款70余万元。[③]有人统计，福建光复前后，所得华侨捐助之款不下200万元。[④]

武昌起义胜利、中华民国临时政府成立，世界各地华侨欢欣鼓舞，难以抑制兴奋之情。印尼爪哇地区泗水埠的华侨举行庆祝大会，遭到当地荷兰殖民统治者的横加干涉，"封闭华报，禁止电信，所升国旗亦多被撕毁，且大肆搜捕侨胞，达于千数"[⑤]。有了新生革命政权作为后盾，华侨不再委曲求全妥协退让，他们全体罢市以表抗议。在国内民众

---

① 《广东财政司（自旧历辛亥九月十九日起至民国元年五月三十一号止）收支报告总册》（下卷）"序"。

② 陈嘉庚年谱．陈嘉庚先生纪念册．广东陈嘉庚先生纪念册编辑委员会，1961. 111

③ 王尊旺．福建华侨与辛亥革命．福建史志，2001（5）

④ 中山大学孙中山研究所．孙中山与华侨．广州：中山大学出版社，1996. 92

⑤ 温广益．印度尼西亚华侨史．北京：海洋出版社，1985. 323

的声援和中华民国临时政府的交涉下，荷兰殖民统治者被迫退让，释放了被捕华侨，并表示以后不再禁止华侨升旗。华侨在祖国的支持下终于找回了自己的尊严，他们更是由衷地热爱自己的国家，并希望自己的国家在新生革命政权的领导下更加强大，希望自己不再是“海外的孤儿”，而是有一个可以依靠的祖国，从而改变他们处于内外反动势力迫害的悲惨境地，使正当的权益得到保障，人格和尊严得到维护。甚至有些资产阶级上层华侨，也同样富有民族意识，因为他们深知自己的命运是与祖国的国际地位和处境分不开的，当他们的切身利益受到帝国主义和清朝封建统治的迫害时，他们的爱国热情也就随之迸发，纷纷同情革命或者加入到支持革命的阵营中来。因此，当他们得知中华民国临时政府财政竭蹶的状况时，纷纷从海外汇款回国，捐资助饷者络绎不绝。

第二节　捐助孙中山的革命活动

为了实现中国的自由、独立和富强，追寻民主革命的方向，孙中山一生中的大部分时间都颠簸在海外，他不辞辛劳，积极奔走于世界各地，在其 59 年的人生中，有 31 年是在海外度过的，在其致力于革命的 40 年中，约有一半时间是在海外度过的。从南洋群岛到欧美大陆，从檀香山、横滨、东京到纽约、伦敦、巴黎……有人做过统计，孙中山先后在 14 个国家和地区旅行、活动和生活过，他一生 4 次横渡太平洋，4 次横渡印度洋，6 次横渡大西洋……总共航海约 20 万公里，相当于绕地球 5 圈。孙中山自己也曾说过，自 1895 年以后“便环绕地球，周游列国，一面考察各国的政治得失和古今国势强弱的道理，一面做我的革命活动，约计每年绕地球一周，到武昌起义前，大概绕过了地球六七周”①。

孙中山一生的大部分时间都是在华侨社会里度过的，尽管孙中山自己非常节俭，但他在海外宣传革命、组织华侨、募集革命经费，奔波于世界各地，舟车旅费、日常生活等开销依然浩繁。而这些费用包括旅费和生活费等都来自爱国华侨和留学生的资助，如果没有他们的资助，孙中山的革命活动可谓寸步难行。

地缘关系和血缘关系是孙中山开展革命活动的主要平台。孙中山最早开展革命活动的檀香山，就有许多孙中山熟悉的老乡、同学和亲戚。“在檀香山的华侨以香山籍的最多，香山人一出动，华侨就去了六成以上”，孙中山“用香山话讲些满人侵略的事实和民族主义的道理，听的人很受感动”，结果，“有些素不相识的人也来请孙先生去演讲”。② 1895 年广州起义失败后，孙中山成为清政府通缉的对象，广东按察使悬赏银 1 000 元捉拿孙中山。孙中山流亡日本后得到横滨冯镜如等华侨的帮助，不仅有了落脚点，而且在日本成立了兴中会。在那个时候，海外各地的华侨风气未开，思想较为保守，革命党人被视为洪水猛兽。1902 年至 1903 年间，孙中山在越南河内和西贡活动时，“因未能逆料华侨倾向革命与否”，以高达生、杜嘉诺等化名活动，直到认识黄隆生、李卓峰之后，才敢说出自己的真名③，孙中山“常在堤岸经营芽菜的黄祥（黄景南）的芽菜场里居留，闲时则帮助黄祥摘芽菜、晒芽菜”。“这段时间，孙中山常往南越六省，从事革命活动。缺乏费用时，每由黄祥代为筹措”。④ 在美国开展活动时，也只有极少数人参加兴中会。但是，正是有了这些人的支持，孙中山的革命事业才越来越壮大。

---

① 王志光．孙中山在海外的革命活动．见近代中国研究之专题研究：中国革命史．中华文史网，2008－05－15

② 尚明轩，王学庄，陈崧．孙中山生平事业追忆录．北京：人民出版社，1986. 191～192

③ 陈锡祺．孙中山年谱长编．北京：中华书局，1991. 282～287

④ 刘汉翘．孙中山对越南华侨进行革命宣传忆述．见孙中山与辛亥革命史料专辑．广州：广东人民出版社，1981

1906 年，新加坡同盟会成立后，张永福将他专为母亲安度晚年修建的晚晴园送给孙中山等革命领袖作为下榻之地和开展革命活动的场所。“国内每次起义，南洋的同志，出钱或出力，几乎无一次不参加”①，如陈楚楠被誉为南洋革命党第一人，孙中山每次令陈楚楠等筹款接济，“楚楠恒踊跃输将，惟恐不力”②。1910 年 11 月，孙中山被英国殖民当局逼迫离开槟榔屿赴美洲，留下来的眷属“每日家费由槟榔屿及比叻、吉隆坡、芙蓉四处党员分任供给之”③。1911 年 7 月，孙中山发起成立美洲洪门筹饷局，亲自制定了《致公堂筹饷章程》和《革命军筹饷约章》，号召广大侨胞在革命形势紧迫的情况下“踊跃捐资，以助成革命大业”④。孙中山亲自率领筹饷局人员 9 月初从旧金山出发，沿铁路自西向东，到美国北部各地募款。至 10 月上旬，先后抵 10 多个城市，沿途发表演说，论述革命与华侨的切身利害关系，阐释三民主义宗旨，“所至之处，无不备受侨胞欢迎”。⑤ 综观孙中山的革命历程，“毕生心力尽瘁国事，间关跋涉，几遍五洲”⑥，在世界各地进行募捐、游历，领导国内武装斗争，为革命进行多种宣传和组织工作，促使海外华侨积极支持和参加国内革命，由此不难得出结论，孙中山的革命活动，一直得到海外华侨各个方面的支持。

华侨对孙中山革命活动的资助，首先表现在对他奔赴世界各地筹款及进行革命活动的旅费的筹措上。第一次广州起义失败后，孙中山逃亡日本，1896 年，他从横滨赴檀香山开展革命，就得到日本华侨冯镜如兄弟的帮助。1904 年，孙中山在美国偕致公堂大佬黄三德周游各埠宣

---

① 陈楚楠：晚晴园与中国革命史略．见辛亥革命史料选辑（续编）．长沙：湖南人民出版社，1983. 38 ~ 39

② 冯自由．革命逸史（第三集）．北京：中华书局，1981. 184

③ 冯自由．华侨革命开国史．台北：台湾商务印书馆，1975. 88

④ 杜元载．中国同盟会革命史料（一）．台北：中国国民党中央委员会党史委员会，1974. 354

⑤ 蒋永敬．华侨开国革命史料．台北：正中书局，1977. 120

⑥ 广东省社会科学院历史研究室，中国近代史研究所中华民国史研究室，中山大学历史系孙中山研究室．孙中山全集（第五卷）．北京：中华书局，1985. 543

传革命，其经费是旧金山华侨购买革命军需债券所得之款项。1905 年，孙中山由美赴欧，先后在比利时、德国、法国组织革命团体及在巴黎进行外交活动，这些费用全部来自留欧学生贺子才等人的捐助。[①]

1908 年，河口起义失败后，孙中山等革命党人在新加坡遭遇到经济上的困难，经济竭蹶，革命活动无法开展。他在给邓泽如的信中这样描述了当时的窘迫状况：“弟处已绝粮矣，而办事要人，尚有十余人在此相依。而日内又有安徽省与熊成基起事之同志，炮队营管带洪承典等来星，皆不能不招呼。故暹、仰二款未到之前，尚须三百元，乃足支月内之用。”[②] 邓泽如及时地汇给了孙中山等革命党人所需的生活费用，才解了他们的燃眉之急。同时，孙中山欲前往欧洲，但因旅费尚未寄到，不能成行，后来他收到邓泽如以及暹罗等地华侨的捐助款项 8 000 元，旅费有了着落，于是奔赴欧洲。1909 年，孙中山准备前往欧美筹款，但由于经费不足，无法成行，他将经费无着的情况写信告诉仰光华侨庄银安，说明赴欧的目的是前往欧美动员大资本家支援革命，仰光华侨听说后倾力支持孙中山此行，仰光同盟会分会把积存的公款及部分会员的乐捐共 2 000 多盾送给孙中山，最终促成他此次欧美之行。[③] 1909 年 10 月，孙中山由欧洲出发赴美洲宣传革命，建立同盟会组织，期间的旅费则是曹亚伯、王子匡等人为他筹集的。[④]

1911 年，孙中山由欧洲回国，12 月 16 日途经新加坡，与陈嘉庚会晤，问他能否筹款相助，陈嘉庚当即赠他 1 万元作路费，并许筹 5 万元，孙中山从上海赴南京前，陈嘉庚又如数汇去 5 万元。[⑤] 孙中山回国建立中华民国临时政府，得到了华侨在经济上的慷慨支持。当孙中山决定先从美国到欧洲从事外交活动时，他的 450 元路费就是由旅美华侨阮

---

① 洪丝丝等．辛亥革命与华侨．北京：人民出版社，1982. 50

② 洪丝丝等．辛亥革命与华侨．北京：人民出版社，1982. 51

③ 余定邦．孙中山与缅甸华侨．见孙中山与华侨——“孙中山与华侨”学术研讨会论文集．广州：中山大学出版社，1996. 262

④ 洪丝丝等．辛亥革命与华侨．北京：人民出版社，1982. 50

⑤ 陈嘉庚．南侨回忆录．香港：草原出版社，1979. 3

本万、司徒美堂等人捐助的；孙中山抵达伦敦后，电令美洲洪门筹饷局汇款3 000美元作为归国旅费；中华民国临时政府成立后，他又电令将筹饷局余款汇至上海作为犒赏军士费用。[①] 华侨为孙中山等筹集革命活动的旅费、生活费，对于革命活动的开展意义重大，如果没有华侨的帮助，宣传和组织工作就难以进行。正如孙中山所说，海外华侨“捐助军饷者，络绎不绝，共和前途，实嘉赖之”[②]。

华侨对孙中山革命的资助还表现在各种革命团体、机构的日常运转及维持上。仅在广州黄花岗之役中，革命派在香港设立统筹部，在广州所设的秘密机关，就有38处之多。而武昌起义前革命派领导和组织了10次武装起义，众多的革命机关和组织机构，活动经费自然不少，多靠华侨的捐助。1911年广州黄花岗之役后，黄兴等革命党人在香港设立暗杀机关，急需的活动经费15 000港元，就是由美洲洪门筹饷局及檀香山、伦敦同盟会组织负责供给。[③] 武昌起义胜利的消息传往海外，华侨更是踊跃地捐资革命和国内政权建设，孙中山后来说，自“民国”成立后，他所经手的海外华侨的借款就超过百万。[④]

宣传是革命活动的一个非常重要的方面，直接关系到革命队伍的觉悟和普通百姓的觉醒，对推动革命活动的开展有着重要的意义。为了把国内外的同胞充分发动起来支持和参与革命，壮大革命队伍，孙中山等革命党人想方设法进行宣传，尽量扩大宣传范围。他们利用各种报刊、书籍大造革命舆论，进行多次演说、讲演来宣传革命思想，利用戏剧来宣传革命。但不管是印刷书册，还是办报纸、开展演说这些宣传活动，无不需要经费，没有经费就无从开展，而这些经费也都得力于海外爱国华侨的慷慨捐赠。[⑤]

---

① 邱捷．辛亥革命后期革命党人与华侨的关系．见孙中山与华侨．广州：中山大学出版社，1996. 154

② 许师慎．国父当选临时大总统实录（上册）．台北：国史丛编社，1969. 370

③ 洪丝丝等．辛亥革命与华侨．北京：人民出版社，1982. 49

④ 黄彦，李伯新．孙中山藏档选编（辛亥革命前后）．北京：中华书局，1986. 624

⑤ 洪丝丝等．辛亥革命与华侨．北京：人民出版社，1982. 50

当时国内宣传革命的书刊，如《革命军》、《猛回头》、《驳康有为书》、《扬州十日记》以及《民报》等，在华侨中有很大的影响力。1903年，冯自由等人在日本筹资合印邹容的《革命军》和章炳麟的《驳康有为政见书》共10万册，分寄海内外同胞。上海苏报案发生后，新加坡华侨、革命党人陈楚楠、张永福等人，集资翻印《革命军》2万多册，改名《图存篇》，一面由新加坡孔明斋书店代售，一面由黄乃裳带往闽南，林义顺带往潮、梅一带散发，此外，还直接邮寄国内各地，分寄国内各省、府、州、县的士绅，以至北京的翰林院、总理衙门等处。黄乃裳到福州时，"仍向绅学工商各界散播革命种子，不遗余力，所携之《图存篇》几乎人手一篇，使被感化的华侨众多"①。邹容所著《革命军》一书影响最大，"传到外洋，争相购阅，一时人心奋发，舆论沸腾，华侨有志之士，知非追随中山先生，不足以救祖国之危亡，于是华侨之革命思想日炽"②。就是在爱国华侨的宣传和推动下，海内外的民主革命思潮开始澎湃起来。

1904年初，孙中山在旧金山华侨中积极进行革命活动，为了肃清旅美华侨中尚存的改良主义思想的余毒，他深入到各地进行公开演讲，宣传反清革命。鉴于邹容《革命军》一书的巨大影响和宣传作用，孙中山同伍盘照、黄三德商议在美洲发行此书，伍盘照、黄三德两人非常支持，决定由中西日报社排印。书印成后，伍盘照慨然允诺免收排印费，黄三德决定由致公堂负责寄书之邮费。该书共印发11 000册，在美洲和南洋华侨中广为散发，发挥了革命启蒙作用。

新加坡《图南日报》的办报经费完全出于陈楚楠、张永福两人，出版不及两年，前后支出不下3万元。1905年底，因经济拮据，无法维持而被迫停刊。两个月后，陈楚楠和张永福两人不忍革命喉舌就此中

① 陈孔立，陈在正，林金枝，李国梁．华侨与辛亥革命．厦门大学学报（哲学社会科学版），1981（4）

② 李绮庵，梅乔林．开国前美洲华侨革命史略．华侨与辛亥革命．北京：中国社会科学出版社，1981

断，又联合一些商人在1905年集资创办了《南洋总汇报》，但到1906年，《南洋总汇报》内部分裂，最后该报被保皇派商人所把持，沦为保皇派反对革命的工具。但陈楚楠、张永福等人并未就此放弃，他们坚定信念，再接再厉，继续策划，于1907年向各埠同胞筹集资金又一次办起了报刊——《中兴日报》，以继承《图南日报》之余绪。1907年至1908年两年间，《中兴日报》日销至4 000余份，“英荷两属侨众，直接蒙其感化，厥功至伟”①，《中兴日报》在同盟会中期取代同盟会早期东京《民报》之地位，执南洋地区革命言论之牛耳，成为南洋革命党人同改良派作斗争和宣传革命的主要阵地，是南洋革命宣传的舆论中心，有力地宣传了反清革命思想，促进了华侨尤其是青年知识分子的觉悟。1910年，《中兴日报》经济状况不佳。孙中山于7月24日致函印尼邦加华侨黄甲元，“甲元吾兄大鉴：……今日吾党在南洋之急务，弟欲与足下详商者，即设法维持中兴报是也。……云若有三千金，便可置中兴报于不败之地。……足下关心大局，想必肯筹此三千，并自择一人，以管财政，而己报中用人行政一切事权授之张兄，择中兴报从此必能发展巩固也”②。黄甲元作为同盟会会员，很好地完成了孙中山的嘱托，筹款给《中兴日报》。

美国华侨以演戏剧的方式将筹款和革命宣传活动有机地结合起来，如在旧金山，往往是到了公演之日，全埠轰动，门票被抢购一空，先到者先坐，后到者站立，甚至立无隙地，盛况空前。③ 这样一种戏剧公演的方式，既为革命筹集了资金，又宣传了革命，可谓一举两得。在旧金山同盟会会员中，不少会员以义卖的方式助饷，将自己的艺术品、手工艺品、刺绣品、编织品捐献出来在同盟会会所里义卖，效果非常好。

---

① 冯自由．南洋各地革命党报述略．见革命逸史（第四集）．北京：中华书局，1981.144

② 南洋研究（第三卷第一期），1930－01－01

③ 中国人民政治协商会议广东省委员会文史资料研究委员会，中山大学历史系孙中山研究所．广东文史资料（第25辑）．广州：广东人民出版社，1979.58

第三节　海外华侨支援革命的特点

华侨在经济上支持国内的民主革命，贡献巨大，具备以下七个方面的特点[①]：

第一，华侨支持革命的款项绝大部分是义捐。华侨的捐资助饷多出于一种民族意识，一种革命觉悟，一种对祖国的眷念与希冀，所以他们的捐款大多不求回报。虽然革命组织当时也发行了一定数量的债券，但这些持有债券的华侨并不要求一定兑现。例如，李卓峰为革命捐出巨款，以致个人的经济非常困难，但是为了救济防城、河口、镇南关起义失败后退入海防的战士，他还向银行借款 2 万元，当孙中山将 10 万元的国债券交给他时，他却将这些债券全部烧掉了，表示绝不是因为希望得到回报才支援革命的。像他这样的华侨大有人在。

在翠亨孙中山故居纪念馆的馆藏文物中，有一件非常珍贵的辛亥革命文物，它详细记录了武昌起义爆发前后广大海外华侨的捐款情况。华侨的此次捐款活动，是由孙中山发动和领导的。1911 年 7 月，孙中山先是在美国促成了美洲同盟会和致公总堂的联合，后又在致公总堂堂主的支持下成立了美洲中华革命军筹饷局（对外称“国民救济局”），并率领筹饷专员分南、北两路到美国各地筹款。期间，武昌起义爆发，孙中山转赴欧洲从事外交与借款活动，其他筹饷人员则继续筹款。1912 年初，筹饷局人员接到孙中山停止筹款的指示后，筹款工作逐渐进入收尾阶段，到 3 月中旬，筹饷局人员将全部募捐登记在册收齐汇总，并印制出一批《美洲金山国民救济局革命军筹饷征信录》（以下简称《征信录》）。这次筹饷活动波及范围非常之广，除孙中山及筹饷员演说劝捐

---

① 以下 1 ~5 点所述内容来自：洪丝丝等．辛亥革命与华侨．北京：人民出版社，1982. 14 ~15

的地方之外，还有一些地方的华侨是自动筹集款项汇交筹饷局的，总计响应致公堂的号召积极捐款的城镇（埠）共有430多个。① 《征信录》上有一些耐人寻味的捐款人或捐款商号名，如思汉赵、专一郎、汉中一、逐满、生长异邦心思汉赵、胡还汉、刘逐满、赵思汉、朱思汉、王灭胡、刘恢汉、刘念汉、严思汉、兴汉灭满、刘复汉、黄攻清、反清氏、汉吕洞宾、民族一分子、杨仇满、陈仇满、冯排满、命由天等。这些名字并非捐款人的本名，而是捐款人在捐款的时候，以一些能够表达他们内心真实意愿的文字，如对清朝腐败统治的强烈不满和对孙中山领导的反清革命热情支持的文字进行登记。他们的捐款数额虽然不一定大，如朱思汉，他曾捐款两次，第一次10元，第二次20元，数额并不大，但其积极资助革命的态度表露无遗，其捐款的目的也是显而易见的。有个商号叫“杀满记”，虽然只捐了1.5元，但能真实地表达店主的反清心理。

孙中山发动的此次筹款活动是以发行债券（中华民国金币券）的形式进行的，但从《征信录》来看，绝大部分华侨的捐款都低于5元。根据当时的规定，捐款5元以上才可以获得金币券，但当时捐款数低于5元的非常之多，如捐款2.5元的有959人，捐款1.5元的有210人，捐款2元的有540人，捐款1元的有987人，捐款0.5元的有214人。可见，大部分华侨的捐助是无偿的，他们虽然来自于社会的底层，但他们真切地关心国家和民族的命运，以力所能及的方式不求回报地捐助国内革命，即使是捐款较多的个别机构或个人，也有“不取债票”慷慨捐献的情况，足见其对革命事业的热忱之心。武昌起义胜利、“民国”成立，孙中山指示此次筹款活动结束，但由于一些华侨仍然主动向筹饷局捐款，故筹饷局的局务工作未能及时结束，此后又延续了

① 美洲中华革命军筹饷局筹款情况研究．见中国史学会．辛亥革命与二十世纪的中国．北京：中央文献出版社，2002. 2077

近两个月。①

出生于富商之家的梁密庵，偷偷将其父储存的巨款，私自寄回国内支援革命。梁密庵担心父亲责骂，随即离家出走。其父知道后，派人将他找回，得知原委后，不仅未加责备，还高兴地说："我已寄出一笔矣！""民国"成立后，孙中山以大总统名义颁发"旌义状"给梁密庵。文曰："梁密庵于中华民国开国之初，踊跃输将，军储赖济，特给予旌义状。"②

1908年，云南河口起义爆发，仰光闽籍侨领庄银安、黄德源等人不仅热情捐献军饷，还购买了一批军火秘密运至云南交给起义军。起义失败后，大部分革命党人经越南辗转流亡到新加坡，陈楚楠等人在新加坡蔡厝港开办中兴石山公司接待他们，还介绍一些人到槟榔屿、吉隆坡、文莱等地的工厂、矿场和农场谋生，为安置这批革命志士做了大量的工作。1908年至1911年间，同盟会先后多次派人至缅甸华侨中筹款，庄银安等人每次都捐款数千元。广州起义前，吴世荣带头变卖店产，倾资助饷，筹集起义经费；郑螺生除自捐现金1 000元外，还处理了其拥有的福建、江苏铁路股票以支持革命；旅居马六甲的永春籍华侨郑成快，捐助革命经费达五六万元。③ 广州起义时在东京购买军火，留日学生出钱不少，有一位留学生为捐款不惜去借高利贷，直到辛亥革命几年后他才还清债务。

孙中山在海外发行的各种筹饷票券，是在一无政府，二无银行，三无物质抵押的前提下发行的，理应不能流通，但凭借中华革命党、中华革命军等名义和孙中山的个人声望，得到了广大华侨的踊跃认购，这是中国近代史上的奇迹，也从侧面反映了广大华侨的爱国之情。

第二，华侨为革命捐款不求任何名利的回报，有许多华侨为了革命

---

① 美洲中华革命军筹饷局筹款情况研究．见中国史学会．辛亥革命与二十世纪的中国．北京：中央文献出版社，2002. 2083，2094

② 张自中．梅州华侨与辛亥革命．梅州侨乡月报，2001（6）

③ 王尊旺．福建华侨与辛亥革命．福建史志，2001（5）

救国，倾尽家财，就算自己及家人生活无着也义无反顾。如前文所述的邓荫南、李卓峰等人，就是如此。邓荫南变卖全部资产支持1895年广州起义、1900年惠州起义、1903年第二次广州起义，支持陈少白创办《中国日报》；李卓峰在捐出巨款导致自己财力枯竭后，还向银行借债2万余元来接济镇南关起义失败后退居越南的起义者；孙中山的哥哥孙眉为了支持革命，将自己家产的大部分都无私地捐出，其前后用于支持革命之款至少70万美元，几近倾家荡产①；新加坡华侨富商之子许雪秋，曾向清政府捐得候补道衔，后立志“逐满兴汉”，后以承筑潮汕铁路工程及招募团练为名，聚众千余，约期举义，事泄之后，再赴新加坡，1906年结识孙中山，之后坚定地走上了革命道路，成为积极参与革命的重要华侨，他多次帮助孙中山在海外筹款，竭尽全力；华侨资本家林受之，为了革命倾尽全部家产，陷入贫困，以致其子女不得不辍学去当雇工，但他们无怨无悔；华侨肖竹漪为了支持革命，将其全部田产出售；槟榔屿的吴世荣等，也因为支持革命以致个人的经济事业遭受重大的困难；加拿大华侨林礼斌，在孙中山为黄花岗起义筹款中，一人捐4 000元，相当于檀香山、纽约两地捐款的总和；挑水工人关唐，每担水只值1文，却将半生积蓄3 000元全部捐出。②

参加同盟会的华侨对于革命的宣传与组织工作及募捐都非常积极，只要总部来电要求募捐，会员们立即认捐，如果数目不大，就由会员们自己分担，一般都能在几天内将款项凑足汇出。组织有什么需要他们也一定尽力设法解决。吉隆坡同盟会有一位叫陈良的会员，以做木工维持生计，生活非常拮据，他利用业余工作时间，亲手制作了十二张木椅，制成之后送到了会所。后来他因为失业，以砍柴为生，不幸被倒下来的大树压死了。③ 他的事迹一直让吉隆坡的会员感动着。此外，还有一位

---

① 孙穗芳．我的祖父孙中山．台北：禾马文化事业有限公司，1995. 52

② 林家有．孙中山与华侨在反清革命中的互动关系．见孙中山与华侨——“孙中山与华侨”学术研讨会论文集．广州：中山大学出版社，1996. 92

③ 中国人民政治协商会议全国委员会文史资料研究委员会．辛亥革命回忆录（第一集）．北京：文史资料出版社，1981. 394

叫黄杨的会员，原是工人出身，平日里勤俭节约，有些积蓄。有次同盟会总部要筹集一笔较大的款项，他便慷慨认捐了1万元，但他身上没有那么多现款，于是便拿着自己的房屋契据去找当地的一个华侨大资本家，向他抵押1万元，并说明这笔款项是用来资助祖国的革命事业的。但这个资本家反对革命，不愿意支持黄杨，黄杨非常气愤，痛斥此人只爱金钱不爱祖国，不能称之为中国人。后来黄杨想方设法凑齐1万元交给同盟会。类似的例子还有很多。1905年秋，同盟会刚在日本东京成立，孙中山先生拟赴南洋进行革命宣传，但绌于经费，华侨谢逸桥、谢良牧慷慨捐赠。谢家当时是南洋巨富，为了支援孙中山，最后倾家荡产。故孙中山在1918年夏拜访在松口隐居的谢逸桥时，曾填词一首盛赞他“挥金为革命”的义举。①

又如，筹款巨子邓泽如，他为革命四处奔波，不辞辛劳。邓泽如祖籍广东新会。早年随父经商，18岁前往南洋谋生，初在马来半岛往来于金宝、芙蓉等地开采锡矿，后在瓜拉庇朥埠经营橡胶，结识富商陆佑，成为其代理人，逐步发展成为南洋知名的实业家。邓泽如对孙中山革命事业最大的贡献就是筹款。孙中山曾在信中赞他“热心革命，力任筹饷以济军需”，“筹饷之功，必与身临前敌者共垂千古而不朽矣”。②他于1906年开始追随孙中山进行反清革命活动。1907年，邓泽如加入同盟会，任马来亚分会会长。1907年，孙中山发动镇南关起义，急需军饷。孙中山写了一封信交给汪精卫，让他去马来亚找邓泽如筹款。当时邓泽如外出不在家，回来后才看到孙中山的信，便急追数百里，赶上汪精卫，捐助数千元，以解军饷之急。后来又数次带头捐款并发动华侨捐款支持广州起义、武昌起义等。1909年，同盟会南洋支部迁到庇能，他主持支部事务，积极推进南洋党务工作、筹集起义款项、支持《中兴日报》刊行。1910年11月，他与孙中山、黄兴、赵声、胡汉民等在槟

---

① 张自中．梅州华侨与辛亥革命．梅州侨乡月报，2001（6）

② 邓泽如．孙中山先生廿年来手札（卷一）．广州：广州述志公司，1927

槟屿举行秘密会议，决定筹集巨款，谋在广州大举。为筹募广州黄花岗起义经费，他与黄兴走遍芙蓉、麻坡、马六甲、怡保等埠募捐，曾发动一位以俭啬著称的华侨卖屋捐输，带动各埠华侨踊跃捐献。据初步统计，从所见的1907年10月到1911年4月底孙中山致邓泽如的38封信函中，其中嘱其捐款或涉及筹款的就有25封。从中越边境的防城起义到广州黄花岗起义期间的各次起义，都可见孙中山催促邓泽如加紧募捐的信函，强调“今日之得失成败，在于能速得此款否耳!”“惟当此得失之交，为吾汉族存之所关。”① 而邓泽如也为革命殚精竭虑，每每能在革命急需经费时助一臂之力。1908年10月，孙中山欲赴法筹款，为筹集赴法费用，孙中山在胡汉民、汪精卫、黄隆生陪同下从新加坡抵达芙蓉，孙中山估计共需旅费8 000元，邓泽如当即认捐一半，并承担了胡汉民、汪精卫、黄隆生三人往仰光的费用400元。② 1910年2月，广州新军起义失败后，胡汉民、赵伯先等到南洋筹款，图谋再次起义，但走遍新加坡、芙蓉、麻坡等地，响应者很少。华侨中的一部分人由于见到前几次的武装起义都失败了，从而对革命失去了信心，而有的华侨则因为已经数次捐助革命，财力有限，无法再负担。所以这次筹款出现了“畏难而不愿见者，有赞成而力不足负者，故应者殊寡”③ 的状况。那一年邓泽如42岁，刚好喜得一子，而妻子生产时得病严重。此时邓泽如本应在家照顾妻儿，但当黄兴来找他筹款时，他没有丝毫犹豫，“数语后相与俱出”④，继续为革命经费而奔波，马不停蹄地在吉隆坡、龙邦、怡保、霹雳、文明阁、金宝等埠筹款。这个时期，新加坡、马来亚各地华侨共捐款47 663元，居黄花岗起义各地华侨捐款的第二位，这与邓泽如等人奔走各地、不辞辛劳密不可分。为此，黄兴称赞他“素尽

① 广东省社会科学院历史研究室，中国社会科学院近代史研究所中华民国史研究室，中山大学历史系孙中山研究室．北京：中华书局，1981. 365

② 邓泽如．中国国民党二十年史迹．上海：正中书局，1948. 22

③ 邓泽如．中国国民党二十年史迹．上海：正中书局，1948. 41

④ 邓泽如．中国国民党二十年史迹．上海：正中书局，1948. 50

力国事，急功忘家”，“真有大禹治国虽闻呱呱之声而不遑宁处之概”①。

为革命如此劳心费力的邓泽如却不求丝毫名利的回报。中华民国临时政府成立后，广东秩序混乱。孙中山推荐邓泽如任都督一职，但邓泽如认为“泽本商人，素无政治军事之学识”②，未接受这一职务，而是前往恩平、翁源等地考察矿务，以期在实业方面助孙中山一臂之力。袁世凯窃国后，孙中山发动了“二次革命”。“二次革命”失败后，邓泽如重返南洋经营旧业。1914 年底，孙中山筹划讨袁，组织中华革命党，设立南洋筹饷局，委任邓泽如为委员长。次年，在孙中山所派同志的协助下，邓泽如以中华实业公司名义募集数十万元，将款项汇回国内，当作讨袁经费。孙中山称赞他“只尽义务，无取名义”③，为党为国，任劳任怨。

邓泽如

在踊跃捐款的华侨中，值得一提的还有被称为辛亥革命“财政部长”的张静江。张静江是浙江湖州人。1902 年 10 月，他随着清政府驻法公使孙宝琦赴法任职。次年弃官从商，在巴黎创办了通运公司，经营

① 邓泽如．中国国民党二十年史迹．上海：正中书局，1948. 50
② 邓泽如．中国国民党二十年史迹．上海：正中书局，1948. 84
③ 邓泽如．中国国民党二十年史迹．上海：正中书局，1948. 133

中国的古玩、绸缎、茶叶、瓷器、珠宝、书画等商品。1905 年 11 月赴法途中，在船上偶遇孙中山。张静江对孙中山早有耳闻，也读过孙中山的文章，对孙中山很是崇拜，表示愿意支持孙中山的革命事业。临别，张静江赠送孙中山 3 万法郎取款单，约定需要经费支持时可发电报给他，以 ABCDE 为暗号，A 为 1 万法郎，B 为 2 万法郎，C 为 3 万法郎，D 为 4 万法郎，E 为 5 万法郎。[①]有一次孙中山在日本因经费紧缺，便给张静江发出了电报，上面仅写了一个字母 C，几天之后，3 万法郎便从巴黎汇到。又有一次，革命党人急需经费，张静江担心因为公司资金周转困难，经费难以筹措，可能影响起义如期进行，毅然将他在巴黎通运公司所属的一个茶店卖掉了。[②]孙中山对张静江慷慨捐输的行为予以高度评价，并一直铭记于心，他说："当时出资最勇而多者，张静江也，倾其巴黎之店所得六七万元尽以助饷。"[③] 1906 年 3 月，张静江在从法国回国途中经新加坡时，在胡汉民等人的主持下，加入了同盟会。张静江还动员兄长张弁群及亲朋好友参加同盟会，将在巴黎等驻外分公司发展为同盟会的"隐蔽据点"。此外，张静江还大力资助革命者创办革命报刊，宣传革命思想。1905 年，当孙中山在东京筹备成立中国同盟会之时，出版《民报》作为其机关刊物，也是张静江出资编排、印刷。该报在日本东京留学生中起到了很好的宣传效果。1906 年 6 月，为与东京的《民报》遥相呼应，张静江出资联合吴稚晖、蔡元培、李石曾、褚民谊等人在巴黎达候街 25 号发起成立"世界社"，出版《世界画报》；同时创刊发行《新世纪》周刊，并亲笔撰文发表在《新世纪》周刊上，紧密配合国内外的《苏报》、《浙江潮》诸多革命报刊，大力宣传革命主张。[④]

第三，处于劳动底层的华侨也慷慨解囊，积极支持革命。其中涌现

---

① 谭备战．孙中山和蒋介石心目中的张静江．党史文苑，2007（19）

② 谭备战．孙中山和蒋介石心目中的张静江．党史文苑，2007（19）

③ 甘乃光．中山全集．上海：上海良友图书印刷公司，1931. 138

④ 张静江：辛亥革命的"财政部长"．人民政协报，2011－04－28

出很多令人感动的事迹。如在越南堤岸卖豆芽菜的黄景南，每天把赚到的钱投入反清活动中，作为革命捐款的储蓄，并将一生的积蓄全部捐献了出来；越南挑水工人关唐，挑一担水只能得到1文钱，但是他把半生的积蓄3 000元全部捐献给革命事业；缅甸华侨工人黄群义也把平生的全部储蓄捐献了出来；美国华侨餐馆和洗衣店工人以及新加坡的码头工人等，也都为革命事业踊跃捐献，甚至有“无工栖身，而借债捐助者”①。胡汉民在讲述南洋华侨参加革命的经过时说道，管账的伙计常常可以捐出一两个月的薪水，工人随随便便可以捐助二三十元，捐一个月、两个月薪水的也有很多，他们通常不管自己兜里是不是有钱，总是捐出了之后再想办法筹集。1911年11月的半个月内，马来亚锡矿的华人矿工，向革命党人捐献出1万元，而当时他们的月工资才5~8元②；在1910年黄花岗起义中作出了突出贡献的加拿大华侨，大都是收入微薄的华工，华商中家境殷实者并不多，以小商人为主，但他们人数虽少，力量虽薄，却将维多利亚致公堂的公产变卖来筹集资金，作出了令人敬佩的义举。正如胡汉民在《华侨与中国革命》一文中所指出的，华侨中最热心革命的不是大资本家，中等阶级的人也只是算能够接受革命，小商人和一般工人都是热心革命的积极分子。这话大略地反映了华侨中的各阶层人士对孙中山反清革命的态度，也表现出各阶层华侨对国内革命斗争捐助的状况。

第四，华侨中也有大资本家捐献支持革命的。华侨的资产阶级上层，在华侨中占少数，这些人与侨居地的殖民政府和国内的封建势力有着千丝万缕的联系，一般说来，对捐款持冷漠的态度，对革命缺乏热情，甚至表现出厌恶和反对。如“拥赀累数百万千以上”而“肯拔其一毛者如凤毛麟角，少少点缀，聊以应酬劝募人之情面，而已觉得难得

---

① 杜元载. 中国同盟会革命史料（一）. 台北：中国国民党中央委员会党史委员会，1974. 354

② 冯自由. 革命逸史（第五集）. 北京：中华书局，1981. 215

矣”。[1] 如富商巨贾谭佑初，家财万贯，当碰到有人劝募时，“则以近状窘，不肯应”，更有的人以恶言相向，无半点情谊可言。[2] 尽管如此，在华侨资产阶级上层，还是有一部分富有民族意识的人，例如，号称爪哇糖王的黄仲涵，在武昌起义之际，以“轩辕后人”的名义捐款五万盾支持革命。[3] 苏门答腊棉兰的大资本家张榕轩、张耀轩兄弟，虽然被荷兰殖民政府委任为甲必丹和玛腰，张榕轩还花了 10 万两银子捐得清政府四品京堂的虚衔和候补视察等闲职，可以说同殖民政府和清朝都有密切的联系，但是在武昌起义以后，张耀轩也捐了一笔巨款给孙中山。

第五，捐款支持祖国革命的华侨分布于东南亚和南北美洲、澳洲、非洲、欧洲等地，港澳和台湾同胞在这方面也有所贡献。如香港是孙中山发动和领导革命的重要基地。港商和革命党人在经济上，对维持革命党人在香港设立的革命机构，支持广东地区发动的武装起义和后来的广东光复活动，都作出了很大的贡献。1895 年，香港兴中会总会成立后，孙中山即在此组织和筹划广州起义。香港革命党人黄咏商变卖其苏杭街大楼捐作革命经费。香港商人李纪堂生平为革命所捐的经费达 100 万左右，是革命党人捐助革命贡献最大者。1910 年，广州新军起义前夕，急需经费，港商、同盟会会员李海云毅然将合股公司之现款两万余元全部提出，以充军用。广东光复后，港澳同胞为支持广东政权的建立，更捐助了近 240 万银元的大笔款项。孙中山在海外各地从事革命宣传和筹款活动的旅费，亦多赖香港的革命党人及留欧、留日学生的捐助。[4] 这说明广大华侨的爱国之心是一致的，他们都热爱祖国，关心乡梓，盼望家乡发展，祖国富强，民族振兴。随着革命形势的发展，捐资助饷的华侨由东南亚逐渐扩展到美洲、澳洲、欧洲甚至非洲等地，但从世界各地的华侨为历次武装起义提供的经费来看，东南亚华侨所起到的作用是最为

---

① 南洋研究（第三卷第一期），1930－01－01

② 邹鲁．广州辛亥三月二十九日革命记．广州：中日文化协会广东省分会，1944.9～10

③ 张希哲，陈三井．华侨与孙中山先生领导的国民革命学术研讨会论文集．台北：国史馆，1997.92

④ 洪丝丝等．辛亥革命与华侨．北京：人民出版社，1982.44

重要的。东南亚华侨一直积极支持国内的革命运动，是革命党人在海外筹集革命经费的主要阵地，位于捐资贡献之首。有人推算，东南亚华侨为革命武装起义提供的款项共达 2 115 839 元，占全部华侨捐款 3 942 810 元的 53.66%（其中新加坡、马来亚地区捐助 1 019 555 元，占 25.86%；越南、暹罗 633 434 元，占 16.07%；缅甸 278 800 元，占 7.07%；印度尼西亚 184 050 元，占 4.67%）。①

第六，华侨广泛地支持国内革命，离不开孙中山对各会党的发动，会党中的华侨成为孙中山革命活动的强大支持力量。在美洲，孙中山积极发动致公堂，致公堂对孙中山及其革命思想的接纳，使得革命思想在华侨中蔓延开来。1894 年孙中山在檀香山成立的兴中会组织，基本上是一个商人和小资产者的组织，在美国一般华侨中的影响并不大，孙中山得到华侨真正全面的支持是在 1904 年他加入美洲洪门致公堂之后。美洲洪门致公堂为会党秘密组织，总部设在美国旧金山，分堂遍及圣路士、芝加哥、纽约、波士顿、华盛顿和费城等各城市，有秉公堂、瑞瑞堂、协英堂等几十个堂口和同乡会组织。致公堂侧重于“兄弟义气”，同乡会偏重“乡里感情”，这些堂口和同乡会都属于中下层华侨劳动人民、小商小贩的帮会组织。洪门创始于清初康熙年间，是清朝民间秘密结社组织，原为天地会的对内名称，三合会、哥老会是其支派，在海外其他地方称“洪顺堂”或“义兴会”。洪门以“反清复明”为宗旨。随着清朝海禁渐开，部分洪门会员为躲避清政府的迫害，相继逃往美洲等地，组成致公堂。太平天国运动失败后，部分太平军将士也逃往美洲，遂使致公堂势力日益强大。随着时间的推移，其民族意识日益淡漠，渐变成为慈善团体。当时的洪门，在美洲的势力非常强大，在华侨中有很好的群众基础，十之八九的华侨都参加了洪门会党，会党对华侨中下层颇有影响力和号召力。孙中山深刻认识到，如果不加强与会党组织的联合，革命工作就难以在美洲华侨中扎根，也很难遏制保皇派势力在华侨

① 吴凤斌．东南亚华侨通史．福州：福建人民出版社，1993．508

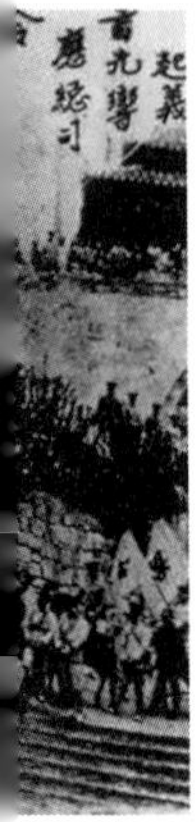

中的蔓延之势，因此他认为欲收革命宣传之实效，必须借助洪门的帮助，通过洪门来打开革命局面，于是他积极利用洪门致公堂组织来接近华侨社会，深入开展革命宣传活动。

1904 年，孙中山在其母舅的介绍下加入了洪门致公堂，极大地争取到了广大华侨对革命派的支持和保护。如 1904 年 3 月，孙中山抵达美国旧金山。为了阻挠孙中山的革命活动，当地保皇派串通美国移民局官员，诬称孙中山的檀香山出生证是伪造的，将他囚禁于移民局的小木屋。全美致公堂的首领黄三德闻讯后立即开展营救工作，他与致公堂英文秘书兼《大同日报》总经理唐琼昌等人，以 5 000 美元将孙中山保出，又延请律师同华盛顿有关当局交涉，终于使孙中山得以脱险。① 孙中山获释后，受到致公堂黄三德等人的热情接待，在致公堂下榻，就职于中西日报社，并开展公开演说，宣传反清革命，召开兴中会救国筹饷大会，发表演讲，鼓励华侨购买革命军需债券等。在越南，孙中山积极发动三合会加入到革命中来。他召集各地各帮洪门三合会堂口首脑会议，指出华人都是同胞兄弟，大家同样饱受外人的压迫和欺侮，应该团结起来共同对外，尽弃前嫌，团结互助，继续发扬洪门反清复明的革命精神，同心同德地支援祖国反清救国的革命斗争。孙中山还将部分洪门会堂口合并，把这些革命的外围组织转变成具有革命任务的政治团体。经过孙中山及其领导的革命党人的不懈努力，洪门三合会各帮派开始逐步觉醒，有的还积极从事革命活动，成为革命党在越南西贡、堤岸经常活动的革命组织。②

第七，收取会员会费也是革命经费的一个重要来源。孙中山在檀香山成立兴中会时，兴中会的章程中就明确规定：凡入会之人，每名捐助会费 5 元。在同盟会成立之初，也规定会员的会费为 10 元，但由于会员各自的情况有异，在缴纳会费时可视情况而定，“海外华侨多照纳，

---

① 吴相湘．孙逸仙先生传（上册）．台北：远东图书公司，1982. 404

② 李本义．孙中山对外方略．北京：中国社会科学出版社，2006. 226

留学生及国内党员多免费”[①]，新加坡同盟会成立时，其章程规定入会者须缴纳会费底捐2元，另缴纳常年捐每月五角。[②] 荷属文岛八港支会也规定，入会底金每人得捐银二盾五方，每月每人例捐银五方[③]。另有基本捐及特别捐，其他海内外革命党人也各依当地货币缴纳会费的规定。1904年，孙中山在改组美洲致公堂时，就强调美洲洪门人数众多，总数有七八万人，仅注册费一项，即可得美金二十万元以上[④]，若能充分发动，必为革命的重要力量。尽管会费为数不多，但在革命形势尚未充分发展之前，对维持革命的进行具有一定的效果，如1895年的广州起义，兴中会会员所缴纳的会费底银是这次起义经费的重要组成部分。

总之，无论是对革命派的武装起义的军饷资助，还是为组织武装起义的各种机构的运转，以及孙中山等革命派在海内外的宣传和组织活动，广大海外华侨都作出了巨大贡献。华侨为革命的付出，就如孙中山所说，他们“不图丝粟之利，不慕尺寸之地”，“一团热诚，只为救国”。广大华侨“含辛茹苦，挚爱宗邦”[⑤]，为中国民主革命的推进，中国近代社会的发展与进步涂上了浓墨重彩的一笔，为中国近代历史谱写出了感人的诗篇。

由于捐款渠道多，持续时间长，捐款的货币不同，故整个辛亥革命期间，海外华侨到底捐赠了多少经费没办法完全统计出来，具体的原因有：革命活动在当时被认为是非法的，所以只能秘密地在华侨中募捐，或者由同盟会外围组织出面筹款，所以关于革命捐献的正式记录，大部分并未记载，相当多的捐款人也拒绝将其名字备案；当时华侨的大宗捐款是通过多种途径汇往国内供革命之用，有的是汇往同盟会各支部再转

---

① 冯自由．革命逸史（第四集）．北京：中华书局，1981.5

② 中华民国开国五十年文献编纂委员会．中华民国开国五十年文献（一编十一册）．台北：正中书局，1966.521

③ 中华民国开国五十年文献编纂委员会．中华民国开国五十年文献（一编十一册）．台北：正中书局，1966.586～587

④ 冯自由．华侨革命开国史．台北：台湾商务印书馆，1975.56

⑤ 许师慎．国父当选临时大总统实录（上册）．台北：国史丛编社，1967.223

到国内的，有的则直接汇给每次武装起义的领导者，因此无法确切统计；还有的捐款数据和资料鉴于当时革命的秘密性，经过审慎考虑后被销毁了；革命党的许多资料也曾被意外销毁，有些则因为人员更迭或会址迁移而丢失，华侨捐款的资料也在其中。因此，现存的资料，很多都是支离破碎、不完整的。总之，当时华侨支援革命的方式有很多，不同的捐助方式或途径使得将所有革命捐助者完整记录下来存在相当的困难；同时，当时并没有任何机构专门负责记录华侨的捐款数额，许多记录都是在辛亥革命成功之后才撰写的，因而无法提供准确的数据。所以学界对海外华侨进行革命捐助方面的分析和研究仅能根据目前发现的资料以及从兴中会、同盟会举行的武装起义的经费来源中进行探讨，无法汇总出准确的数据，但可以肯定的是真实的数额要远远超过这些数据。

第五章
冲锋破敌　前赴后继

辛亥革命是以武力方式推翻清朝封建统治的革命。为了实现革命的目的，孙中山等革命党人先后发动了多次武装起义。孙中山在发动武装起义的过程中，以海外华侨社会为策源地和根据地，采取里应外合的模式，先后在中国南方边境地区发动了10次武装起义，这些武装起义都得到了海外华侨的大力支持。他们虽然屡战屡败，但也屡败屡战。在革命胜利前的漫漫黑夜里，海外华侨表现出无私无畏的英勇精神，他们不怕牺牲，前赴后继，为夺取革命的最后胜利作出了巨大的贡献。

第一节　武装起义的初起和发展

19世纪末20世纪初，经过义和团运动冲击和八国联军侵扰后的清政府，希冀凭“新政”来挽救其摇摇欲坠的统治，摆脱其危亡的处境。然而此时的清王朝已是日薄西山，气息奄奄，恰如“一座即将倒塌的房屋，整个结构已从根本上彻底地腐朽了”①。内则“政治不修，纲维败坏”，朝廷则“鬻爵卖官，公行贿赂”，“官府剥民刮地，暴过虎狼，盗

① 孙中山选集（上册）．北京：人民出版社，1956. 62

贼横行，饥馑交集，哀鸿遍野”①，外则“列强虎视鹰瞵，久垂涎我中华五金之富，物产之繁，蚕食鲸吞，已效于踵接，瓜分豆剖，实堪虑于目前”②。内乱外犯、生灵涂炭、民族危亡的危险处境，一方面使得清朝统治阶级无法照旧统治下去，人民也无法照旧生活下去，另一方面也迫使中国人民为救亡图存不可能有稍事退却之心和充分积蓄力量的余暇。于是要求进取的各阶级阶层从其可能达到的认识水平出发，在不同水准上寻求救国的真理，进行救国的尝试。农民的抗捐抗税、反洋教斗争等烽烟四起，资产阶级改良派的改良立宪浪潮风行一时，资产阶级革命派则举起反清革命的旗帜，发动了多次武装起义。

东南沿海通商口岸城市、香港、澳门以及海外华侨社会，地处中西社会交往的前沿，对世界潮流的感知和反应也较中国内地更加敏锐、更加迅速。经过几十年与西方社会面对面的接触，已经形成了异于传统中国的经济、社会和文化环境，新的变动趋势正在那里萌生。

孙中山在谋划革命斗争时明确提出：“盖起点之地，不拘形势，总求急于聚人、利于接济、快于进取而矣。”根据这三项原则，“我同志之士相率潜入内地，收揽所在之英雄，先据有一二省为根本，以为割据之势，而后张势威于四方，奠定大局也”③。在此思想指导下，广东、广西等沿海沿边地区逐渐成为孙中山发起武装斗争的目标。随着孙中山在海外的活动据点由日本、中国台湾向越南、新加坡的转移，孙中山选择的发难地点也相应地由广东沿海自东向西至广西沿海及广西、云南沿边地区转移。④

革命虽在中国本土发生，但革命党人的大部分活动都是在海外进行的。这10次起义的发难方式，除广州新军之役外，其他各次起义都是

---

① 冯自由．华侨革命开国史．华侨与辛亥革命．台北：台湾商务印书馆，1975．4

② 冯自由．华侨革命开国史．华侨与辛亥革命．台北：台湾商务印书馆，1975．5

③ 广东省社会科学院历史研究室，中国社会科学院近代史研究所中华民国史研究室，中山大学历史系孙中山研究室．孙中山全集（第一卷）．北京：中华书局，1981．182～184

④ 吴剑杰．论辛亥前同盟会内部两种不同的起义战略．见中国史学会．辛亥革命与二十世纪的中国（上）．北京：中央文献出版社，2002．265

采取里应外合的起义模式。起义不仅需要革命党人在海外华人社会进行长期的动员，而且由于时常受到帝国主义国家在清政府的压力下的干涉而倍显艰难。这10次起义基本上是“输入式革命”，在人力、物力方面对海外华人社会的依赖较大。海外华侨对孙中山领导的历次反清起义鼎力相助，因而被孙中山称为“革命之母”。

一、广州起义

1895年兴中会发动的广州起义，也称“乙未广州起义”，是自太平天国农民反清斗争以来中国人举行的第一次有组织、有领导的反清起义，也是华侨参与的第一次对清政府的武装进攻。此次起义，檀香山华侨为主动者，香港华侨与革命志士则居协助地位。[①] 它是孙中山在檀香山成立兴中会以后举行的第一次武装起义，揭开了孙中山领导的革命武装斗争的序幕。

1. 成立革命组织，华侨积极响应，酝酿革命

首先，就社会形势而言，1895年前后的中国虽然面临重重危机，但还未到一触即发的革命边缘。[②] 甲午战争的失败，确实加剧了本已紧张的社会矛盾。但在青年孙中山看来，这种形势却正是举事的有利时机，“同志之人所在而是，其上等社会多不满意于军界，……人民怨望之心愈推愈远、愈积愈深，多有慷慨自矢，徐图所以倾覆而变更之者”[③]。

1895年广州起义所依托的主要是海外华侨。孙中山当时并未形成为某个阶级的利益而革命的想法。之所以最先寻求华侨的支持，不是因为他清楚地认识到后者具备革命精神，而是因为他的基本关系网络就位

① 黄珍吾．华侨与辛亥革命．台北：台湾国防研究院，1963

② 李恭忠．青年孙中山的革命想象——1895年广州起义再探．社会科学研究，2005（1）

③ 广东省社会科学院历史研究室，中国社会科学院近代史研究所中华民国史研究室，中山大学历史系孙中山研究室．孙中山全集（第一卷）．北京：中华书局，1981. 52

于华侨社会当中。①

1894 年 11 月，辛亥革命的旗手孙中山于檀香山创建兴中会，欲推翻清朝，缔造共和国。据统计，1894 年至 1895 年参加兴中会的有名可考者共 178 人，其中 79% 为华侨。② 但是，参加兴中会的华侨只是少数。当时华侨中大多数人对民主革命主张尚不理解，有些人还把孙中山的宣传视为谋逆图乱言论，怕引来破家灭族之祸，避匿不及。孙中山“奔走逾月，仅得同志数十人”③。这表明，华侨还未形成一支反清力量，更谈不上成为民主革命的阶级基础。当然，正如史扶邻指出的：“即使是海外华侨社会中的一小部分在政治上被激发起来，也是一个具有重大意义的新气象。”④ 只不过在 1895 年前后，这一趋势尚不明显而已。

兴中会成立之后，除着手筹措经费外，还组织部分会员进行军事训练。邓荫南以近 50 岁的年纪积极参加，并满怀豪情地说：“我生平就喜好打猎，枪法准确得能从身后反身打中飞鸟，百无一失。又能自制炸药，回国参加武装起义，是一把好手呢。”随后，邓荫南毅然变卖了全部家产，得款近 2 万元，悉交孙中山安排使用。孙眉也以每头牛六七元的价格，贱售自己畜牧场的牛，以充革命起义的费用。由于邓荫南、孙眉带头捐献，1895 年广州起义的准备工作得以顺利进行。

1895 年初，孙中山先行启程回国，抵香港后即召集陆皓东、郑士良、陈少白等，联合杨衢云、谢瓒泰领导的辅仁文社⑤成员，创立兴中会总部。他们在香港租了环士丹顿街 13 号为总部机关，对外称“乾亨

---

① 李恭忠. 青年孙中山的革命想象——1895 年广州起义再探. 社会科学研究，2005（1）

② 沈渭滨. 孙中山与辛亥革命. 上海：上海人民出版社，1993. 64

③ 冯自由. 革命逸史（第四集）. 北京：中华书局，1981. 3

④ ［美］史扶邻. 孙中山与中国革命的起源. 台北：谷风出版社，1987. 39

⑤ 关于辅仁文社的性质，目前学术界看法还不尽一致。吴竞、陈长兵在《略论杨衢云》［苏州大学学报（哲学社会科学版），1957 年第 3 期］中指出，“有的称它是中国近代史上第一个含有反清革命因素的资产阶级先进政治团体。我们认为，这种说法，似嫌过誉”，他们认为辅仁文社当是一个具有进步倾向和有较多西学知识青年的爱国团体。李吉奎也认为辅仁文社是我国近代第一个砥砺志节、研究西学的爱国学术团体。

行”，以作掩护。邓荫南与宋居仁、夏百子等相继回国，参与总部工作。虽然在反清起义的初期阶段，回国参加起义的华侨人数不多，但他们均是起义的骨干，在策划和领导起义中起到了重要作用。[①] 这样，形成了以孙中山、杨衢云、陆皓东、陈少白、谢瓒泰、郑士良、邓荫南、黄咏商 8 人为主的战斗核心力量。而这正是檀香山兴中会所没有解决的大问题。在这个战斗核心的领导下，他们迅速发动武装起义，为实现资产阶级共和国的理想，走上了武装推翻清朝统治的道路。

兴中会总会在筹备发动广州起义时，议决由孙中山驻广州，专任军务，郑士良、陆皓东、陈少白、邓荫南等佐之，杨衢云驻香港，专任后方接应及财政事务，负责筹措军饷、购运军械与募集会党等工作，黄咏商、谢瓒泰等佐之。不久，又决定了“遴选健儿三千人”，由香港乘轮船至广州起事的策略。

随后，邓荫南等人又随孙中山到广州双底门王家祠云冈别墅设立起义指挥机关，对外假称“农学会”，以研讨农桑新法为名，掩护聚集起来的力量。队伍扩大后，又在东门外张公馆和双底门圣教书楼后礼堂增加了分机关，在广州共建立大小据点数十处。兴中会成员还策动清军防营、水师，联络会党武装，经过半年的努力，各方面条件日臻成熟，遂定于这年的重阳发动起义。

2. *召集志士，筹措革命经费，秘购和运送武器*

在召集志士方面，杨衢云与三合会有密切的关系。谢瓒泰的父亲是一位著名侨商，隶三合会籍，“时以满虏吞灭华夏之历史训迪”其子，与三合会更有直接关系。前面提到的兴中会决议，“遴选健儿三千人”，实际上是说召集三合会会员三千人。陈少白曾说过：“到九月初八晚上（旧历），由他（指杨衢云——引者）带了三合会三千人，搭夜船到省城，天亮到岸，我们就马上动手。”这是很好的例证。杨衢云等经过半年左右的努力，到广州起义时虽未达到会党三千人之数，但据记载，会

---

① 任贵祥．华侨与中国民族民主革命．北京：中央编译出版社，2006. 54

党头目朱贵全说：“乙未之役，自香港率同志二百余人入粤，在码头被捕……殉义。”又载另一个会党头目丘四说：“乙未之役，自香港率同志二百余人入粤，事泄被捕，……殉义。”据孙中山面责杨衢云时说：“随后我打电（报）止你不来，隔一日，你又不多不少派了六百人来，把事情闹糟了，……人又被杀了。”从以上记载可知，在广州起义前夕，杨衢云在香港派三合会头目朱贵全、丘四率领会众五六百人赴广州。这个数字，表明杨衢云在搜罗志士方面，虽未达预定的人数，但已是一支可观的队伍了。[①]

起义前，“先生在港曾接纳三合会首领，并亲自调查其实力，约定时间在茶楼饮茶，先生入时，凡起立者即会员。先生如约前往，至十余处，每处茶客起立者百数十人，喜出望外。实则其头目事先邀集工人充数，为一骗局”[②]。又据起义失败后，两广总督谭钟麟的奏折中提到：“又提截获之四十余名，分别审讯。据供，皆在香港佣工度日，闻杨衢云言省城现在招勇，每月给饷十元，先给盘缠，附轮到省，各给红带一条为号，不意上岸即被截住，实系为招勇而来，并不知有别事。反复推诘，各供如前。”由此可见，会党们并无大志，受金钱的吸引，他们才加入到革命队伍中来。对会党缺乏深入的思想和组织上的整顿，革命党人仅依靠单纯的金钱关系来利用会党，往往造成会党们来去自如，对革命贻害无穷。最终会党的散漫性使杨衢云无法如期派出起义人员，比原定时间晚了两天。作为主力之一的香港部队的延误是起义的一个重大失误，杨衢云应负掌控不力之责。[③]

在筹措起义经费方面，孙中山在檀香山曾筹得一笔，但款额并不大，据《革命逸史》记载：“至（1894 年）12 月初旬，总理核算所得约合港币一万三千元，遂即束装归国。”而杨衢云在香港筹款，得到了香港议政局议员黄胜之子黄咏商的大力资助。“乙未（1895 年）春，杨

---

① 吴竞，陈长兵．略论杨衢云．苏州大学学报（哲学社会科学版），1957（3）

② 陈锡祺．孙中山年谱长编（上册）．北京：中华书局，1991. 88

③ 简婷．评 1895 年广州起义中的杨衢云与孙中山．湖南师范大学学报，2009（5）

衢云筹措饷粮，尝裔其祖产苏杭街洋楼以助”，“得资八千元”。[①] 另外，香港日昌银号店主余育之贡献颇多。“乙未广州重阳之役，由杨衢云介绍入兴中会。时国人视谋反大逆如蛇蝎，育之独慨助军饷万数千元，密约衢云、咏商等至红毛坟场交款。”[②] 杨衢云总共筹得多少经费，限于资料，无法说清，但就上述黄咏商、余育之两家献款而论，合计港币两万多元，就多于孙中山在檀香山所筹款数。而檀香山兴中会，“于总理归国后，即不能有所接济”。那么，我们可以这样估计，广州起义的军费，大多依靠杨衢云等人的筹措，这是不夸张的。[③]

广州起义的枪支弹药，也大多是由杨衢云等购买秘运到广州的。1895 年 10 月初，杨衢云以香港沙宣洋行文员杨汝商的名义，向香港同德店购买了一批军械，其中包括短枪及火药，分装为五大箱，稍后杨衢云与两名男子委托广兴源庄把这五箱“英坭”经省港轮“保安号”于 10 月 27 日运往广州，收货人为广州市内美国长老会礼拜堂王牧师。然而“当保安轮船由香港启碇后，党人所备用之洋枪七箱”，“忽为多数杂货所积压，临时无法取用，党人失此武器，如缺左右手”，“及该轮抵广州时”，“捕获丘四、朱贵全等四十余人”。最后“那七个标有‘波特兰士敏土’的木桶的收货人不来认领，才对它产生怀疑。发现这些木桶装了二百多支左轮手枪”。[④] 杨衢云将小洋枪藏在五个士敏土（即所谓红毛泥）桶内，本是十分周密的安排，如果不是“收货人不来认领”，根本没有人怀疑那几个木桶。但他后来因此遭到革命党人的攻击。孙中山在总结革命教训时，指出 1895 年广州之役“本可一击而生绝大之影响，乃以运械不慎，致海关搜获手枪六百余杆，事机乃泄”[⑤]。

正如美国学者史扶邻所说：“尽管杨衢云在香港的作用，后来成为内部争论的问题，但英国有关这个事件的详细记载，却充分证明杨衢云

① 冯自由．革命逸史（第四集）．北京：中华书局，1981．38

② 冯自由．革命逸史（第四集）．北京：中华书局，1981．45

③ 吴竞，陈长兵．略论杨衢云．苏州大学学报（哲学社会科学版），1957（3）

④ 简婷．评 1895 年广州起义中的杨衢云与孙中山．湖南师范大学学报，2009（5）

⑤ 孙中山选集．北京：人民出版社，1981. 193

是很自觉地执行这个最困难的使命的。”上述杨衢云在香港筹措革命经费，招罗起义志士和购运枪支弹药，就是他“自觉地执行这个最困难使命”的成绩。此外，杨衢云还与孙中山多次密谈，共同制订起义计划。

广州起义，最后因“货不能来”和主力部队汕头与西江队伍不能如期赶到而流产。“除汕头与西江两军外，又有四百人自香港驰至。迨会兵之期已届，各军与省城之距离，军行约四小时可达；又有卫队百名，身藏利器，巡行于兴中会之四周；复有急使三十人，奉会员命分赴各邑，令党人于翌晨同时起事。讵意会员部署略定，忽有密电驰至，谓西南、东北两军（指汕头与西江两军）中途被阻。两军既不得进，则应援之势已孤，即起事之谋已败。然急使已遣，万难召回。一面又连接警报，谓两军万难进行，幸彼此各自为谋，未尽覆没。于是党员急起而消灭种种形迹，毁文籍，藏军械，且连电香港，令缓师。然香港党员接电之时，已在港军尽发之后”，“于是该党员及其部众尽投于罗网矣”。[①]

至于港部在广州被捕，造成的不必要的损失，说法不一。孙中山的记述是：“……且连电香港，令缓师。然香港党员接电之时，已在港军尽发之后”，“于是该党员及其部众尽投于罗网矣”。[②] 简婷在文章中认为，杨衢云九月十日（旧历）派港部下省有多种可能，要么孙中山慌乱之中，没顾得上给杨衢云发电报；要么，电报发了，但到达杨衢云手中时，为时已晚，人员与枪械均已下船；还有一种可能，那就是电文的内容并非“止二队人不来”。总之，广州起义未发动即告失败，存在主、客观两方面的原因。

1895 年的广州起义，作为资产阶级革命派的第一次反清起义，它的失败也不无积极意义，播下了反清革命的种子，奠定了日后反清革命成功的基础。

---

① 孙中山选集．北京：人民出版社，1981．21

② 孙中山选集．北京：人民出版社，1981．21

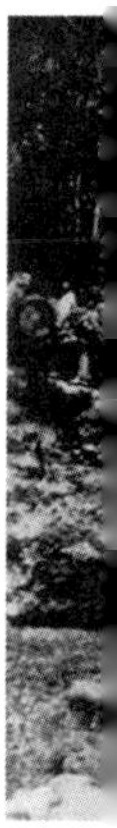

二、惠州起义

甲午战争后，清政府对外无耻地出卖国家主权，对内实行残酷的镇压，整个封建统治集团可谓千疮百孔。而列强此时却大大加强了对华的侵略，外国资本大量输入，进一步加剧了中国农村经济的破产，人民生活更加痛苦，民族危难进一步加深。这终于导致1900年中国北方爆发了声势浩大的义和团反帝运动。于是各帝国主义国家联合起来武装侵华，令清朝统治力量遭到严重削弱。在这种情况下，兴中会企图利用义和团运动兴起后列强和清政府之间矛盾激化之机，争取英、日政府的支持，寻求同汉族官僚的合作，在广州和惠州发动武装起义，策动两广建立南方共和政府。在这次起义中，广大华侨积极宣传革命思想，在联络会党、争取外援、吸收新的革命力量、指挥起义等方面均发挥了重大作用。

1. 争夺阵地，宣传革命

1899年7—8月，革命派在日本印制各种反清革命宣传品，以“中国合众政府”的名义寄发给亚、澳以及其他洲华侨，革命思想广为传播。同时在日本东京等地，与保皇派争夺革命阵地的斗争也异常激烈。1900年4月，革命派资助郑贯公等在横滨出版《开智录》半月刊，该刊反对保皇，提倡自由平等思想。

1899年秋，孙中山派陈少白由日本到香港筹办《中国日报》，宣传革命。陈少白抵港后，设报馆于中环士丹利街24号，孙中山不久又派人将印刷机、铅字等运送到香港。经数月筹备，该报于1900年1月正式出版。当时筹备起义的机关，就设在香港《中国日报》的三楼。1899年12月22日，孙中山亲自绘制的《支那现势地图》付印，并在跋语中指出：“迩来中国有志之士，感慨风云，悲愤时局，忧山河之破碎，惧种族之沦亡，多欲发奋为雄，乘时报国”，本图对“已割之岩

疆，已分之铁路，则用着色表明，以便览者触目惊心”。[①]

2. 联合会党，增强革命力量；多方联络，争取外援

同盟会成立前后，会党是孙中山发动反清起义的主要依靠力量。孙中山生长在三合会非常活跃的珠江三角洲地区，从创立兴中会开始就注意联络会党的力量为己所用。他这样做的原因有以下三点：其一，会党具有反清传统，他们在反清的问题上与兴中会有着一致性，便于兴中会实行联络。其二，会党是一支有现成组织的冲击力量，有联络利用的价值。1898 年，孙中山在同宫崎寅藏谈及此问题时指出：“这次起义必须有三合会的支援，要跟三合会取得联络，可成立近乎完整的革命军。”其三，三合会内有一批会党的骨干分子，成为联络会党的畅通渠道和便利条件。他们成为日后兴中会联络会党的得力干部。[②]

会党是下层劳动群众中最富有反清斗争精神的秘密组织。惠州是会党活动比较活跃的地区，“其人民十居八九已入反清复明之会，其人亦最强悍，官府不敢究之”[③]。归善（今惠阳）县有些会党分子在惠州起义前夕致书香港《开剌西报》说：“我等在家在外之华人俱欲发誓驱除满洲政府，独立民权政体。”[④] 孙中山深感“内地之人，其闻革命排满之言，而不以为怪者，只有会党中人耳”[⑤]。

兴中会成立后，孙中山也吸收了大量会党分子参加兴中会。在冯自由的《兴中会会员人名事迹考》中，惠州会党加入兴中会者有 20 人。这些加入兴中会的会党分子，无疑要接受兴中会革命宗旨的教育，即使没有加入兴中会而参加武装起义的会党分子，革命派也要向他们“发挥

---

① 广东省社会科学院历史研究所，中国社会科学院近代史研究所，中华民国史研究所．中华民国史资料丛稿·孙中山年谱．北京：中华书局，1980．43

② 周兴梁．孙中山庚子惠州起义的性质和特点．广东社会科学，2001（3）

③ 广东省社会科学院历史研究室，中国社会科学院近代史研究所中华民国史研究到，中山大学历史系孙中山研究室．孙中山全集（第一卷）．北京：中华书局，1981.3

④《中国近代史资料丛刊》编委会，中国史学会．辛亥革命（一）．上海：上海人民出版社，1957．241

⑤《中国近代史资料丛刊》编委会，中国史学会．辛亥革命（一）．上海：上海人民出版社，1957．7

兴中会之宗旨，及珍总理之生平”，使他们接受民主革命的思想影响。孙中山强调：“我同志必须能指挥下等社会有组织之团体，而后于事有济。”①

惠州起义地点三洲田（今属深圳市），“向为三合会党渊薮，郑士良夙为党中重要人物”②。1899 年秋，孙中山命郑士良、陈少白等在香港设立联络会党机关，与广东三合会取得密切联系。又命毕永年等再入长江流域，对哥老会各首领进行串联、发动。11 月联络会党的工作就绪后，兴中会邀哥老会、三合会各首领集会于香港，与会者有陈少白、郑士良、杨衢云、毕永年、杨鸿钧、李云彪、事鸿恩、张尧卿、李华棠、宫崎寅藏等十余人。议定三会结成一大团体——兴汉会，公推孙中山为总会长。会后不久，毕永年领杨鸿钧、李云彪等会党首领赴日本会见孙中山，就起义筹备工作进行商谈。

1900 年 6 月 11 日，孙中山偕郑士良、杨衢云等自横滨乘轮船赴香港。6 月 17 日，船抵香港海面，因港英当局不准其登陆，便在船上举行会议，研究起义的准备工作。会上决议“由郑士良督率黄福、黄耀庭、黄江喜等赴惠州，准备发动；史坚如、邓荫南赴广州，组织起事及暗杀机关，以资策应；杨衢云、陈少白、李纪堂在港担任接济饷械事务，日本诸同志则留港助杨、陈、李等办事”③。

7 月 16 日（农历六月十二日），孙中山从西贡乘轮船抵香港九龙海面，又在船上开紧急会议。根据孙中山的建议，决定将在惠州发难的指挥权交给郑士良，福平诚在香港主持起义筹备工作，陈少白、杨衢云等负责接济饷械，毕永年再赴长江流域联络会党，孙中山则转道日本赴台湾，待起义发动后再设法潜入内地。

在惠州三洲田起义前，郑士良便“奉总理命经营惠州军事，所有

---

① 广东省社会科学院历史研究室，中国社会科学院近代史研究所中华民国史研究室，中山大学历史系孙中山研究室．孙中山全集（第一卷）．北京：中华书局，1981. 271

② 《中国近代史资料丛刊》编委会，中国史学会．辛亥革命．上海：上海人民出版社，1957. 236

③ 冯自由．中华民国开国前革命史．上海：中国文化服务社，1944. 81 ~ 82

惠、潮、嘉各属会党及绿林首领黄福、黄江喜、梁慕光、黄耀庭诸人俱受节制”[①]。因此，美国史学家史扶邻说孙中山“选择惠州作为第二个革命战役的场所，大概是由于郑士良的影响。郑士良是那个地区理想的野战总指挥。他是归善当地的客家人，长期以来一直是三合会会员。虽然战士都是从广东各地包括香山招募来的，但大多数来自惠州，并且是客家人和三合会会员”[②]。可见，郑士良及其所联络的会党是影响孙中山选择在惠州起义的重要因素。由于起义前对会党做好了联络工作，故起义爆发后不久，起义队伍便迅速发展到2万余人，其中大多数为三合会会员，而最初起义的参加者中，三合会会员则占70%。

9月25日，孙中山由神户经马关赴台湾。28日抵基隆，旋在台北建立起义指挥中心，召集了一批军事人员，并与日本驻台湾总督儿玉源太郎的代表后藤新平（当地民政长官）取得联系。日本政府原想乘机占领福建沿海地区，便假装支持孙中山的起义计划，后藤新平“许以起事之后，可以相助”。但在9月底，日本政府经过评估国际形势后决定放弃这个计划，于是对孙中山的态度也发生了变化，采取防范、干涉的做法。[③]

3. 吸收新会员，形成新的革命中坚

杨衢云在香港主要是与陈少白、李纪堂等做接济饷械的策应性工作。尽管杨衢云在1895年的广州起义中备受责难，但他仍希望与孙中山会合，从头开始。在流亡东南亚、南非期间，他扩大了兴中会的影响。在日本活动期间，他参加了横滨侨界对保皇派的斗争，与保皇派一边合作，一边又进行斗争，积极散发革命传单，鼓动中国人民起义；为准备惠州起义，他积极奔走。据陈少白说，杨衢云“精神魄力，胜于常

---

① 冯自由．革命逸史（初集）．北京：中华书局，1981. 24

② ［美］史扶邻．孙中山与中国革命的起源．丘权政，符致兴译．北京：中国社会科学出版社，1981. 198

③ 过去一般认为伊藤博文组织日本新内阁后，才不准孙中山在台湾活动，禁止日本人参加起义军。孙中山本人也是这样认为的。但事实上，日本政府的态度在山县有朋内阁辞职前已经发生了变化。见杨天石，尹俊春．日本政府有关惠州起义电报．历史档案，1986（3）

人”。他“到了香港，安顿好家小，日日到报馆来办那筹备军事的事，无论大小，奔走不倦”，可以说是殚精竭虑，忠诚于革命事业。

在组织上，杨衢云吸收李纪堂、史坚如等为兴中会会员。李纪堂是广东新会人，系香港富商李陞之子，“得遗资百万”，参加兴中会后，慷慨捐献，资助惠州起义。所以冯自由在《革命逸史》里说：“惠州三洲田之役，及《中国日报》历年之维持，多得其助。”后来，李纪堂在接受访问时说：“我由杨衢云介绍加入兴中会，惠州起义时，孙中山交款二万元与我”，“我垫去十八九万元”，而供给《中国日报》之费，月约八百，年约万元。这位“出力的朋友”，后来获得“革命富人”的雅号。史坚如为人“聪明忠实，很有志气”。甲午战争后，痛感国势危殆，他曾叹息说今日的清王朝，正如一座破屋，“败坏至不可收拾，非尽毁而更新之，不为功”。他后来到香港经杨衢云等介绍加入兴中会，积极投身于惠州起义。为了筹措起义经费，他和哥哥史古愚都卖掉了各自的家产。

由此可见，杨衢云的到来促进了惠州起义的发展，形成了兴中会总会新的骨干核心力量。广州起义失败后，陆皓东英勇就义，黄咏商避居澳门，未几因病去世。而此时李纪堂和史坚如的参加，无疑加强和充实了兴中会的核心领导力量。另据惠州起义前夕，由孙中山领衔，与骨干成员杨衢云、陈少白、谢瓒泰、郑士良、邓荫南、史坚如、李纪堂 8 人联名写的《致港督卜力书》，书中提出了《平治章程六则》政治纲领。这署名的 8 人，就是当时兴中会的主要核心领导成员。

此外，杨衢云还奔走于香港地区以及南洋、横滨之间。1900 年 4 月，杨衢云到日本，向孙中山报告起义的准备情况，并请示方略。6 月中旬，孙中山、杨衢云、陈少白、谢瓒泰、郑士良、史坚如等召开军事会议，商定“由郑士良督率黄福、黄耀庭、黄江喜等赴惠州，准备发动起义；史坚如、邓荫南赴广州，组织起事及暗杀机关，以资策应；杨衢云、陈少白、李纪堂在港担任接济饷械事务”。在各方努力下，10 月 8 日（农历闰八月十五日），郑士良以会党为主力，在惠州三洲田起义，派兵猛袭新安县沙湾，清军溃逃。不久孙中山在台湾得知起义已发动，遂积极准备内渡指挥和筹运军械支援，并命郑士良率军东进闽南。10月19日（农历闰八月二十六日），起义军继屡败清军于佛子坳、镇隆、永湖等地之后，于是日进占崩阂墟。这时广东地方政府派兴中会叛徒陈廷威到香港诱降，杨衢云对此反革命花招，未及时识破，反以为有机可乘，企图与之“议和”，并函告孙中山准备接受。这是杨衢云在惠州起义中犯的一个新错误。由于孙中山的坚决拒绝，这种“议和”论调，犹如昙花一现，很快便烟消云散，幸未酿成不良后果。

10月22日，起义军转战至三多祝时，已发展到两万余人。后在清军优势兵力围攻下，粮饷失继。是日，日本人山田良政持孙中山手书至三多祝，书中指示：“政情忽变（指日本更换内阁），外援难期，即至厦门，亦无所为。军中之事，请司令自决进止。”郑士良乃将起义队伍解散，自率少数精锐退往香港。

史坚如闻知三洲田已先期发动，为了解除三洲田起义军的困境，决定铤而走险。他在广州督署近旁租定一所房子，由邓荫南运来炸药，想炸毙德寿。27日，他连夜挖地，安置好炸药引爆设施，燃香施放，但是药线没有点着。28日晨，他再次燃香，外出观察。果然一声轰响，震坍督署后围墙十余丈，德寿自床上抛出坠地。29日，史坚如于码头被捕。

惠州起义虽然失败了，却产生了良好而深远的影响。这次起义是辛亥革命运动准备阶段所举行的具有鲜明特色的第一次武装起义，是孙中山力图以武装革命手段来实现民主共和国理想的最早尝试。这次起义以兴中会的民主革命纲领为指导思想和奋斗目标，是一次具有正规资产阶级民主革命性质的反清军事斗争。[①] 起义军取得的胜利，给敌人以沉重的打击，给革命党人以巨大的鼓舞，革命党人必胜的信念大大增强了。故当时孙中山说：“只要我们有足够的武器装备并作好充分准备，就能

---

① 周兴梁．孙中山庚子惠州起义的性质和特点．广东社会科学，2001（3）：94

轻易地打败清朝军队。"[1]因此黄兴认为"堂堂正正可称为革命军者，首推庚子惠州之役"[2]。

惠州起义代表了时代的进步方向，起到了唤醒国人的作用。起义以活生生的实践，把资产阶级民主革命的种子播撒在东江大地上，把资产阶级革命派舍生取义的光辉形象，深深地铭刻在广大人民的心坎上，并在有识之士中扭转了反清革命是大逆不道的看法，因而备受人们的钦佩。当时不少人也是受此影响而追随孙中山革命的。故廖仲恺把 1900 年惠州起义看作是唤醒国魂的行动。他指出起义群众用自己的头颅和鲜血，起到了使国人惊醒的作用。孙中山对此亦给予很高评价。他说："经此惠州起义失败而后，回顾中国之人心，已觉与前有别矣！当初之失败也，举国舆论莫不目余辈为乱臣贼子……唯庚子失败后，则鲜闻一般人之恶声相加，而有识之士，且多为吾人扼腕叹惜，恨其事之不成矣！前后相较，差若天渊。吾人睹此情形，心中快慰，不可言状。知国人之迷梦已有渐醒之兆。有志之士，多起救国之思，而革命风潮自此萌矣。"

三、黄冈起义和惠州七女湖起义

黄冈起义和惠州七女湖起义，是同盟会成立后，在资产阶级革命思想启迪和影响下，由南洋华侨同盟会发起和领导的两次较有影响力的反清武装起义。这两次起义"负责、联络、发动、财力与一切供应，均为华侨"。

1. 起义准备：舆论、筹饷和选派人才

20 世纪初，人民群众的反抗斗争和武装起义，席卷全国，声势浩大，震撼了清政府的反动统治，有力地推动了革命形势的发展，中国政治生活"沸腾起来了"[3]。面对这一形势，资产阶级革命派在主观上也

---

① 广东省社会科学院历史研究所，中国社会科学院近代史研究所，中华民国史研究所．中华民国史资料丛稿·孙中山年谱．北京：中华书局，1980．51

② 湖南省社会科学院．黄兴集．北京：中华书局，1981. 180

③ 列宁选集（第二卷）．北京：人民出版社，1960. 447

作出了战略安排。早在1904年，孙中山就选定南陲作为发难之区，拟“先取中国南部数省为根据地，然后进窥北部”[①]，并为此做了大量的筹划工作。

1905年夏，孙中山领导的同盟会在日本东京成立，为贯彻用武力推翻清政府的基本主张，选择在粤、桂、滇先行发动武装起义。毗邻这三省的南洋地区，因华侨众多，素有爱国爱乡传统，又有许多人支持反清革命斗争，由此便成为辛亥革命前夕同盟会领导多次起义的策源地。

孙中山曾几次到新加坡同革命党人一起谋划起义。1905年6月中旬，他从西欧坐船东归经新加坡时，与张永福、陈楚楠首次会晤。张永福是祖籍广东饶平的富商，陈楚楠是受张永福所聘主编《图南日报》宣传革命的福建厦门人。两人首先汇报许多爱国侨胞已倾向革命派，并有革命党人回潮汕、闽南地区发动起义的情况。孙中山听后当即赞扬：“侨胞埋头苦干的实际行动好，卓有成绩！”他对已在潮州准备起义尤其赞同，认为那里是粤闽边界地，进行武装起义的回旋余地大，胜算也大，如能成功会产生大的影响。他嘱咐张永福、陈楚楠等从舆论宣传、筹措军饷和物色人才三方面加紧准备。

自此，新加坡革命党人更加重视舆论宣传，广泛发动华侨支持革命派。当时的新加坡是康有为、梁启超保皇派之重地，其党人很多，势力也大。他们为争夺舆论阵地，通过抽签和扩充股份的方式接办《图南日报》，并将其改名为《南洋总汇报》，成为保皇派的喉舌，与革命派对垒。张永福、陈楚楠和张永福的外甥林义顺等人与之进行针锋相对的斗争。一方面，翻印了邹容的《革命军》1万多册，大部分在南洋各埠广泛流传，另有一部分秘密传回粤、闽等地。1904年，林义顺携《革命军》500本回潮秘密散发，黄乃裳也“携五千册回国担任实行工作”[②]。

---

① 陈春生．丁未防城举义记．见丘权政，杜春和．辛亥革命史料选辑（上册）．长沙：湖南人民出版社，1981. 278

② 冯自由．革命逸史（第二集）．北京：中华书局，1981. 162

由是岭东一带“端赖是书传播……覆满之心，遂稍普（遍）”。[①] 同时一批受过西方资本主义思想影响和教育的革命分子，早就在黄冈一带进行活动，宣传反清革命和民主共和思想，这对于黄冈起义的兴起也不无积极意义。1907 年初，谢逸桥自越南归国，向潮、梅各县“力倡革命救国之说”[②]，不久又在松口堡创设师范讲习所，传播革命思想，由此“上而闽之汀漳，下而潮梅各县，学子相率就学门下唯恐后”[③]。这样海内外革命思潮互相激荡，促其汇成大潮，为起义的酝酿和发动创造了一定的条件。

另一方面，革命党人抓紧筹备出版《中兴日报》，宣传革命反清思想，同《南洋总汇报》开展论战，消除保皇派反对革命的思想影响。经过此番宣传鼓动，南洋的革命风气大开，越来越多的爱国华侨唾弃保皇派而转向革命派，为反清革命出钱出力。新加坡的潮籍侨胞知道革命党人正在准备潮州起义，在张永福、林受之、沈联芳、许雪秋等人慷慨捐款的带动下，不少中产阶级以下的富户和小商人及一般工人都踊跃捐款助饷。据新加坡同盟会负责人张永福记载，当地华侨得知国内要举行起义（黄冈起义），每 10 天左右开一次会，研究和通报情况，并进行筹款。每次与会的同志不过三四十人，捐资“竟有数千元的成绩”，到黄冈起义爆发时已捐献 3 万多元。林受之是南洋华侨捐款资助革命的模范，多次捐款，见诸资料记载的至少有 2.3 万元，还有几次捐款没有统计数字。他因为革命慷慨捐献大笔款项，甚至“连两位夫人的私房钱也都献出”，以致“儿女众多，无力使之一一完成教育，只得分散在南洋各埠以自食其力做佣工为生”。赵钓溪等革命党人还奔走南洋各埠向华侨募款。黄冈起义的经费主要由新加坡华侨承担，而其中捐款踊跃、数量较大者多为潮籍华侨。

---

① 《中国近代史资料丛刊》编委会，中国史学会. 辛亥革命（二）. 上海：上海人民出版社，1957. 550

② 冯自由. 革命逸史（第二集）. 北京：中华书局，1981. 181

③ 冯自由. 革命逸史（第二集）. 北京：中华书局，1981. 181

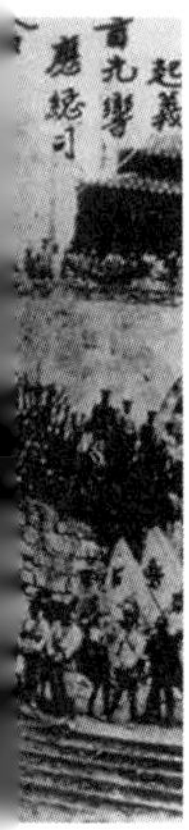

惠州七女湖起义，新加坡、马来亚华侨捐款数目未见确切统计，但起义前夕革命军发行的债券，吉隆坡和霹雳等地华侨均大量购买。1907年经许雪秋之手在南洋发行的200张面额100元的债券，计2万叻币。这批债券主要用于黄冈起义和七女湖起义。根据当时的情况可以断定，这批债券等于无偿捐款，仅此可以反映新加坡、马来亚华侨对七女湖起义的捐款情况。有资料记载，南洋华侨捐款助饷的数量，占同盟会发动六次武装起义包括潮州黄冈起义和惠州七女湖起义所用经费的一半。

1905年，在香港成立了“兼营西南各省军务和党务”的同盟会香港分会，[1] 作为在潮、惠、钦、廉四府并举的组织和领导机构，负责具体制订起义计划和战略事宜。1906年4月初，孙中山又到新加坡，促成当地建立同盟会分会，以承担起义经费和枪支弹药的筹措任务。并且推选张永福为会长，陈楚楠为副会长，首批入会的有20多人，潮籍华侨占近一半。南洋潮籍华侨与许雪秋、陈芸生、张永福等丁未黄冈起义的主要组织者、参加者，就是新加坡“星州同盟会”的第一批会员。随后，孙中山委任许雪秋为中华革命军东军都督，这是同盟会成立制定革命方略以来，孙中山依据方略委任的第一个都督，并颁赐鹰球图章，赋予其亲自创制之青天白日旗旗徽式样，以备将来起义之用，责成在“潮、嘉等地相机发难”。黄冈起义就是由潮汕革命党人许雪秋等人经过多次筹划发动起来的。

许雪秋（1875—1912年），广东潮安人，幼时随父在南洋经商致富，同时受到革命思想的熏陶和西方民主思想的影响，心怀“逐满兴华舍我其谁之志”[2]，早有暗结会党，倡导革命之迹。1904年10月，许雪秋邀黄乃裳、陈芸生等回国，立誓倾覆清朝统治，在潮州黄冈等地“暗结同志，极力宣传”，使“各界志士闻风来归”，[3] 并预计在1905年4

---

① 冯自由. 中国革命运动二十六周年组织史. 上海：商务印书馆，1948. 98

② 冯自由. 革命逸史（第二集）. 北京：中华书局，1981. 183、186

③ 《中国近代史资料丛刊》编委会，中国史学会. 辛亥革命（一）. 上海：上海人民出版社，1957. 550

月19日发难。但由于计划泄露、准备不周而告流产。许雪秋乃远涉南洋，筹备再举。

这次许雪秋自得到孙中山的直接指令后，便着手组织第二次武装起义。陈涌波、余丑（既成）原为黄冈三合会会员。许雪秋、陈芸生从新加坡回国，便联系他们加入同盟会，然后通过他们在黄冈、浮山一带发展会员，壮大革命力量。到1907年初，仅饶平黄冈镇已拥有会党1 000多人。秘密总机关设于黄冈镇担水巷二号“泰兴号”。1906年底，在萍浏醴起义的鼓舞下，许雪秋邀集党众骨干密谋起义，决定在1907年2月19日（农历正月初七）借春节清兵疏于防备之机再举义旗，并安排了各部的具体行动方案。起义计划突击潮州城；另派余既成、陈涌波、余通等在黄冈发动革命党人举义响应。然而这次起义终因“所联络的同志缺乏真正的革命感情”①，加上气候恶劣，狂风暴雨，起义队伍无法按时集结而告流产。事后，许雪秋到达香港，向香港总部汇报了两次起义流产之经过，并按孙中山的指示，决定静待“惠潮两府同时并举”②。第二次起义虽未成功，但对革命群众的鼓舞很大。

同年冬，孙中山欲加快武装起义之步伐，为了靠前指挥，他带上胡汉民、汪精卫等核心人物，离开东京同盟会总部到达越南河内。1907年3月，孙中山“迁革命策动机关于河内甘必达街61号，专经营粤桂滇三省军务”③，亲自担任南陲起义的最高领导。孙中山在旅越华侨中募集起义经费，并派许雪秋、余既成到潮州，邓子瑜到惠州，组织起义。4月，孙中山又特派胡汉民、汪精卫到香港协助冯自由展开工作，具体指导广东的党务和军务工作。孙中山还考虑到，准备参加起义的同志大多是三合会会员，他们的组织纪律性较差，又有会党习气，会影响战斗力，因此决定由东京总部机关选派一批留日学生和南洋华侨知识界的同盟会会员到潮州协助起义。这个决定标志着孙中山在革命动力问题

---

① 金冲及，胡绳武．辛亥革命史稿（第二卷）．上海：上海人民出版社，1991. 160

② 冯自由．革命逸史（第五集）．北京：中华书局，1981. 100

③ 冯自由．中国革命运动二十六周年组织史．上海：商务印书馆，1948. 119

上的转变，从依靠会党转向依靠广大留学界和国内知识界（包括新军）。这次被派遣的是乔义生、方汉城、方瑞麟、方南岗、王斧、郭公接、张煊、李思唐、谢良牧、谢逸桥、李次温、张俞人、方次石等人，其中潮汕籍和福建籍占多数。他们抵潮后被安排参与起义的领导工作，使领导层渗入知识界的进步分子，改变了以会党头目为主的状况。资产阶级革命派的这一系列活动，为黄冈起义的发动做了重要的准备。

2. 起义进行：贯彻革命方略，严明法令军纪

黄冈地处粤之东陲，隶属饶平县，虽为一镇，但“商务繁盛，为闽粤往来之孔道”，不仅具有重要的战略地位，而且是“三合会最盛之区”。在长期的反清斗争之中，会党已成为一股虽较为分散但势力强大的力量。加上黄冈地区会党与海外联系密切，常出没于海外，活跃于港澳，在一定程度上受到西方资产阶级文明的影响，因此具有一定的民主觉悟。同时从兴中会时起，广东地区会党就与以孙中山为首的资产阶革命派有着较为密切的联系，因此较易成为革命派所依赖的主要动力。另外，起义前夕，潮州地区会党的反清活动持续不断。例如，1904 年潮州反屠捐运动，1905 年黄冈反洋教斗争、嘉应的武装起义，等等，次数之多，不胜枚举。这些斗争虽未汇成一股强大的反清洪流，但是严重地动摇了清政府在此的统治基础，打击了地方反动统治势力，为资产阶级革命派的活动提供了有利的条件。同时黄冈临近南海，海陆交通便利，利于获得海外接济，也便于革命派出入活动。再者，地处莲花山区，可谓崇山峻岭，利于革命派迂回作战。这样，会党人数众多和斗争不断的黄冈地区，在一定程度上成为孕育革命的理想温床。

当时的河内是同盟会领导粤、桂、滇武装斗争的大本营。孙中山坐镇河内期间，与原籍饶平黄冈的北圻（今越南北部）侨领许谓滨及其叔父许秀峰过从甚密。这叔侄二人，除了资助和沟通社会名流支持、掩护孙中山在河内的革命活动，还在黄冈起义前先后返回饶平，了解潮汕、闽南的政情和民心，特别是黄冈民众对革命党的支持程度等情况，并及时向孙中山汇报。当孙中山接到香港方面冯自由、汪精卫及许秀峰

的信件后，复电同意在黄冈另行起义，同时从两广斗争全局考虑指出："起义须潮、惠、钦、廉同时发动，以便牵制清军，万勿孟浪从事，致伤元气。"为贯彻这个意图，他将胡汉民派往香港，策应潮汕革命党人的军事部署。

许雪秋暂时留在香港观察两广几处准备起义的进展情况，托付已在潮州的华侨志士、原籍潮安金砂乡的陈芸生主持黄冈起义准备工作。恰在此时，由孙中山指派的安南留日侨生林国英抵潮，被委任为后方指挥官。林国英祖籍饶平隆都乡（今属澄海区），系越南华侨富家之子，其家族与越南潮籍富户多有交往。孙中山派他前来是为方便革命党向安南侨胞募集军饷。林国英不负所托，积极募捐，解决了部分起义经费，并在陈芸生的主持下，与先期到达的方汉城、乔义生等人合作共事。

陈芸生吸取潮州起事不周的教训，他召集海外来援同志和会党首领余既成、陈涌波等人商议军务，特别强调黄冈起义要坚决贯彻《同盟会革命方略》（以下简称《方略》），以体现革命军起义有别于旧式会党暴动。他还带领大家细读《方略》，深入领会革命性质、革命宗旨、国旗、军政府政策、军法军纪及安民布告等内容。由于领导骨干思想明确，各项准备工作进展顺利。新加坡方面在张永福的主持下加紧配合，林受之再次捐款 14 000 叻币，汇至香港胡汉民处转交许雪秋，以助起义。

黄冈起义原定于 1907 年 5 月 25 日，但在 21 日，商民演戏，防兵在台前调戏妇女，逮捕出面干涉的两名党人，并拟搜查泰兴杂货店总机关。负责起义的同盟会会员余既成、陈涌波遂提前行动。22 日晚，余既成聚集 700 余人于黄冈城外，誓师起义。陈涌波为前锋，由北门攻入，围攻都司衙门。当夜忽降阵雨，义军多为旧式鸟枪，弹药尽湿，陈涌波便改用火攻。在熊熊烈焰中，陈涌波叱咤冲突，血战一夜，攻克黄冈，生擒都司隆启等人。革命军旗开得胜，士气空前高涨。革命军在黄冈旧都署设立军政府，因许雪秋在香港未归，于是举陈涌波为临时司令，余既成、张跃为副司令，所有军队组织照《方略》办理，共编成 64 小队。旗号大书"革命军"字样，并以"大明军政都督府孙"以及

"中华革命军政府大都督孙"等名义，布告安民，宣布"游手好闲者杀，强买强卖者杀，奸淫邪盗者杀，吸食洋烟者杀，临阵退缩者杀……并令各生理如常交易"，[①] 因而城内秩序良好。起义军高喊"驱除鞑虏、恢复中华，建立民国、平均地权"等口号，青天白日旗第一次飘扬在黄冈城上。

黄冈之役告捷的消息震动了海内外，香港各报都登载黄冈起义的消息，人民群众和海外华侨欢欣鼓舞。许雪秋闻讯从香港率同志回汕头，分赴各地催促举义响应。清官吏告急，清政府立即令闽、粤水陆清兵围堵黄冈城革命军。5 月 23—24 日，清兵和革命军先后抵达汫洲交战。由于当地豪绅暗通清军，清兵早有准备，革命军初战失利，阵亡 20 多人，革命军及时调整战术，在东灶、下园一带与清兵英勇血战两小时。正当清兵面临危急之际，汫洲海面又来了大批清军援兵，再度激战，革命军支持不住，退守下园乡。26 日陈芸生率领汕头革命军百余人前来增援，但因均是土枪土炮，难以取胜，不得已于午后退回黄冈。汫洲失利，人心浮动。但革命军斗志不减，一面聚众演说，宣传革命必胜和清政府必败的趋势，一面准备转攻潮州城。后来探知清军广东水师 2 000 余人即日来汕头，革命党人在权衡敌我双方力量之后，决定暂时宣告解散。后来，一部分人撤到福建乌山踞守，还有一部分人逃往香港同盟会分会机关，伺机再图。总计这次阵亡、殉难和流亡海外去世的革命党人，起义军战士共 337 人。至此，历时两年，前后发动三次，英勇悲壮的黄冈丁未革命结束了。

为了响应并配合潮州起义，使清军顾此失彼，1907 年 4 月，新加坡华侨邓子瑜奉孙中山之命回国发动惠州起义。当时孙中山计划在博罗、龙门、饶平等地分三路起义。由许雪秋等在黄冈抢占饶平，取潮安等县，然后直插汕头。龙门一路占龙门城，夺河源、新丰等县，攻打韶

① 中国近代经济史资料丛刊编辑委员会．中国海关与辛亥革命．北京：中华书局，1964. 229

关，扩充兵力后挥师直插广州。博罗一路占博罗城，控制石龙，截击敌人水陆运输，回师直取惠州，与许雪秋领导的黄冈起义队伍靠拢，挥师控制广九铁路，再与韶关这路配合攻打广州，南北夹击赶走粤督，建立广东政权。6 月 2 日，邓子瑜、陈纯、林旺等风闻黄冈之役已发动，便带领部分会党武装在归善县七女湖举事响应。七女湖起义爆发 10 余天，连克博罗、杨村、公庄、石坝等地，威震惠州，惊动省城，一时声势大震。惠州府县频频向广州告急："距府城二十里土名七女湖，水巡扒船被劫，毙勇夺械……声势颇张"，"伏乞迅速拨勇"支援。粤督得知惠州告急，急调大军驰援。起义军顽强地与清军激战 10 多天，一度使清军疲于奔命。但是，由于潮州黄冈起义已经失败，革命党人拟订的多路并举的计划落空，七女湖起义因得不到策应、接济而再遭失败。

这两次起义，在我国近代民主革命史上写下了光辉的一页，辛亥革命前辈林凤文所著《黄冈革命史迹》中称："受孙中山先生领导发动，经营最久，流血最多，成绩显著者，滥觞于丁未潮州饶平黄冈镇之战役，国人但知辛亥三月二十九广州之轰烈，双十武昌之光复，而不知黄冈起义，实佔中华民国开国史上，最光荣灿烂辉煌之一页。"孙中山在他的《建国方略》中说："若无此次诸烈士轰轰烈烈足丧满虏之胆之善因，怎有辛亥武昌之义师一举而鄂督瑞澄入军舰之美果。"七女湖起义沉重地打击了清政府在地方上的反动统治，使之惶惶不可终日，给各地革命党人以极大的鼓舞，虽事功未济，而党人之壮志弥坚，为日后东江光复打下了基础。同时它扩大了革命势力的影响。七女湖起义虽遭失败，然而革命风声振奋人心，它使人们认清了清政府的反动面目，提高了觉悟。尤其资产阶级革命派不断革命的精神，百折不挠的意志，英勇献身的品质，影响所及，更唤醒群众，使更多的人投身于反清革命的洪流中，促使资产阶级民主运动一步步高涨，革命浪潮弥漫全国，乃于 1911 年终告成功。另外，为资产阶级革命派提供了有益的启示：当时会党在惠州起义中所暴露出来的见利忘义、无政府主义倾向等，令革命党人觉得会党首领之难用，野性难驯，并逐步懂得在敌强我弱的情况

下，单单依靠力量涣散、战斗力不强的会党是很难取得革命胜利的，必须另找新的出路，因而将工作重点转向发展新军力量，最终导致武昌起义的爆发。

四、西南边境的四次武装起义

革命党人在广东地区发动多次起义之后，将武装斗争的重点转移到广西、云南地区。仅1907年到1908年间就在中国西南边境发起四次武装起义，分别是广西境内的钦廉防城之役、镇南关之役、钦廉上思之役和云南河口之役。这四次起义的显著特点是得到南洋华侨多方面、全过程的支援，充分展示了华侨的爱国热情和追求共和的民主意识。

1. 河内总机关的设立

1902年秋，孙中山到河内参观博览会，结识了侨商黄隆生、杨寿彭、甄吉廷等人。这些人对革命深表同情，因而在黄隆生的商店里建立了河内兴中会组织，此为南洋华侨中最早的革命组织。1905年10月，孙中山、黎仲实、胡毅生再次到西贡，受到华侨的热烈欢迎，接连成立了西贡和堤岸的同盟会分会。

1905年同盟会成立后，孙中山把“两广首义，各省洞应”，革命由南向北发展作为战略方针。随着革命形势的迅猛发展，远在日本东京的中国同盟会总部，难以就近直接指导国内革命斗争，显得落后于形势。而以港、台作为革命大本营，又屡遭英、日帝国主义当局的压制，为了适应革命形势发展的需要，策动粤、桂、滇三省军事活动起见，1907年3月，孙中山、黄兴等在越南河内甘比达街61号设立了大西南武装起义的指挥总机关。在河内设立起义的总指挥部，是贯彻“两广首义”战略方针的适当地点。越南北部密迩我国两广、云南，国境线长达1 300千米，从东可沿海岸出广东，向北越镇南关可入广西，向西经河口则达云南。孙中山想从越南出击，在南方割据一块根据地成立军政府，号召全国响应。随即将兴中会改组为同盟会，先后加盟者有杨寿彭、黄隆生、王和顺、黄明堂、刘岐山等数百人。海防和南圻各埠也纷

纷建立了同盟会分会，形成了一个较为严密的组织系统，比之南洋各地的同盟会组织要强大得多。

4 月，河内总机关计划在广东潮、惠、钦、廉四府同时起义。为了领导方便，潮州黄冈和惠州七女湖起义委托同盟会香港分会负责，钦廉起义则由孙中山、黄兴亲自领导，其目标是夺取南宁建立军政府，然后“北取桂林以出湖南，东取梧州以出广东。……有两广以为根本，治军北上，长江南北及黄河南北诸同志必齐起响应”[①]，打响了西南战略第一炮。

2. 南洋华侨积极支援

（1）积极响应和宣传革命。

孙中山在西南边境发动的四次起义均得到了越南华侨的积极响应。越南华侨社会是海外华侨社会中唯一未受保皇派影响的地区。两广人民移居越南甚多，他们多是贫苦人民，在国内因生计困难和官绅压迫或反抗失败而漂流于国外，即使少数人成了资本家，也和国内封建势力甚少联系。他们亲眼看见越南人民亡国的痛苦，亲身经受法帝国主义的压迫和凌辱，对于清政府腐败卖国强烈不满，渴望祖国强大，易于接受革命思想。这里自然也就成了孙中山来到南洋和南洋华人参加革命组织最早的地区。在 1900 年至 1908 年间，孙中山曾来往越南 6 次，宣传革命思想，团结革命力量。1900 年至 1903 年间，孙中山两次到越南河内、西贡一带进行革命活动，曾召集广肇、客家、潮州、海南、福建等各帮三合会堂首脑开会，宣称“中国人都是同胞兄弟”，“洪门的宗旨在于反清复明，革命就是推翻清朝，希望洪门兄弟同心同德，支持革命”。1903 年，在孙中山的影响下，华侨商人李卓峰、刘易初、黄景南等人设立“萃武精庐”，购买进步书籍供人免费阅读，宣传革命思想。数月后，“萃武精庐”参加者达到 200 多人。1905 年，孙中山到西贡、堤岸

① 广东省社会科学院历史研究室，中国社会科学院近代史研究所中华民国史研究室，中山大学历史系孙中山研究室．孙中山全集（第一卷）．北京：中华书局，1981. 346 ~ 347

等地宣传革命思想。他在堤岸的华侨会议上说，“清廷腐败，丧权辱国，列强企图瓜分中国”，要“挽救中国的危亡，非驱除鞑虏，建立民国不可”，强调“救国救民，人人有责”，“洪门会党本来就是由反清廷的明朝遗老组织起来的，今天应当恢复原来的反清宗旨，为反清建立民国事业作出贡献”。经过孙中山的多次宣传和发动，当地华人社会涌现出一批热心革命、共赴时艰的积极分子。如黄隆生“喜读香港《中国日报》，逢人必骂满洲政府”[①]，且多次深入内地执行革命任务，不畏艰险。西贡银行买办曾锡周、马培生，“两人均助巨款，为南洋华侨首屈一指”[②]。黄景南是堤岸的卖豆芽小贩，“每自恒以所得投入扑满中，贮为革命之需，时人闻而义之”[③]。黑旗军余部梁正理，流寓越南，即“号疤梁者，据越之太原府左州自主，黄明堂奉总理命，派往该处设立机关，得同志数百人，并借械于疤梁”[④] 以发动镇南关起义。

（2）踊跃捐款、秘密购买和运送粮饷。

为了筹集武装起义的经费和武器，河内总机关在越南华侨中进行了大量宣传、组织、募捐和购运武器工作。先把越南华侨中 28 个天地会堂口统一起来，集体参加同盟会；又在工商学界发展会员，充任各分会领导。把 1902 年建立的河内兴中会分会改为同盟会河内分会，又在海防、西贡、堤岸、顺化成立分会，形成了一个严密的组织系统，其中河内、海防两个分会具有特殊意义。“海防一埠华侨工商不过三千人，一晚捐资得万余元；河内一埠华侨不满千人，所捐亦八千余元……彼等一闻义师之起，则争先恐后，从军者有人，出钱者有人。”[⑤] 各埠党员直

---

① 冯自由．华侨革命开国史．台北：台湾商务印书馆，1975．49

② 冯自由．中国革命运动二十六年组织史．上海：商务印书馆，1948. 104

③ 冯自由．中国革命运动二十六年组织史．上海：商务印书馆，1948. 104

④《中国近代史资料丛刊》编委会，中国史学会．辛亥革命（三）．上海：上海人民出版社，1957．217

⑤ 农历一九〇七年九月初九孙中山复张永福等函，见孙中山全集（第一卷）．北京：中华书局，1981. 348

接对于革命之贡献，不得不首推河内、海防二地矣。[1] 孙中山、黄兴、王和顺负责经营钦廉各地军事，即由海防就近发动及配备一切。

1907 年的镇南关之役和 1908 年的河口之役，越南同盟会员出力最多，除直接参军者，捐资购买军械的有杨寿彭、梁秋等。当时孙中山向当地法国商行订购盒子炮及手枪多具，但资金不足，幸得杨寿彭、梁秋等负责保证，限期偿还债款才交易成功。黄兴进攻钦州所需的弹药由冯自由从香港购办，然后托河内轮船买办彭俊生及于爱轮船买办黎量余二人秘运至海防，交由刘岐山接收。至于负责起义通信工作的是张奂池，他“料理党务及传达内外消息……往来同志多由其招待引导”[2]。

黄隆生于河口之役，因运粮供应前方，被越南当局遣送出境，还有杨寿彭、刘岐山、甄吉廷、麦香泉、高德亮、饶章甫、陈二华、梁恩诸人，或因输送武器，或因接济粮食，或因筹措经费，或因参加义师，均被陆续驱逐离越。自 1908 年以后，同盟会的侨商，因有参加革命军之嫌疑而被驱逐出境以致破家的亦有十多人，他们均为革命付出很大代价；因参战而光荣牺牲的亦不乏人。[3] 应该说，旅越华侨所表现出来的革命热情以及他们提供的财政、兵源、军需购运、通信联络等方面的援助，是孙中山确定在越南建立基地，发动广西边境武装起义的重要原因。

每次发动起义前，必须进行多方面准备，“但最重要的则为军饷军械之接济问题，此一责任，又非国内同志所能为者，唯一可以负此种责任者，只有华侨”[4]。因此，革命党人一边谋划起义，一边前往南洋各地，向热心革命之华侨，筹措款项，接济饷械。如防城之役发动后，孙中山派同盟会会员赴海防、西贡、新加坡、暹罗、槟榔屿、吉隆坡等地

---

① 中国社会科学院近代史研究所近代史资料编辑组．华侨与辛亥革命．北京：中国社会科学出版社，1981. 40

② 邹鲁．中国国民党史稿（上册）．上海：商务印书馆，1938. 101

③ 朱杰勤．东南亚华侨史．北京：中华书局，2008. 158

④ 黄珍吾．华侨与中国革命．见五十年来的华侨与侨务．台北：台湾华侨协会总会，1997. 60

筹集起义经费，并频发函电致南洋诸同志及日本人宫崎寅藏等，嘱其接济饷械。1908 年 3 月上、中旬，印度支那法国殖民当局应清政府要求，驱逐孙中山出境。孙中山离开河内后经西贡往新加坡筹款。4 月 17 日至 22 日，孙中山在新加坡先后致函同盟会庇朥分会会长邓泽如等人，告以革命军“在钦、廉连战大胜”，现拟运动广西防营举事响应，并在云南发动，“广西、云南两省一起，则钦军无后顾之忧，可以长驱进取，而东路惠、潮之义师可以再起，福建漳、泉可以响应，如是则南七省之局定矣，此时则北军必可起于燕、齐，中军必可起于吴、楚，此弟数年之计划也”。函中特别强调饷款的作用，敦促火速筹款以支付“广西营勇约降之花红及饷”等，认为“今日之得失成败，在于能速得此款否耳！”[①] 5 月上、中旬多次致函邓泽如等，嘱速筹款供给云南军需。

（3）组织和动员会党。

为了建立武装起义的队伍，河内总机关大力招募广西会党流亡人员和边界游勇之士。1902 年至 1905 年，广西爆发会党大起义，遭到清政府残酷镇压而失败，一部分残存的游勇武装转移到边界两侧，一些幸存的会党首领和骨干逃往越南。这些人流亡国外，生活无着落，同清朝官绅结下血海深仇，复仇思想强烈，极易接受革命思想。而他们又是虎口余生，身经百战，熟悉内地情况，勇敢彪悍，正是同盟会所需要的战斗人员。胡汉民说河内“地界于两广、云南，故会党游勇之头目多流寓于此，王和顺之外，黄明堂、关仁甫、梁兰泉、梁少廷等，皆出入边界有名声能来啸者也。河内同志以先生字逸仙为日新楼，为饮食营业，乃不啻招纳亡命之所。……先生乃使余与汪精卫为诸人演讲革命宗旨，指导其各种任务。对于会党，则晓以革命军纪，纠正其恶习，复审查其性质与所有实力，而分别使用之”[②]。王和顺（南宁人）是广西会党首领，黄明堂（钦州人）是边界游勇头目，关仁甫（上思人）是滇南会党首

① 广东省社会科学院历史研究所，中国社会科学院近代史研究所，中华民国史研究所. 中华民国史资料丛稿 · 孙中山年谱. 北京：中华书局，1980

② 胡汉民. 胡汉民自传. 台北：传记文学出版社，1982

领，梁兰泉（龙州人）、梁少廷（钦州人）是清军逃弁，这些人都在1907年加入同盟会，成了革命的骨干力量并得到孙中山的任用，通过他们去召集会党游勇，组成起义的基本队伍，负责侦察敌情、策反清军、突击作战等任务。

（4）身先士卒，英勇赴难。

1907年9月的钦廉防城之役，领导人为越南华侨王和顺，其原籍广西，早年在清军刘永福部任哨官，后弃官加入会党，在中越边境从事反清活动，失败后逃往越南，加入同盟会。由于他有军事经验、熟悉清军和中越边境情况，又有坚定的反清思想，得到孙中山的器重和信任，孙中山派他和黄兴回广西钦州发动起义，并委任为“中华国民军南军都督”，这是继许雪秋之后孙中山依据《方略》委任的第二个都督。9月1日王和顺率众于钦州王光山起义。6日攻占防城，杀县令。发布起义文告《告粤省同胞书》、《告海外同胞书》、《招降满洲将士布告》三种，申明“以自由、平等、博爱为根本，扫专制不平之政治，建民主立宪之政体，行土地国有之制度，使四万万人无一不得其所”[①]。随后移师攻袭钦州府城及灵山等地，均未得手。革命军在战斗中扩大了队伍，达3 000余人。清新军统领郭人漳一面诈称“赞成革命”，一面又派兵陷防城，使革命军腹背受敌。9月中旬，革命军以军需给养困难战败，退入两广交界的十万大山。

1907年12月的镇南关起义，领导者为黄明堂。1907年初，孙中山派黄明堂前往越南太原府左州，设立机关，集聚了数百人。孙中山先后派越南华侨、同盟会会员关仁甫、梁兰泉运动清军策划夺关，未成。11月，又派王和顺领导起义，因游勇不听指挥，队伍不集，起义发动不起来。孙中山只好改任黄明堂为镇南关都督，冯祥为司令，李佑卿为副司令，何伍为支队长，共负镇南关起义之责。1907年12月2日零时，革命军400人集结在越南那卜，据说有越南革命党和菲律宾独立军参加，

① 胡汉民．胡汉民自传．台北：传记文学出版社，1982

购置有驳壳枪、电光灯和纸炮等战具，黄明堂率领广西那模村游勇80余人做先锋攻关，占领炮台三座，青天白日旗在右辅山上高高飘扬。王和顺率一支军队攻袭水口关以配合，凭祥、宜化、上思、思州等地军民也积极响应。4日，孙中山率黄兴、胡汉民、胡毅生、日本人池亨吉、法国退伍炮兵上尉狄氏等，从河内乘火车到同登，骑马入那模村，连夜点火把攀登右辅山，孙中山在鼓乐声中检阅革命军，发表振奋人心的讲话，犒赏起义官兵，群情激奋。6日，孙中山亲临阵地参战，并为革命军伤员裹伤。他激动地写道："余自乙未广州失败以来，历十有四年，至是始得履故国之土地，与将士宣力行阵间。"在战斗中他又感慨地说："反对清政府二十余年，此日始得亲发炮击清军耳！"镇南关起义是辛亥革命前由越南华侨革命党人直接指挥并取得胜利的唯一一次起义。这次起义付出的代价小而影响大，是一次较为成功的起义，在孙中山领导的诸次反清起义中占有着重要的地位。6日，龙济光、陆荣廷两部清军4 000多人，向右辅山三面逼进，发动了三次强攻，均被革命军粉碎，清军伤毙400多人，革命军牺牲20多人，负伤60多人。在黄明堂的指挥下，革命军以寡敌众，血战数昼夜，因饷械筹济不及于9日撤离镇南关，全军退入越南境内，起义最终失败。

1908年3月钦廉上思之役，主要指挥者是黄兴。镇南关起义失败后，孙中山被法国当局驱逐出越南。1908年3月，孙中山由河内移居新加坡，临行前将中越边境的武装起义交由黄兴、胡汉民负责，并同河内机关部制定谋取滇、粤之策：一路由黄兴筹建军队再入钦廉，取南宁为革命基地；一路由黄明堂、王和顺、关仁甫率镇南关起义部众，攻略河口，图取云南，以为革命党人根据之地，然后挥师北上，推倒清政府。

黄兴以海防为基地，在芒街设立前线机关，派谭人凤入东兴郭人漳营联络。黄兴向法商购得驳壳枪百十支，冯自由在香港购得子弹，由海防同盟会会员偷运入境，转运到前线装备部队，组织了长枪队、驳壳枪队和炸弹队，革命军装备精良，士气高涨。1908年3月27日，黄兴率黎仲实、梁少廷、梁建葵、詹岐山等防城起义余众和越南华侨200多人，组成“中华国民军南路军”，自任总司令，在两广交界的上思马笃山起义，从越南进入钦州东兴。经数次战斗，队伍增至600余人。革命军在钦、廉和广西上思一带转战40余日，屡败清军。这是同盟会领导的各次起义中，战斗得最好，坚持时间最长的一次。孙中山赞扬黄兴道：“克强乃以200余人出安南，横行于钦廉、上思一带。转战数月，所向无敌，敌人闻而生畏。克强之威名因以大著。”后因弹尽援绝，退回越南。

1908年5月的河口之役，领导者为黄明堂、王和顺、关仁甫等华侨志士。1908年初，河内机关部派黎仲实、谭人凤、高德亮、麦香泉、姚章甫、陈二华、梁恩等8人驻老街，筹划革命起义、进取和接应事宜。军事则委托黄明堂、关仁甫、张德卿统之。2月底，乘法国招工修筑滇越铁路之机，率领准备在河口起义的士兵潜赴老街，乔装成铁路苦力，在监工的带领下到河口镇做苦力。黄明堂从中了解到清军不少情况，而且有的放矢地策反了部分清兵，为起义打下较好的基础。

4月29日凌晨二时，黄明堂、王和顺和关仁甫带领200多铁路苦力，由越南保胜过滇越铁路进攻云南河口，并得到河口驻军和警察的响应。革命党人进入河口之后，破坏了当地的电报通信系统。这使河口守军处于孤立的境遇。经过一番激战，革命党人占领了河口。这一仗，缴获敌人十响毛瑟枪1 000多支，子弹20多万发，大炮数门。由于清兵投诚起义，革命军也发展成1 000多人的队伍，扩大了革命声势。攻占河口后，黄明堂即以南军都督的名义布告安民，召开会议，不失时机，分兵疾进，力求在最短的时间内攻取昆明，以期震动全国，掀起“驱除鞑虏”的革命高潮。会议决定：黄明堂坐镇河口指挥全局，王和顺率领一支队伍沿铁路往前推进，关仁甫带领另一支队伍往蛮耗进击，攻取普洱，最后合围昆明。二路分兵出击，连克新街、南溪、坝洒等地，置通蛮耗、蒙自。战斗中收编清军降卒，革命军从300多人扩展到3 000余人，声威大震。就在革命形势似乎一片大好时，革命军内部却面临着严重的危机。5 月 5 日，孙中山委黄兴为云南国民军总司令，命即赴前线督师。黄兴赶赴河口后，因投诚清军不听调度，不得已于 9 日折回河内，拟另组敢死军为主力，投入战斗。11 日，黄兴被印度支那法国当局扣押，旋即驱逐出境。法国当局又应清政府之请，封锁边界，禁阻起义人员及粮械进入云南，并迫害、驱逐大批旅越革命党人，使云南革命军逐渐陷入困境。

5 月 2 日清军攻陷河口。由于革命军缺乏坚强领导和群众基础，粮械继失，战斗相持近一个月后失败。黄明堂率 600 余名起义战士突围撤入越南境内，又被法国当局解除武装，强行押送到新加坡遣散。至此，孙中山在西南边境领导的武装斗争完全失败。

3. 积极争取外援

越南与中国粤、桂、滇三地接壤，为法属殖民地，因法国政府曾伪装赞助中国革命，孙中山认为此处是较为有利的革命军事基地，苦心经营。孙中山之所以把法国列为“友好”国家，是因为法国政府某些大员曾向他频频示好。早在 1902 年，孙中山应法国印度支那总督韬美的邀请，赴河内参观博览会，同其秘书长哈德安会谈，孙中山提出将越南北圻作为运输武器、人员进入中国的通道，遭到拒绝。但法国同意革命党人进入北圻去接触中越边界的游勇。游勇是天地会的一个支派，是由失业士兵组成的武装集团，是清末广西会党大起义的骨干力量。法国想通过革命党招抚游勇，不再扰及越南；孙中山想利用游勇反对清朝，故与法国达成此项协议。1905 年 10 月，法陆军部“中国情报处”头目布加卑，登船求见孙中山，声称“奉其陆军大臣之命来见，传达彼政府有赞助中国革命事业之好意……遂请彼派员相助，以办调查联络之事。彼乃于驻扎天津之参谋部派出武官七人，归予调遣，予命廖仲恺往天津设立机关，命黎仲实与某武官调查两广，命胡毅生与某武官调查川滇，命乔宜斋与某武官往南京、武汉”。1906 年，他们联合调查了粤、桂、滇和长江流域各地区，获得了军事、政治、地理等情报，促使孙中山作出在广西边境举行武装起义的决策。法国政府这些动听的诺言和主动合作，让孙中山产生了一些幻想，他认为法国是“友好”国家，其统治下的越南是革命党人自由活动的天堂，是架设“桥梁”的适当地点。

在西南的四次起义中，法国人对革命党人也的确曾“阴实助之”。法国政府在革命党人发动镇南关、钦廉等起义失败后，逃往法属印度支那时，收留了革命党人。而河口起义中革命党人也是从距河口不远的越南劳开地方进入的，法国人听任革命党人借用铁路运送军械。事实上，在河口起义过程中，革命党人受到法国人的默许、纵容反而是最多的。甚至在起义失败之后，法国人还为革命党人能从河口顺利撤退，提供了船渡的帮助。[①] 法国政府认为利用革命“是一种政策”[②]，一种能为其获取利益的政策。法国人已认识到“暴乱煽动者和政府当权者同样不怎么排外，所以外国人似乎无所谓采取支持或反对这一方或那一方的态度”[③]。只是法国政府对于革命的支持力度并不是很强。它虽然意识到清朝的统治面临着垮台的危险，但法国人认为要维护和发展其巨大利益，只有在中国政府的帮助和支持下才可能做到。[④] 因而，在河口起义的后期法国人转变了态度，开始拘禁革命党领袖黄兴等人，这使革命党人的组织机关被完全破坏。

总之，孙中山在西南发动的四次起义，得到了华侨多方面的支持。他们不仅从经济上帮助国内的革命运动，而且还亲身参加革命斗争，或协助军队购置粮秣，或直接入伍参加国内起义，有的甚至壮烈牺牲。在起义准备阶段，越南华侨积极做好武装起义的各项准备工作，或接济前方军粮，或协助运送军械，或负责联络协调，或招待来往革命者，为起义作出了很大贡献。同时，越南华侨利用良好的地理优势，还积极为革命起义从香港、东南亚地区或直接从洋人手中购买武器弹药。在起义过程中，华侨积极参加革命起义，许多人还献出了自己宝贵的生命。这四

① 连振斌．戊申河口起义与清末云南社会．云南社会科学，2010（6）
② 章开沅等．辛亥革命史资料新编（卷七）．武汉：湖北人民出版社，2006. 62
③ 章开沅等．辛亥革命史资料新编（卷七）．武汉：湖北人民出版社，2006. 35
④ 章开沅等．辛亥革命史资料新编（卷七）．武汉：湖北人民出版社，2006. 61

次起义，领导人多为广西壮族华侨，参加者不少是广西籍华侨，其中包括壮族、瑶族等少数民族华侨。在镇南关起义中，越南华侨就有 300 多人参加，20 多人牺牲，60 多人负伤。1908 年 3 月，黄兴以越南华侨 200 多人组成中华革命军南军，再次进入钦州举行起义。

这四次反清武装起义，是孙中山贯彻同盟会“两广首义”战略方针的勇敢实践，由于缺乏经验，敌我力量悬殊，起义先后都失败了，但它的意义和影响是巨大的。在军事上，同盟会总结了经验教训，促使武装起义在策略和方法上有了很大的转变和提高，从依靠会党到注重新军，为后来取得胜利准备了条件；在政治上，扩大了同盟会的影响，提高了全国人民的革命觉悟，促进了革命高潮的到来。孙中山后来为日本人池亨吉所著的《中国革命实地见闻录》作序，回顾从潮州之役到河口之役的斗争历程，指出：“吾党经一次失败，即多一次进步，然则失败者，进步之原因也。”他对革命前途充满必胜的信心：“折而愈劲，道阻且长，期以必达，则党力庶有充实之时。”①

4. 1910 年广州新军之役

清末，张之洞、岑春煊等在广东创办军官学堂，建立新军。广东革命运动由宣传转入行动，风潮逐渐激烈。革命派吸取了因经验不足和接济困难等失败教训，从依靠会党转向依靠新军为主。在本次起义中，革命派积极谋划，得到了华侨的响应。

（1）在论战中，更加倾向革命。

南洋华侨众多，历来是革命派与保皇派争夺的重点阵地。新加坡《中兴日报》与保皇派的《南洋总汇报》论战日趋激烈，孙中山亲自领导了这一批判改良主义的斗争。同盟会重要成员黄兴、胡汉民、田桐、林时爽、陶成章、汪精卫等也先后抵达新加坡，撰文参加论战。1908 年 9 月 12 日、9 月 15 日和 10 月 9 日，孙中山连续三次以“南洋小学

---

① ［日］断水楼主人（池亨吉）．中国革命实地见闻录．台北：中国国民党中央委员会党史史料编纂委员会，1968．12

生"为笔名，在《中兴日报》发表了《论惧革命召瓜分者乃不识时务者也》、《"平实"尚不肯认错》和《"平实"开口便错》三篇文章，阐明革命不仅不会招致帝国主义瓜分，而且瓜分、干涉问题还可"由革命而解决"。指出此"非惧外媚满者所能置辩也"，驳斥了保皇派宣扬中国革命会招致瓜分的错误论调。同时驳斥了平实"引孔孟天命之说以文饰，……以满人侵夺中国亦为天命之自然"的谬论。指出"自然与人事，固绝对之不同也"，人类"进化之程度愈高，则离天然愈远"，"……人事渐繁，而理乱兴衰之事毕现"。认为"人事天演"论是荒谬可笑的，"人事"应从历史的"进化"去理解。批判平实在《论革命不可强为主张》中以天命反对革命的谬论。孙中山指出，"人事补天工，人事夺天工"，"人事"与"天工"、"时势与自然"是不能混为一谈的。他以商汤推翻夏、周武王推翻商以及美国独立战争为例，证明这是"人事之变迁"造成的，而不是什么"天数"。只要"有主张革命者，出而唤起同胞，使之速醒"，就能"造成革命之时势"。经过与保皇派的一番激烈论战，部分保守的华侨开始倾向革命，革命思想也得到了迅速传播。

1908 年 10 月，日本政府与清政府勾结，下令封禁革命党人的机关报——《民报》。《民报》自创刊始，共出二十四号。1910 年 2 月，《民报》以法国巴黎淮侣街四号总发行所名义，继续出版，实则仍在日本秘密印刷，仅出两期，至第二十六号停刊。孙中山便致函张永福、陈楚楠，嘱其加紧改进《中兴日报》。旋又分别致函邓泽如、曾壬龙，请南洋各埠协助《中兴日报》的加股工作。

1909 初，广州振天声粤剧团在南洋巡回演出。该剧团因 1908 年到新加坡演出时，曾与孙中山会见，并集体加入同盟会。所上演剧目，也具有革命爱国色彩。因此，保皇派恨之入骨。该剧团虽遭"保皇党造谣、欲破坏"，但在革命派的支持下，在各埠上演仍获得成功，[1] 壮大了革命的声势。

---

① 冯自由. 革命逸史（第二集）. 北京：中华书局，1981. 242、244～245

（2）支持革命机构的建立。

1908年秋，南洋英、荷所属各埠已纷纷成立同盟会分会及通信处，为统一领导起见，在新加坡设立同盟会南洋支部，委任胡汉民为支部长。另订章程及通信办法，函告各下属组织遵行。同盟会南洋支部成立后，孙中山为加强南洋各地同盟会组织的领导以及筹办军饷，在1908年10月28日—11月8日间，与胡汉民等自新加坡赴各埠活动。28日抵芙蓉。29日抵吉隆坡，指出“吉隆坡虽亦有热心之人，而团体散漫”，应“谋其改良扩充，以求其进步”。11月2日抵怡保（坝罗）。5日抵槟榔屿（庇能），认为“庇能同志，亦甚热心，惟运动联络之人不及芙蓉、坝罗”，故“另派定主持各人为推广团体事”。[①] 1909年5月上旬，同盟会南洋支部根据孙中山建议由新加坡迁至槟榔屿。不久，胡汉民赴香港，支部事由邓泽如等主持。

5月19日，孙中山由新加坡启程赴欧洲。临行前，委托黄兴、胡汉民继续负责国内革命运动。1909年10月，同盟会南方支部在香港黄泥涌道成立，以胡汉民为支部长。分设筹饷、军事、民军、宣传等组，另设实行委员若干人，负责华南各省军事和会务活动。南方支部成立后，即着手准备在广州起义，计以新军为主力，由倪映典负责发动，另派朱执信等分头运动防营、巡警及广州邻近的会党、绿林等。

（3）筹措军饷。

西南斗争失败后，孙中山的筹款工作并没有停歇，而是更加努力以图再举。1908年底和1909年初，孙中山往来于新加坡及南洋各埠，积极筹募经费，准备起义。1909年3月2日，孙中山致函宫崎寅藏，指出：“河口（之役）以后，已决不再为轻举。”当前形势虽好，但“财力极乏，不能乘时而起”。告以将赴欧筹款，因为“近接欧洲一名商来

---

① 广东省社会科学院历史研究所，中国社会科学院近代史研究所，中华民国史研究所. 中华民国史资料丛稿 · 孙中山年谱. 北京：中华书局，1980. 96

信云，经济计划有机可图"。[1] 在5月17日致邓泽如函中又提及此行任务："以财政、外交为两大注意问题。"[2] 6月20日，孙中山抵法国马赛港，旋赴巴黎，曾运动法国资本家贷款充作中国革命经费，受克里孟梭（G. Clemenceau）内阁所阻，未成。10月，孙中山委任胡汉民为南方支部长，支部维持费用由香港同志筹集，林直勉、李海云倾其家产助之，同时胡汉民派人至荷属南洋筹款，嘱邓泽如在英属南洋募集军资。

1909年12月，孙中山第二次到美洲，当时华侨信仰革命者还不多，尚未有人大规模宣传革命，革命党的机关报《少年中国晨报》出版不到半年，时间有限，收效不大。多年来华侨受保皇派的影响极深，"欲转其信仰，赞成革命排满，非一朝一夕所能办到"[3]。李是男、黄伯耀、李旺对革命最为热心。孙中山想五天之内筹得5万美元，预备为广东新军起义之用。三人分头向平日深知赞成革命的商人及朋友劝募，尽一日之力，仅捐得美金数十元。孙中山焦急万分，便与黄伯耀前往致公堂开会筹款。第二天，孙中山到致公堂演讲筹款，结果只募得102美元，相差甚远。能实行排满主义者极少数，众皆敷衍。"四人多方筹商，无善可想，因数目过巨，彼此相向而泣。"[4] 限期已到，孙中山只筹款8 000美元，不敷义师发难之用。焦灼之际，革命党员李海云见义勇为，将其香港店内存款2万美元献革命党作军用。翌日报载，广东新军起义失败，孙中山希望能筹得数千救急，让内地同志有盘缠（旅费）逃离内地。李是南便将自己商店内几百美元暗中提出送给孙中山，而不让自己的父亲知晓。黄伯耀倾其所有，折成港币2 000元。孙中山大喜，谓

① 广东省社会科学院历史研究所，中国社会科学院近代史研究所，中华民国史研究所. 中华民国史资料丛稿·孙中山年谱. 北京：中华书局，1980. 99

② 广东省社会科学院历史研究所，中国社会科学院近代史研究所，中华民国史研究所. 中华民国史资料丛稿·孙中山年谱. 北京：中华书局，1980. 100

③ 杜元载. 革命文献（第67辑）. 台北：中国国民党中央委员会党史史料编纂委员会，1974. 178

④ 杜元载. 革命文献（第67辑）. 台北：中国国民党中央委员会党史史料编纂委员会，1974. 178

“此两千金可当两万用，起义同志得此可以逃生，免为满虏所捕”。[1] 孙中山在美筹款期间食住从减，谓“现在非讲阔的时候，将就即可”。随后孙中山嘱咐黄伯耀等，指导其如何开展今后的工作。过两年，革命取得成功，美洲已建立同盟会四十九分会，入党者近万人，为辛亥革命筹得军饷 200 余万元。[2]

（4）运动新军。

革命党人在新军中进行活动，早在丁未黄冈之役便开始了。1907 年黄冈之役，孙中山派胡汉民、汪精卫到香港设立机关，并主持内务，派胡毅生、朱执信到广州秘密与军界人士姚雨平联络。不久，姚雨平、张錄村、刘古香等人被清政府革职，他们便在广州暗集同志，与朱执信、邹鲁等联络并分头进行。陆军速成学堂、虎门讲武学堂学生多表同情，而陆军学兵营尤为活跃。当时清政府设立模范学兵营，派人到惠州、梅州及北江等处征兵，许多革命党人应募，“陆军之中，因而布满革命种子”。12 月，钦、廉地区抗捐运动爆发，清政府派统领郭人漳、统带赵声前往镇压，孙中山于是派胡毅生随赵声营，黄兴入郭人漳营游说，二人答应响应义举。不久爆发了防城之役，郭人漳以起义军实力薄弱未能反正，起义后来也陷于失败。

本次起义由胡汉民、黄兴、赵伯先在香港筹划。省内军务则由倪映典为总主任。赵伯先因在陆军学校督导新军，以民族大义鼓励学生、士兵而犯忌，被清政府革职。“江南、广东两省军界革命种子，大半伯先所培植也。[3]”倪映典，原名倪炳章，安徽合肥人，原任新军第九镇炮兵队官，与赵声、柏文蔚等在江南提倡革命，被江督端方察觉，命皖吏撤其职。1906 年冬，萍浏醴起义爆发，新军第九镇奉命镇压，他随军

---

① 杜元载. 革命文献（第 67 辑）. 台北：中国国民党中央委员会党史史料编纂委员会，1974. 179

② 杜元载. 革命文献（第 67 辑）. 台北：中国国民党中央委员会党史史料编纂委员会，1974. 179

③ 杜元载. 革命文献（第 67 辑）. 台北：中国国民党中央委员会党史史料编纂委员会，1974. 175

到萍乡，与赵声等密谋响应，未果。1907 年回安徽，先后任新军骑兵营管带及炮队教练。同年调任安徽第三十一混成协炮兵营管带，与该营革命同志熊成基等联络，共谋于次年春发动起义，事泄后，秘密逃往芜湖、合肥，后潜至广州，经赵声介绍与朱执信、胡毅生等人相识，加入同盟会。他认为革命起义，不可专恃会党，遂更名倪映典，充任新军学兵营炮队见习官，与学员徐维扬结识并谋革命。后被赵伯先委任炮兵排长，在新军中积极开展革命活动。邹鲁等负责运动防营，陈炯明、朱执信、邹鲁、古应芬等联络咨议局及学报界人才。姚雨平、林树巍、李济民、罗炽扬、苏慎初、钟德贻等暗中联络新军速成毕业的队官、排长、见习官等。徐维扬、巴泽宪、赵珊林、杨凤岐等专门运动新军干部，以备发难。至 1909 年冬，士兵加入同盟会者 3 000 人。①

1909 年春，倪映典与赵声、朱执信等决计运动新军，在广州发动起义，任干事。赵声被解除督练公所提调职务后，由他独立承担运动新军的责任，在天官里寄园巷五号设立机关，专门联络新军弁目。起义准备工作大体就绪，同年 10 月，倪映典赴香港向同盟会南方支部负责人胡汉民等报告运动军队情况。南方支部决定元宵（1910 年 2 月 24 日）前后发动起义，各部分主任依期准备。倪映典返广州后，广州各机关活动频繁，徐忠汉、胡灵缓、林直勉、黄侠毅、方紫栅、李应生等人租屋于宜安里等处，预备起义时纵火接应。孙眉、杨扬初及女同志李自平、陈淑子等则在香港湾仔东海傍街 76 号 4 楼冯寓和九龙城孙寿屏农场赶制青天白日旗 100 面，秘密运往广州备用。洪承点、徐忠汉、李自平、陈淑子等担任秘运炸药、子弹等。朱执信、胡毅生、李海云则驻河南大塘村，设立总机关，联络南海、番禺、顺德、三水等民军首领李福林、谭义、陆领、陆兰清、李雍、黎广等，为响应新军作筹备。姚雨平去惠州运动会党起义和策动陆路提督秦炳直部起义响应。但腊月二十八（2

---

① 杜元载. 革命文献（第 67 辑）. 台北：中国国民党中央委员会党史史料编纂委员会，1974. 175

月 7 日)，新军二标兵因印名片与军警发生冲突，风波扩大，倪炳章来不及制止，加上青年军人躁动，有人主张乘机发动。倪炳章又到香港南方支部请示，称：“小不忍则乱大谋，余料新军运动已成熟，经此事故，无论如何，殆难抑制，应提前改期，勿至元宵。”[①] 支部商议后，将起义日期改为初六（2 月 15 日)。熊炳章回到省城，发现张鸣岐、李准已有所准备，防范甚严，决定改变原定起义日期立即起事。2 月 12 日(正月初三)，熊炳章来到燕塘炮一营，击毙炮兵管带齐汝汉，逐吹号集合士兵，陈述大义及所处情势，唯立即举义，否则俱死。熊炳章被士兵推为司令，随之兵分三路进攻广州城，自率千余人经沙河进攻东门，遭水师提督李准突袭，壮烈牺牲。因事先准备不周，孤立无援，起义失败。起义虽然失败了，但其影响是深远的。它震惊中外，影响超出军界，普及到绅、商、学、农、工界，使全国革命风潮日益高涨；同时使人们认识到清政府赖以挽救其危亡的新军可以转化为它的掘墓人，从而增强人们的革命信心。另外，它对华侨影响更大，华侨纷纷捐赠资财，基本解决了当时革命活动的经费问题。最后，大部分革命军官和部队幸得保全，成为辛亥年广州“三・二九”之役的中坚，并为十月十日的辛亥革命开辟了先河。

第二节　反清起义的高潮

辛亥革命期间所发动的历次武装起义，以广州“三・二九”起义最悲壮、最感人，影响也最大。广州“三・二九”起义是同盟会“最重大的一次举动”，是同盟会“筹备时间最长，用款最多”，同时也是“损失最惨重的一次起义”，[②] 它所倾注的革命骨干力量之多是以往任何

① 杜元载. 革命文献（第 67 辑). 台北：中国国民党中央委员会党史史料编纂委员会，1974. 176

② 莫永明. 陈其美传. 上海：上海社会科学院出版社，1985. 36

一次起义都不能比拟的。孙中山曾叹息“吾党之精华，付之一炬”。胡汉民亦说此役流的是“许多纯粹革命同志的血”[①]。海外华侨在这次起义中的重大贡献，值得称颂。

一、华侨与“三·二九”起义的酝酿和准备

同盟会成立之后，多次领导武装起义，但屡遭失败，损失了大批革命骨干，经济也面临许多困难，致使一些革命党人情绪低落，对前途失去信心，“举目前途，众有忧色，询及将来计划，莫不唏嘘太息，相视无言”[②]。而另有少数革命党人，如汪精卫、黄复生等在激愤之余，便不顾革命大局之利害，去进行个人冒险的暗杀行动。在这种复杂的形势面前，孙中山充分表现出他的革命坚定性。他常开导同志说：“惟积极始有善恶可言，消极则有恶而无善；余对于革命职责，断不容忧伤憔悴以死，余惟继续奋斗耳”[③]。于是，孙中山积极谋划，以图再举，得到了华侨的大力支持。

早在1910年3月，孙中山先后于14日发电报、28日致长函到香港给黄兴，提出在广东再次发动起义的计划。[④] 5月13日，黄兴复函孙中山，谓各同志读到来电提出的广州再次发动起义计划，“靡不欢跃之至”。黄兴在函中汇报国内运动情况，陈述了选择广州作为发难地点等项意见。[⑤] 5月30日，孙中山离开檀香山，决定东返就近领导国内革命运动。6月16日，孙中山在东京召集黄兴、赵声等同盟会骨干举行会议，讨论统一各省革命团体行动、发动起义时机以及通过美国人波司之手筹措经费等问题。7月11日，孙中山抵新加坡，随即函约各地革命

---

① 胡汉民．陈英士先生殉难纪念本会开会词．见陈其采．陈英士殉难十二周年

② 邹鲁．广州三·二九革命史．北京：中华书局．1960. 3

③ 胡汉民．胡汉民自传．台北：传记文学出版社，1982. 83

④ 广东省社会科学院历史研究所，中国社会科学院近代史研究所，中华民国史研究所．中华民国史资料丛稿·孙中山年谱．北京：中华书局，1980. 107

⑤ 广东省社会科学院历史研究所，中国社会科学院近代史研究所，中华民国史研究所．中华民国史资料丛稿·孙中山年谱．北京：中华书局，1980. 108

党人前来会商，以便决定今后革命之方针，随后由新加坡赴槟榔屿。1910年8月孙中山发函南洋各地，指导同盟会组织整顿工作：为便于开展活动，推广在盟书上改署“中华革命党党员”的做法，为扩充组织，取消新会员缴纳入会费的规定；对各分会主要干部发薪等。此举大大调动了广大革命党人的积极性。10月至11月上旬，孙中山又致函南洋各地革命党人，分析形势并提出重新组织起义的任务。指出：“乃者时机日逼，外面高丽既灭，满洲亦分，中国命运悬于一线，内而有钉门牌、收粱税，民心大变，时有反抗。吾等新军之运动，已普及于云南、广西、三江、两湖，机局已算成熟。”① 10月28日，孙中山致函邓泽如说：“弟今另有所见，必须足下牺牲数礼拜之时日，亲来商助，事望可成。见信之日，无论如何匆忙，必请早临为祷。至急！至要！余容面谈。”②

庇能会议所在地

会议在1910年11月13日秘密举行，到会的除黄兴、赵声、胡汉民等同盟会骨干，还有孙眉和槟城南洋支部代表黄金庆、吴世荣、熊玉珊、林世安以及怡保分会代表李孝章，芙蓉分会代表邓泽如，印度尼西

① 广东省社会科学院历史研究所，中国社会科学院近代史研究所，中华民国史研究所．中华民国史资料丛稿·孙中山年谱．北京：中华书局，1980. 81

② 广东省社会科学院历史研究室，中国社会科学院近代史研究所中华民国史研究室，中山大学历史系孙中山研究室．孙中山全集（第一卷）．北京：中华书局，1981. 488 ~489

亚邦加岛的代表李燮和等，共计 53 人。会前，孙中山针对一些革命党人因广州新军起义失败而感气馁、对革命前途丧失信心的情况，豪壮地表示“一败何足馁”，指出过去屡遭失败，“几为举世所弃，比之今日，其困难实百倍”，而当前“革命之风潮已盛，华侨之思想已开，从今而后只虑吾人之无计划、无勇气耳。如果众志不衰，财用一层，吾当设法”。[①] 举行会议时，他继续鼓励大家“鼓其勇气，乘此良机，重谋大举”，强调只要作“充分之筹备”，革命便可成功。会议经过统一思想，决定积极筹集款项，准备在广州举行武装起义，并决定起义仍以新军为主干，另择革命党人五百名充当“选锋”（后改为八百人）。计划在广州得手之后，“立即分遣三军主力：一军出湖南趋湖北，黄兴统之；一军出江西趋南京，赵声统之；一军留粤为后援。俟南京、武昌光复后，即会师北伐”[②]，直捣清政府。具体领导这次起义的是黄兴、赵声和胡汉民。从中不难看出，华侨是酝酿、决定“三·二九”起义的重要参与者。

1911 年 1 月 18 日，黄兴抵香港，受孙中山委托主持广州起义筹备工作。月底，成立起义领导机关——统筹部于跑马地三十五号，以黄兴为部长，赵声为副部长。下设调度、储备、文通、秘书、编辑、出纳、调查、总务八课。并分派专人负责发动新军、防营、巡警，联络番禺、南海、三水、顺德、惠州等地会党和绿林。美国归侨李煜堂将自己在港经营多年的金利源药材行作为秘密机关，负责接收海外党部的汇款、捐献的枪支弹药等，然后转运国内起义地点。统筹部陆续在广州城内外设立办事、联络、藏军械、制炸药等秘密据点几十处，其中河南溪峡徐公馆及万福里 178 号等隐藏炸药、武器的秘密机关以华侨徐宗汉、罗及妻女为联络员；华侨李德山、黄鹤鸣等分别在芙蓉里 4 号旧仓巷、甘家巷西湖街 8 号等秘密机关负责。

---

① 《中国近代史资料丛刊》编委会，中国史学会．辛亥革命（四）．上海：上海人民出版社，1957. 173

② 孔繁霖，陈英士．北京：青年出版社，1945. 15

2月4日，谭人凤应黄兴电邀抵香港，共商联络各省策应广州起义之工作。次日，谭人凤离港赴湘、鄂行事。此外，统筹部又派郑赞臣联络江、浙、皖三省，方君瑛等联络广西。各地同盟会负责人如宋教仁、陈其美、居正、孙武、焦达峰、方声涛等都奉命作响应起义的准备。

黄花岗起义所用的枪支弹药多由华侨从国外购运。日本、越南、暹罗等地华侨参与购买武器及向香港的运送工作。黄兴长子黄一欧，自幼随同父亲参加反清革命，14岁便经孙中山和章炳麟介绍加入同盟会，成为同盟会中年纪最小的一位革命者。1911年初在日求学的他冒宫崎龙介之名，身穿和服，讲一口流利的日语，与同住宫崎寅藏家中的日本浪人甩井一郎一起，将50支驳壳枪、20支勃朗宁、万发子弹，分装四口皮箱，搭乘外国邮轮，顺利将这批武器运抵香港统筹部。此后，黄一欧又成功接应了两次运抵香港的军火。越南海防华侨刘岐山、马祺、刘济川等参与组织由香港向广州转运武器的工作；马来亚、新加坡华侨周之贞、郭汉图、广妹（女）等将武器装入梳妆台及花盆等运到广州；华侨杜凤书更发明了将弹药装饰成颜料、罐头报关的办法运到广州。据不完全统计，从日本、越南等地共购运各种枪支780多支，以及一批弹药。华侨不顾个人安危，秘密购运武器，为发动起义提供了保证。

为组织起义力量，统筹部一面派人回国做清朝新军的策反工作，一面在国内外挑选优秀青年组成敢死队。南洋华侨对起义态度积极，纷纷报名参加“选锋”。他们“争先返国效力，甚至因人数过多，由抽签以决定回国参加者。越南各地另有一批侨胞，三十余人组织一敢死队，由陈有率领回国，只因陈有等乘搭之船只中途遇雾，延期抵港，致此批敢死队同志，未能赶及参加”[①]。据统计，回到香港集中准备参加起义的南洋华侨至少有500人。

积极支持孙中山酝酿再举起义，长途跋涉回国秘设起义据点，不顾个人安危、竭尽全力为起义购运武器，“争选返国”参加“选锋”……

---

① 黄珍吾．华侨与辛亥革命．台北：台湾国防研究院，1963. 168～169

华侨为广州“三·二九”起义的发动做了许多工作。

二、血染黄花岗

1911年4月8日，统筹部在香港召开重要会议。经过数月的紧张筹备，已组成一支拥有800人的“选锋”队，在广州设立秘密据点38处，省城内外及各省革命力量也已大致联络就绪。会议认为起义时机已经成熟，便预定于4月13日（农历三月十五日）在广州发难，拟订了十路进袭的战斗计划，并任命赵声、黄兴为革命军正、副总司令。因同盟会会员温生才在统筹部不知情的情况下，刺杀了清署理广州将军孚琦。此举使广州清军严加戒备，兼以国外饷械尚未到齐，故起义未能如期发动。

广州小东营5号广州“三·二九”起义指挥部

4月23日，黄兴由香港潜入广州，在小东营5号建立了起义指挥部，进行作战部署。旋因内奸告密，全城戒严，敌人四处搜捕，许多“选锋”队员和军械也未能按计划从香港进入广州。在重重困难的处境下，黄兴等于26日集议，坚持发动起义的既定方针，改订作战计划，定于次日举事，下午五点半发难。

4月27日（农历三月二十九日），广州起义爆发。下午五时半，黄兴率120名“选锋”队员，臂缠白布，足着黑白胶鞋，手执枪械，按时起义，由小东营指挥部进攻两广总督署。然而，起义的关键时刻，只有黄兴一路发动，其他三路或观望或按兵不动未服从调遣，新军、防营、警察、会党等也没有如期响应，致使黄兴一路孤军奋战，四面受敌。黄兴一路行至总督署前，起义军枪弹并发，号角高鸣，击毙卫队，冲入总督署，分头进行搜索，知总督张鸣岐已逃走，便放火焚烧总督署。出东侧门，遇李准卫队，起义军牺牲了七八人，黄兴亦负伤。黄兴便将部队分为三小队，一队出小北门，拟与新军取得联系；一队去攻督练公所；黄兴自己率一队出大南门，拟与防营取得联系。黄兴等行至双门底（今北京路），和防营数百人相遇，且战且走，奋战彻夜。经过激烈战斗，终因实力悬殊，起义军牺牲过半，多人被俘而陷于失败。黄兴、朱执信等负伤后化装返港。战斗中英勇牺牲或被捕后慷慨就义的有喻培伦、林时爽、林觉民、方声洞等共80余人。4月28日，顺德、南海两县会党起兵响应广州起义。其中一支队伍曾于30日攻入佛山，不久退出。坚持战斗约一个月，失败。

此役战死和被捕牺牲的烈士遗骸，最初被同情革命的人士收敛了七十二具，合葬在黄花岗，所以被称为“黄花岗七十二烈士”。后来陆续查明还有十四名烈士，共八十六人。其中明确是华侨的有二十九人，还有一两人可能也是华侨，所以有人说是三十人或三十一人，占全部烈士三分之一左右。[①] 另有八名日本留学生。

这部分华侨从职业上看有工人、商人、教师、记者、店员、教徒，而以工、商最多；从年龄上看，最小的才18岁，最大的52岁，其余多为二三十岁的青年；从地域上看，除韦云卿、李德山原籍广西外，其余原籍均为广东。侨居越南的最多有18人，其次为新加坡、马来亚、暹罗等地。这说明参加黄花岗起义的华侨阶层较为广泛，但以工商界为

---

① 洪丝丝等．辛亥革命与华侨．北京：人民出版社，1982.8

多，参加起义的多为风华正茂的爱国青年，这也说明华侨是“三·二九”起义的主力之一。[①]

起义虽然失败了，但革命党人和广大华侨在起义前夕以及在起义中所表现出来的革命精神是可歌可泣的。黄兴曾给予其高度评价：“死义诸烈士，皆吾党之翘楚，民国之栋梁，其品格之高尚，行谊之磊落，爱国之血诚，殉难之慷慨，兴亦不克其万一。”[②] 在革命前夕，不少革命党人为了拯救祖国于危难之中，抱必死之决心。如黄兴致南洋同志的《绝命书》、方声洞的《别父书》、林觉民的《与妻书》等，他们高尚的革命品质和勇于自我牺牲的精神让人为之动容。

在黄花岗起义中献身的华侨烈士个个英勇壮烈，视死如归，其事迹催人泪下。如马来亚华侨李炳辉起义前夕回国参加“选锋”，适逢其母生日，促其回家团聚，他即复信言不能归，并附诗云：“回首二十年前事，此日呱呱坠地时，惭愧劬劳恩未报，只缘报国误乌私。”[③] 由此可见其爱国热忱。在起义中，他随黄兴攻入总督署，力战而死。

又如，新加坡华侨印刷工人李文楷得知即将起义的消息，兴奋地表示：“我报国时机到了。”临行前慷慨激昂地对为他饯行的朋友说：“现今祖国局势，一天危急一天，我辈均为汉族男儿，必须为国家作一番惊天动地事业，以救国家危亡。此次回国，乃抱着此一愿望，与诸君为最后一次聚首！”[④] 他回国后参加“选锋”，在起义中与清军巷战一小时之久，毙敌多人，身中数弹，仍奋力向前，血流如注，卒以重伤扑地而死。

再如，李晚立志革命救国而到南洋加入同盟会，起义爆发的前一天晚上，他给哥哥写下一封诀别信：“此行成败不可知，任其事而怕死非丈夫也。今明知无济，只有实行革命宗旨，决以生命为牺牲，推倒满

---

① 任贵祥，吴北战．华侨与黄花岗起义述论．广东社会科学，1997（4）

② 《中国近代史资料丛刊》编委会，中国史学会．辛亥革命（四）．上海：上海人民出版社，1957. 171

③ 黄季陆．革命人物志（第八集）．台北：中央文物供应社，1969. 460

④ 黄珍吾．华侨与中国革命．台北：台湾国防研究院，1963. 185

清，建设中华民国。事成则汉族光明，或败身愿毋我念。恳兄代告余妻区氏一言，苦守韬儿，他日继父之志，幸毋忘之！此别。”① 起义开始后，李晚随黄兴进攻总督署，力战而死。马来亚华侨郭继枚、余东雄的事迹也很感人。郭继枚生在南洋，稍长回国，见祖国内忧外患，愤慨至极，认为“必须推倒满清，才能救国”，旋回国参加革命。父亲欲为他订婚，郭继枚对父亲说：“男儿志行未遂，何以家为?”但父亲一再坚持，勉强成婚，婚后不久他对妻子说：“我要到广州参加革命，这一去，成败不一定，假如不幸失败，切不可过于挂念我，还要请你替我孝养老父！”② 随即和余东雄一起回国。4 月 23 日，他们给马来亚怡保同盟会领导人写信表示：“弟之生命，早已置诸度外……异日奋身杀贼，当推为先锋。弟既属克强君指挥，无论如何猛进，一往向前，誓无返顾”；即使失败，“虽战剩我继枚东雄二人，或受千枪百创，手无寸铁，犹必奋臂杀贼，死而后已”；“视死如归，弟之素志，但求马革裹尸以为荣耳。从此或与先生长别！此函请作最后之永诀观可也。倘以弟言为可采，以留示吾党后起，弟虽死犹生矣”。③ 为革命虽死犹荣，其献身精神由此可知。起义打响后，郭继枚和余东雄跟随黄兴进攻总督署，奋勇争先，双双战死。余东雄 15 岁即加入同盟会，牺牲时年仅 18 岁。当初因他年龄小，同盟会未准他回国参加起义，经他再三恳求，方才批准，其爱国精神堪称楷模。可以说，在广州“三·二九”起义作战中英勇献身的华侨英烈，都有一番感人的事迹，上面介绍的仅是几个典型。

华侨在战场上勇敢战斗，在刑场上宁死不屈。如马来亚华侨罗仲霍起义前回香港参与筹划活动。这时离别近 10 年的妻儿远途跋涉赴港看望他，但他无暇陪伴妻儿一叙天伦之乐或共度一个美晚良宵，仅给一点钱便打发他们回家。妻儿走后，他心里很难受，随即默默地回广州参加起义，在攻打总督署时左脚受伤被俘。在狱中刑场上他还大谈革命，慷

---

① 黄珍吾．华侨与中国革命．台北：台湾国防研究院，1963. 186

② 黄珍吾．华侨与中国革命．台北：台湾国防研究院，1963．186

③ 黄珍吾．华侨与中国革命．台北：台湾国防研究院，1963．187

慨就义。缅甸华侨李雁南在南洋本来有温暖幸福的家庭，但他毅然偕妻带女回国参加起义，中弹受伤被俘。在审讯时，他慷慨陈词地说："中国要有救，必须革命，必须推翻满清！只恨身中两枪，不能再战。今日被捕，只求速死。"临刑时，厉声对清兵说："请用枪从口击下！"遂张口饮弹而死。[①] 其视死如归的革命精神，清兵为之骇然。越南华侨罗联是黄花岗起义华侨诸烈士中年龄最大的一位。起义爆发后，他从总督署转战至小北门，因寡不敌众，被俘入狱。当其弟来探视时，他表示："吾必舍生取义，望诸弟能继吾志。"临刑时他奋力高呼："中国非革命无以救亡，望后起者努力前进，勿中馁云。"[②] 其至死不渝的精神，永远激励后人。

综上所述，可以得出如下三点简要的结论：第一，华侨参加了广州"三·二九"起义的酝酿、筹划、捐款、购运武器及起义的整个过程，始终是起义的主力之一。他们在这次"碧血飞溅"的起义中起到了重要的作用并占有重要的地位。第二，在起义作战中，华侨勇猛向前，义无反顾，直到流尽最后一滴血；在刑场上，他们大义凛然，视死如归，表现了大英大烈、威武不屈的高尚气节。华侨在起义中表现出的可歌可泣的爱国献身精神永垂不朽，在中华民族爱国史上树立了一座丰碑！第三，华侨在人力、财力、组织和舆论诸方面为辛亥革命作出了重大贡献，有口皆碑，他们支援的"三·二九"起义便是其中一个典型的缩影。

三、"三·二九"起义的重大意义及其对华侨的影响

"三·二九"起义后，广州出现了极为混乱的局面，清政府镇压革命党人的政策造成了血腥恐怖的气氛。但革命党人并没有完全放弃在广州的活动，他们改变了斗争手段，由公开的、大规模的武装起义改为隐

① 黄季陆. 革命人物志（第一集）. 台北：中央文物供应社，1969. 459
② 黄季陆. 革命人物志（第八集）. 台北：中央文物供应社，1969. 475

蔽的、小范围的暗杀活动，在广州造成了“山雨欲来风满楼”的局势。[①] 虽然，起义失败后，革命的中心逐渐转向长江流域，但在广州，革命的影响越来越大，正如一份报纸上所说：“谈革命于昔日，迂旧者方闻之而却少，今乃一闻革命军三字，居民且将稽首以迎之，此远因在三月廿九之役也。”[②] 同时，陈其美与宋教仁也对以前的多次起义进行了反思，认为过去“有共同之宗旨，而无共同之计划，有切实之人才，而无切实之组织”，是起义失败的根本原因。由于当时的同盟会已经处于涣散状态，组织一个强有力的机构以领导长江流域的革命斗争就成为当务之急。“三·二九”起义的失败，使陈其美、宋教仁、谭人凤等加快了组建中部同盟会的进程。

这次起义“影响于全世界及海外华侨非常之大”，有力地鼓舞了华侨的革命信心。孙中山在致南洋同盟会会员谢秋的函中赞扬了广州之役起义者“勇敢英烈”的表现，指出“革命之声威从此愈振，而人心更奋发矣”。后又致函邓泽如等，提及连旧金山致公总堂中“顽固老朽之辈，亦因而感奋”。因此，该堂“数月之前，犹反对同盟会之筹饷”，现在却有转变，“已设立筹饷局”。他满怀信心地预言：革命“成功之期，决其不远”。[③]“三·二九”起义促进了全国革命高潮的到来，广大华侨继续以新的热情投入到全国革命的洪流之中。

四、响应武昌起义

广州“三·二九”起义失败后，7 月底同盟会中部总会宣告成立，开始在新军中多方进行艰难细致的发动工作，国内革命时机逐渐成熟，孙中山指出：“现时各省民心之望革命军起，以救彼等脱离清朝之苛政者，已若大旱之望云霓，而十八省之新军，亦多欲倒戈相助。……吾党

① 李穗梅．辛亥“三·二九”起义后广州的局势．学术研究，1999（4）

② 震旦日报（广州），1911－11－15

③ 广东省社会科学院历史研究所，中国社会科学院近代史研究所，中华民国史研究所．中华民国史资料丛稿·孙中山年谱．北京：中华书局，1980．120

无论由何省入手，一得立足之地，则各省望风归向矣。”8 月下旬在同盟会中部总会推动下，文学社和共进会于武昌举行联合会议，积极筹划起义，并成立了领导起义的统一机构，公推蒋栩武为总指挥，孙武为参谋长。当时，文学社、共进会已有会员数千人。10 月 9 日，孙武在汉口俄租界配置炸药不慎爆炸，清政府在武汉三镇大肆搜捕革命党人，起义机关遭破坏，刘复基等遇害。10 月 10 日武昌起义爆发。当晚，新军工程第八营首先发难，迅速占领楚望台军械库。其他各营兵士纷纷响应，合力攻打湖广总督署。10 月 11 日，起义军于清晨攻陷总督署，正午占领武昌全城。当晚占据汉阳。湖北革命党人同日成立中华民国湖北军政府，推举新军协统黎元洪为都督。

从整个革命过程来看，武昌起义是以往不断爆发的革命起义之细流的总汇流，是历次反清起义的总爆发。三·二九之役成了武昌起义的前奏曲。正如孙中山指出：“是役也，碧血横飞，浩气四塞，草木为之含悲，风云因而变色。全国久蛰之人心，乃大兴奋。怨愤所积，如怒涛排壑，不可遏抑。不半载而武昌之大革命以成。”① 黄珍吾也指出：“武昌起义之成功，是因为南中国之革命起义，再接再厉，如火如荼，愈来愈盛，清吏大都丧胆，民心归向革命，而后获致者。……由于黄花岗一役之伟大影响，使得十月十日武昌起义成功。因为黄花岗一役，震撼全国……使清廷丧胆寒心，情甘退位。”同时他也认为，武昌起义是香港统筹部积极谋划的结果。“吾人与其说武昌起义之导火线，是四川争路风潮之起，清廷将武汉三镇新军，调到四川，两湖革命机关，得以发动起事。毋宁谓武昌起义之原动力，是香港统筹部（黄花岗起义也由其策划，笔者注）根据“南洋庇能”会议，所决定之大计，所募来之经费，早在武汉有所运动，预为策划，适时发动，为较允当。”②

武昌起义也得到了海外华侨的积极响应。武昌起义爆发，同盟会密

① 邹鲁．中国国民党史稿（第三册）．台北：三民书局，1976．789

② 黄珍吾．华侨与辛亥革命．见五十年来的华侨与侨务．台北：台湾华侨协会总会，1997．63

令各地革命党人迅速响应；新成立的湖北军政府亦通电香港同盟会组织，发动海内外同胞参加作战。在香港的70名海外归国侨工响应同盟会号召，立即组队前往武汉参战。这些侨工，多是外商轮船上的现役海员，自动辞去现有职务，大家公推同盟会会员马超俊任领队，于10月30日搭乘海轮启程赴上海。在上海又集合了20多名曾在英国军舰服役、通晓战术的粤籍归侨，于是定名为“广东华侨敢死队”，推举马超俊为总队长、马伯麟为副总队长，下设三个分队，推举凌定邦、严兆聪、刘元兴为分队长。全体队员皆抱着“捐躯报国，毁家纾难的决心而来”，所需经费和枪弹都是由队员共同捐献的。11月10日，敢死队到达汉口，以海员身份登岸。在汉口又吸收了数十名广东青年参加敢死队，整队赶到汉阳昭忠祠的民军总司令部报到，黄兴亲自点阅，将广东华侨敢死队列为正式番号，并传令各军“广东革命青年同志已不远千里而来，足见各省革命同志必将络绎会师”。此令一出，军心大振。

广东华侨敢死队的队员“都具有革命热诚、牺牲勇气”，作战非常勇敢。11月17日，敢死队随总司令黄兴参加民军反攻汉口战斗。敢死队队员们初次上阵，如出山之猛虎，人人奋勇争先，无不以一当十。11月21日，清军炮攻汉阳兵工厂，黄兴急调敢死队驰援坚守。敢死队总队长马超俊曾在汉阳兵工厂工作，策动工运，鼓动革命，不少工人也自愿加入敢死队的行列。进厂后，敢死队分别布置，扼守险要；又同学生军一起据守工厂外围的伯牙台和梅子山一带，与清军血战五昼夜。敢死队虽伤亡甚重，却打退了清军多次进攻，取得了以寡敌众的辉煌战果。11月25日，清军再次发动攻势，汉阳危急，敢死队据守兵工厂重要据点，坚守了四昼夜。清军强力猛攻，分队长严兆聪等人捐躯殉国，敢死队队员死伤过半，一直坚持到最后撤离。敢死队潜渡过江，至江中多只船艇中弹沉没，船上队员葬身江水，牺牲者竟达十分之八，只有20余人生还。汉阳保卫战巩固和发展了武昌起义的成果，为辛亥革命的胜利赢得了时间，造成全国普遍高涨的革命形势，推动着全国各省的光复、独立，为建立中华民国临时政府创造了有利的条件。在该战中广东华侨敢死队的英勇表现激励着广大革命党人继续前进。

武昌起义爆发及胜利的消息传到海外，广大华侨无不欢欣鼓舞，反应热烈。旅日华侨从媒体的报道中得知武昌起义胜利的消息，横滨和神户的华侨纷纷剪掉自己的辫子，以示和清政府决裂。新加坡、马来亚、印度尼西亚、菲律宾、缅甸等地华侨莫不如此。一些过去反对革命的华侨富商、守旧派、保皇派以及同孙中山有矛盾者在革命潮流的裹挟下纷纷放弃原来的立场，转而拥护革命。

同时广大华侨积极开展革命宣传和募捐活动。各地中华街的商店、餐馆到处张贴着革命胜利的消息，华人社区燃放鞭炮，召开庆祝大会，遥庆革命胜利。菲律宾同盟会的《公理报》也应运而生，适时介绍国内革命的进展情况。各地华侨组织演说团、戏剧团、创办专门报纸宣传革命。侨办普智阅书报社在马尼拉歌剧院上演革命先进事迹题材的戏剧，观众塞道。11 月 10 日，同盟会新加坡分会召开了千余名华侨参加的大会，进行革命宣传和募捐等活动。紧接着槟城、吉隆坡、关丹、金宝等地也进行了类似活动。11 月 26 日，700 多神户华侨聚集在中华会馆成立统一的革命团体声援革命。清政府在海外的领事馆也遭受冲击，横滨领事在武昌起义后变卖领事馆的家具逃遁，马尼拉的某华侨团体迫使清领事撤去领事馆。

武昌起义胜利后，华侨继续募捐，支援各省起义。雅加达华侨募捐 2 万多盾，并“派代表吴伟康携款到香港参加革命”。新加坡华侨，发起筹办广东救济保安捐，在新加坡总商会设立会所，举罗卓甫为该会总理，廖正兴为副总理，干事则有陈楚楠、张永福、黄耀庭等，陆续筹款 20 余万元，作为广东光复后的经费。新加坡华侨同时发起福建保安捐，先由张永福、陈楚楠、陈嘉庚等筹款两万元，汇福州黄乃裳应急。随后在天福宫画轩开会，推举陈嘉庚为总理，陈顺善为副总理，以陈现进、张永福、陈楚楠等为干事，也陆续筹款 20 余万元，以应光复诸事宜。马来亚各部推举陈新政等人为代表，缅甸推举庄银安为总代表，回福建“赞襄光复事业”。印度尼西亚爪哇、泗水书报社派代表携款回国“助

内地响应之需”，他们先后为福州、厦门光复拨款作为兵饷之需。柬埔寨华侨在武昌起义前就在胡汉民的主持下成立总机关兴仁社，发动筹饷大会，委任各地侨胞为劝捐员。不及两月，兴仁社筹款已达数十万元。武昌起义消息传来，各地侨胞精神更为之兴奋，输将更为热烈，于是再筹得20万元，悉数汇回祖国，以裕军需。缅甸华侨，筹集巨款协助云南光复。据估计，在辛亥这一年中，南洋华侨的捐款就有五六百万。①

更有不少华侨选择回国参加革命，为其他各省的光复做了许多工作。如印度尼西亚巴达维亚华侨书报社在武昌起义后，多次介绍侨胞“回国效力”。马尼拉商界华侨还组织了习武队，至10月底有100多名华侨青年参加。12月上旬，横滨、神户、长崎等地的华侨组织了一支110人的敢死队回国参加革命。新加坡、马来亚各地有2 000多名华侨直接回国参战。马来亚华侨黄乃裳，武昌起义时任福建三个书院的教务长，获讯后将三个书院部分学生编组为“爆弹队”，为光复福州作准备。印度尼西亚、菲律宾华侨参与福建泉州、厦门、漳州及上海等地的光复活动。印度尼西亚归侨李柱中为上海光复作出了积极贡献。美国旧金山华侨、同盟会会员梁少文在武昌起义后回国，参加和协助陈其美光复上海的斗争，并募集军费8万元，后又率其部属数百人参加光复南京的战斗。暹罗华侨纷纷参加光复广州、滇西及福建等地的斗争。其中暹罗振兴书报社的华侨回国参加革命军的达300多人，其中有80多人加入华侨炸弹敢死队，随军北伐。武昌起义一个星期后，归国华侨达900人。

越南华侨主要参加了广东的光复活动。曾在中越边界跟随孙中山领导西南起义的越南华侨王和顺、关仁甫、黄明堂等，也纷纷回粤组织民军响应武昌起义。王和顺在惠州组织民军3 000多人，顺利光复惠州，后率所部十七营会师羊城。关仁甫组织1 000多人的“仁字营”，在惠

---

① 黄珍吾．华侨与中国革命．台北：台湾国防研究院，1963．70～71；陈孔立，陈在正，林金枝，李国梁．华侨与辛亥革命．厦门大学学报（哲学社会科学版），1981（1）

州、海丰、河源等地起兵响应。黄明堂在江门、新会组织“明子顺军”起兵响应。越南华桥工人石锦泉回到广东，参与领导建立了一支2 000多人的石子营民军，参加了广州光复的活动。

其他各地的华侨也积极参与广州等地的光复活动。华侨谢良牧积极策划广州光复并作出了重大贡献。华侨王肖中组织民军在宝安县起义，加拿大华侨胡汉贤在东莞一带组织了300多人的昭字营军响应。新加坡华侨林义顺等还在香山组织了3000多人的香字顺军，林义顺任总司令。广东光复后，华侨周达率领100多人的炸弹队参加了北伐，“立功甚伟”。檀香山华侨宋居仁自参加乙未广州起义后，一直在广东、港澳一带从事反清斗争，其子宋绍殷、宋绍奎也追随革命。武昌起义爆发后，他在深圳至东莞一带招兵响应。长子宋绍殷带领敢死队员23人冲进新安县城，与知县谈判，和平光复新安。次子宋绍奎则带领300人攻克东莞县城。

缅甸华侨主要参加了云南的光复活动。1911年10月26日，缅甸华侨同盟会会员张文光率千余人在腾越（今腾冲）起兵响应武昌起义，先后光复腾越、永昌、龙陵、顺宁、云龙等地，因功勋卓越，后被都督蔡鄂任命为“授协都督”兼“大理提督”。腾冲光复时，缅甸同盟会还专门派出两个先锋小队赶来支援，10月30日，又发动会员组织两队“义勇军”，回国报效。[①] 武昌起义后，华侨在海外开展的一系列声援活动，鼓舞了革命党人的斗志，推动了革命党人在国内进行的推翻清政府的斗争。不少华侨千里迢迢回国参加革命，诠释了其宝贵的爱国精神，同时推动了革命胜利的进程。

① 任贵祥．华侨与中国民族民主革命．北京：中央编译出版社，2006

第六章
辛亥革命与海外华侨社会

就辛亥革命而言，华侨所作出的贡献是不言而喻的。他们不仅在经济上给予辛亥革命大力支持，而且还身体力行地参与到孙中山所领导的各次起义之中，甚至为此牺牲生命。但是，革命的发展是一个过程，在此过程中，海外华侨对革命的认识与态度并不完全一致。我们可以从不同华侨阶层、不同时间阶段、不同地区这三个维度来观察、理解辛亥革命时期海外华侨对革命的反应。虽然整体上海外华侨社会对辛亥革命予以很大的支持，但在具体表现中，不同地域的华侨群体还是有所差别的。

第一节　海外华侨社会对辛亥革命的反应

一、华侨各阶层对革命的反应

海外华侨社会虽然是一个整体，但也分成不同的阶层。针对东南亚的华侨，有人指出："南洋华侨，隐然有三大分野，殷富者多染保皇臭味，中产阶级多属革命党，劳动阶级多归中和堂，与三合会渊源最深，尤列实为领袖，其言论行动，表同情于同盟会，立于同一战线以敌保皇党，惟迄于革命成功之日，中和堂始终未与同盟会合并，此其同而不同者也。”[①] 总的来说，华侨上层阶级对革命始终抱着冷淡或者观望的态度，最下层的华侨经历了由回避革命到积极支持革命的心理状态，而华侨中产阶级是最早认识到革命的必要性并参与其中的。华侨之所以会产生态度的分化，与不同阶层的生活环境、自身的利益及革命思想的传播有着密切的联系。正是缘于以上因素，华侨一开始对革命持一种观望态度，直到随着革命宣传的深入和革命形势的发展，各阶层对革命的态度才开始发生分化。

1. 华侨上层

这里对华侨上层的界定，主要是指华侨大资产阶级和华侨社会的上层领导，即在经济和政治上都具有一定影响力的华侨。其中，以新加坡为例，在当地社会具有一定影响力的多为当地的土生华人，以新加坡的海峡英籍华人公会为代表。而在经济上占有重要地位的华侨大资产阶级，则是新移民的华侨，以新加坡的“中华”商务总会为代表。虽然他们所受的教育、所处的地位各不相同，但是对革命的态度是一致的，即冷淡或不支持。

属于前者的华侨，多为大商人、律师、医生、建筑师等，这样的华侨主要居住在东南亚。东南亚距离我国沿海最近，早期移民与当地人通婚、杂居，不谙华语，受当地文化和西方文化影响较深，因而在政治上他们与当地的殖民政府合作，甚至效忠于当地的宗主国。由于与家乡联系不多，对中国的政治运动不感兴趣。无论是对维新派还是对革命派都未表示过太多的关心。[②]

属于后者的华侨，多从事制造、出入口贸易、银行、实业、橡胶等行业。他们大多受中国传统文化影响，且与国内联系紧密，对国内政治

---

① 陈春生．南洋华侨与革命．见中华民国开国五十年文献（一编十一册）．台北：正中书局，1966. 501

② 欧阳昌大．新加坡华人对辛亥革命的反应．见柯木林，吴振强．新加坡华族史论集（第2版）．新加坡：南洋大学毕业生协会，1984. 107

较为关注。在晚清转变对华侨政策的过程中，富有的华侨是清政府拉拢的对象。他们只要向清政府捐纳一定的数额，或者在国内投资一定的数额，就可以获得一官半职。清政府甚至将鬻爵的标准刊登于新加坡《叻报》、《中兴日报》上，供华侨选购。这种做法受到华侨大资产阶级的欢迎，连不是很富有的华侨商人也向清政府购买较低级别的官衔。究其原因，主要是由于传统的仕途和光宗耀祖观念的影响。商人在传统的社会中，只位于社会的最底层，为了获得一定的社会地位，他们都会慷慨解囊，采取捐资办学、捐官等方式，以获取社会地位，从而达到光宗耀祖的目的。此外，大多数移民来自国内贫苦的家庭，他们受传统文化影响较深，认为捐官能提高他们在当地社会的威望，从而巩固他们的领导权。据颜清湟先生研究，在新加坡和马来亚，除甲必丹以外，其他公认的侨领和“中华”商务总会执行委员都曾捐官鬻爵。[①] 通过此举，清政府与华侨富商建立了紧密的联系，而华侨富商对革命运动抱着冷淡的态度也是可以预见的了。如马来亚大资本家陆佑，每次面对革命党的宣传时，他总是回答：“恐怕你们没有成功的把握吧？等到你们有成功的把握的时候我来帮助好了！”[②] 此为华侨大资产阶级不支持革命的原因之一。

其二，华侨大资产阶级积累了大量的财富，因此他们会将财产的安全作为首要考虑的问题。他们的生活十分舒适满足，因而不愿与现行的政治制度相对抗。如东南亚的富有矿主姚东生，在富有之前是革命的支持者之一，但是富有之后态度发生了彻底转变。此外，华侨大资产阶级为其利益着想，更关心当地政府对清政府的态度。而当地的殖民政府出于国家利益，也更愿意维持清政府的统治。因而，依附于殖民地政府的华侨大资产阶级对革命敬而远之。

① 颜清湟．清朝鬻官制度与星马华族领导层（1877—1912 年）．见柯木林，吴振强．新加坡华族史论集（第 2 版）．新加坡：南洋大学毕业生协会，1984. 71

② 胡汉民．南洋与创立民国．见蒋永敬．华侨开国革命史料．台北：正中书局，1977. 287 ~ 288

其三，传统封建文化的影响。在国内，孝悌、贞节、敬老和忠君等传统观念主要是由士绅阶层维系的。而到了国外，没有士绅阶层，维系传统观念的责任便落在了华侨大资产阶级身上。因此，一方面，他们深受封建文化的影响，不易从中解脱出来。他们只承认清政府的统治，并与清政府派驻该国的公使或领事人员来往密切。另一方面，清政府也极力拉拢他们，想借此“管束”当地的华侨，早期的“中华”会馆便是典型代表。正因如此，华侨社会风气闭塞，保守势力强大。越是在受到当地政府欺压的时候，华侨大资产阶级便越是把希望寄托在皇帝和清朝官员身上，他们与革命也渐行渐远。

其四，维新派保皇思想的影响。由于维新派领袖人物康有为、梁启超发起的“百日维新”得到过许多华侨的支持，因此“救圣主以救中国”的保皇思想对华侨大资产阶级具有一定的号召力，保皇会在海外迅速发展。各地华侨都纷纷加入，尤其是极欲攀附权贵的大资产阶级，这就使得各地均笼罩在保皇思想之中。加之各国政府对康有为和梁启超礼遇有加，甚至视其为清政府的代表，而对革命派的宣传多加阻挠，这在一定程度上抵制了革命思想的传播。

当然，仍有为数较少的上层华侨支持革命。这主要包括两种情况：第一种是具有较强的民族意识和爱国情怀的华侨大资产阶级，他们虽然在经济上十分富足，但是中国半殖民地的国际地位，使得他们仍遭受帝国主义的欺压和侮辱，他们急切地想改变中国的现状；第二种是具有长远眼光的华侨大资产阶级，由于他们多向国内投资建厂，因此对国内局势十分关注，当革命派日渐占据上风时，便转头支持革命，因此他们对革命的积极性也就无从谈起。此外，根据颜清湟先生对新加坡支持与反对革命的华侨大资产阶级的分析中得出的结论，年龄与所受教育的形式也是决定大资产阶级对革命态度的因素之一。根据他的统计，新加坡和马来亚十大富商出身的革命派领袖陈楚楠、张永福、林受之、邓泽如、谭扬、沈鸿柏、陆秋泰、陈占梅、郑螺生、吴世荣，与支持维新派的十大富商邱菽园、胡子春、陈云秋、张弼士、谢荣光、梁碧如、戴喜云、

吴寿珍、李清渊、黄亚福相比，前者平均年龄为 32 岁，后者为 48 岁，年龄相差了 16 岁。因而，颜清湟先生认为正是这一代沟造成两派富商对待革命态度的差异。年轻的一辈可迅速吸收新观念，同时，接受过一些华文教育的富商，他们对革命思想的接受较为容易，因而更容易支持革命。①

武昌起义的成功，极大地鼓舞了海外华侨，他们对革命的热情空前高涨。连最初对革命有抵触情绪的华侨大资产阶级也纷纷参与中国的建设。如苏门答腊巨富张耀轩曾担任过甲必丹，与清政府关系密切。但是武昌起义推翻清政府统治后，他以南洋“中华”商务总会的名义号召捐款，自己也带头捐出了巨款②。

2. 华侨中产阶级

华侨中产阶级包括当地的店主、小商人、教员、店员等，其中从事商业的多为中间商和零售商，相对于大资产阶级而言，他们的经济地位并不稳固。他们在国内饱受统治阶级的压迫，远渡重洋到国外后，虽然积累了一定的财富，但依旧受到当地政府的欺压。在这种双重压迫之下，他们希望改变现状却又无可奈何的处境决定了他们更关注中国的现状，更希望中国能尽快强盛起来。因而，在革命思想的感染下，他们成为革命中最激进的一部分。辛亥革命之前发动的多次武装起义的捐款大多来自新加坡、马来亚的中下层人士，黄花岗之役牺牲的 16 位新加坡、马来亚华侨烈士也都是中下层华侨。

较之于国内中产阶级，华侨中产阶级觉悟更高，对革命认同更快。这与华侨中产阶级的组成、生活环境是密不可分的。首先，国内中小资产阶级主要来自于商人和手工业者，而华侨中小资产阶级的来源除了商人，还有一部分来自于工人。他们靠自己的双手创造财富，成为中小资产阶级。如马来半岛的华侨资本家多为车夫或苦力出身，马来亚巨富陆

---

① 颜清湟．星马华人与辛亥革命．李恩涵译．台北：联经出版事业公司，1982. 296 ~ 307

② 祝秀侠．华侨名人传（一）．台北：中华文化出版事业委员会，1955. 91

佑初来马来亚时也仅是一名佣工。其次，华侨中小资产阶级与国内的封建势力及当地的殖民政府的关系都不密切，甚至受到双重剥削。因此，他们与当地殖民政府、晚清政府矛盾更为突出。在西方殖民者的排挤下，华侨只能充当中间商和包卖商，或是经营中小型的农产品加工工业。而他们与宗主国相互竞争的时候，只能在殖民控制相对薄弱的行业谋求发展。再次，由于华侨生活在国外，他们比民族资产阶级更直接、更广泛地接触到西方思想文化，更能体会到国与国之间的差异，爱国情绪也更容易被激发出来。因此，1905 年国内发起抵制美货运动时，美国、日本及东南亚各地华侨纷纷响应。最后，华侨民族意识增强。正如前文所述，在各种条件催生下，到了 19 世纪，华侨的民族意识日益浓厚，爱国主义情绪日益高涨。此外，华侨中的大部分人参加了美洲的洪门、南洋的中和堂等社团。这些社团本是天地会的不同分支，以反清为主旨，因而比较容易接受革命思想。

尽管华侨中小资产阶级觉悟较高，但在最初，并非所有华侨中小资产阶级都对革命抱着支持的态度。他们到居住国时间较短，与家乡联系紧密，尽管对清政府有所不满，但受传统文化影响，在心理上还是忠于清政府的。例如，新加坡的“中华”商务总会成立时，不向英殖民政府申请核准豁免注册，却向中国农工商部呈请备案。当清政府有钦差大臣路过时，居住国的华侨都予以热烈的接待。由此可以看出，华侨中小资产阶级中的一部分仍比较倾向于支持清政府，这就间接地抵制了对革命派的支持。此外，中产阶级也一度支持过维新派。

维新派同革命派都志在改变中国的现状，但两派所采取的方式大相径庭。维新派志在用改革的方式，以君主立宪制挽救中国。革命派则志在以武力推翻清朝的统治，建立资本主义民主国家。正因如此，两派在国内都无法生存下去，被迫在华侨中寻求支持。康有为和梁启超在宣传保皇思想的过程中，常被邀请到文化社团讲学。借此机会，他们也积极鼓励华侨组织工商业会社、筹建孔庙、开办华文学校等，并派遣自己的学生前去讲学。现在东南亚的许多华文学校都是在那时打下了基础。而

革命派在初始阶段，只一味地宣传革命，甚至采取一些极端措施。如在毛里求斯，为了在当地华侨中博取同情和支持，进行了一些带有惩罚性的活动，包括暗杀活动[①]。同时，维新派还不遗余力地通过报刊等方式对革命派发起攻击，在这种情况下，当地华侨中产阶级自然对革命派的作风不甚满意。在维新派的宣传之下，连原本的兴中会会员也加入了保皇派，这在夏威夷最为典型。夏威夷本是革命派组织兴中会的发源地，在保皇派渗入后，几乎成了维新派的天下。

面对这样不利的环境，除演讲等方式以外，革命派主要通过上街派发革命书籍、小册子等来唤醒华侨。《猛回头》、《革命军》、《警世钟》、《亡国恨》等书中激烈的措辞刺痛了华侨中产阶级在国内外所受到的屈辱，引起了华侨对清政府的愤恨，这成了华侨中产阶级支持革命的初衷。中产阶级在了解了革命的必要性后，便积极投入到革命的宣传和起义之中。其中，东南亚的华侨中产阶级除热心捐款、出资组办书报社、剧团等外，还在同盟会内担任低层的领导职务。例如，在新加坡从事印刷业的杜冠雄，便组团成立了“大中华”剧团，专门在马来半岛各地巡游公演具有强烈革命意识的无声电影。在美国，孙中山建议同盟会会员加入致公堂。在此基础上，孙中山到各地进行革命宣传，“每次演毕，鼓掌吹口之声，震动檐壁……人心倾向革命，如水就下。即平时最不喜谈革命者，至今亦连声诺诺，以革命事业为救国之唯一上策。”[②] 美国华侨除从经济上支援革命外，许多人也投身于革命之中，如武昌起义爆发后，回国参加革命的华侨飞行队。爱国华侨容闳，早年留学美国，后曾任清驻美副公使。他积极支持维新变法，在返美定居后仍积极支持康、梁维新派，为他们筹集捐款，曾两次陪同康有为会见美国总统。但随着革命形势的发展，容闳逐渐醒悟，并转变态度，认为孙中山是“最可信赖”的。

---

① 李安山．非洲华侨华人史．北京：中国华侨出版社，2000. 216 ~ 217

② 广东省社会科学院历史研究室，中国社会科学院近代史研究所中华民国史研究室，中山大学历史系孙中山研究室．孙中山全集（第一卷）．北京：中华书局，1981. 538

除此以外，还有一群特殊的华人，便是海外留学生。虽然他们中间有部分是贪图享乐的富家子弟，但大部分是抱着振兴中华的目标而留学海外的。他们是当时思想最为先进的一批人，因此最早认识到变革中国的必要性。当得知孙中山的革命思想后，便积极与他联系。1905 年，留欧学生邀请孙中山赴欧，并资助了 7 000 法郎用于孙中山由美赴欧宣传革命、建立革命团体之用，4 000 法郎以备他在巴黎的外交活动所用。[①] 孙中山在比利时布鲁塞尔期间，与留欧学生贺之才、史青、朱和中、魏宸组等人共同商讨了组织革命的相关事宜。此次欧洲之行，与留学生的讨论促使孙中山的思想发生了重大转变，他表示“今后将改革革命势力于留学界，留学生之献身革命者，分途做领导人”[②]。而后，留欧学生以宣誓的方式成立了革命组织，这就是欧洲同盟会的前身。1905 年 6 月，孙中山赴日寻求更多留学生的支持。在程家柽、宫崎寅藏的介绍下，孙中山与黄兴等留日学生见面，并于 8 月在东京正式成立中国同盟会。“毫不夸张地说，正是有了以黄兴为代表的留日学生的革命基础和对孙中山的积极支持，才有了中国同盟会的成立。”[③] 而在成立之初，89. 6% 的成员都是留学生，这就足以证明留学生对革命的支持程度。留学生对革命的支持，除了他们受到西方文化思想的熏陶外，他们之中有部分人在国内已经是激进分子，被政府强行派遣出国，如贺之才、史青等。而留学日本的学生，由于特定的处境，决定了他们对国家命运的特别关注，他们是近代中国社会中最为激进的群体。

与华侨上层相比，中产阶级觉悟更高，是华侨中最早支持革命的。但与华侨下层相比，中产阶级支持革命的彻底性则略为逊色。因为中产阶级毕竟有一定的身份和地位，在革命过程中容易左顾右盼。

3. 华侨下层劳动群众

华侨下层劳动群众大多来自国内社会的最底层，包括失去土地的农

---

① 冯自由．中华民国开国前革命史（一）．上海：中国文化服务社，1944. 187、189

② 朱和中．欧洲同盟会纪实．台北：存萃学社，1980. 6 ~7

③ 周棉．留学生与中国同盟会的创建．清华大学学报（哲学社会科学版），2008（4）：53

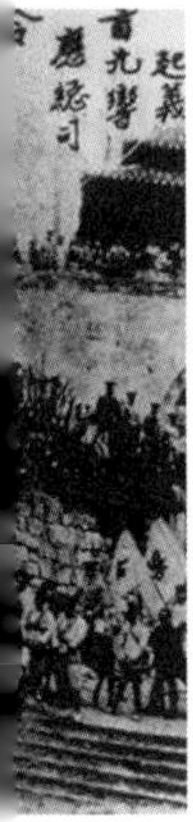

民、失去工作的工人、被卖作奴隶的“猪仔”、破产的小商人等。他们在国内受尽压榨，流落异乡后仍饱尝艰辛，从事着采矿、做苦力、拉车、沿街贩卖等职业，甚至沦落为乞丐和娼妓。可以说，他们只有少量的仅用以维持温饱的生活积蓄，或者一贫如洗。因此，他们每天都在为温饱四处奔波，无暇顾及其他。连温饱都无法得到保障的群体，更谈不上拥有足够的文化水平。尽管他们在国内受清政府的压榨，出国后受当地政府和殖民政府的欺凌，但是他们无法知觉这种不幸的根源。在平时的闲暇时间里，他们将生活的不幸转嫁到参加社团、赌博、抽大烟、逛妓院等方式之中以麻醉自己。由于生活贫苦，他们更多地关注自身的生活，而对中国所面临的危机难以察觉。虽然他们对清政府颇为不满，但是对现状也无可奈何，更谈不上革命推翻清政府。他们出国时间较短，与家乡联系紧密，受中国传统的忠君观念影响较深，认为支持或参加革命就等于是杀头的死罪，对革命自然望而生畏。因而在革命派宣传革命思想之初，下层劳动群众皆视其为天方夜谭，反而对维新派更感兴趣。

这种局面的产生，除了下层群众自身的原因外，还有一个不可忽视的原因，便是革命派初期将上层华侨作为革命宣传的首要对象。由于革命需要大量的财力，而华侨上层阶级的财力足以解决革命派所面临的财力不足的问题，因此革命派各领袖对于争取华侨上层的支持，都竭尽全力。而华侨富商对革命支持的只有少数，且不彻底，这一直制约着早期革命的发展。[①] 直到革命派意识到这一点，才将革命宣传的中心往中、下层华侨中转移。事实证明，宣传目标的转移，为辛亥革命的胜利打下了坚实的基础。

与华侨中产阶级相比，下层华侨大多未接受过正式教育，甚至是文盲。因而革命派针对中产阶级实行的派发革命书籍、小册子等方式，在下层华侨中收效甚微。而维新派领袖康有为、梁启超提议创办华文学

---

① 欧阳昌大．新加坡华人对辛亥革命的反应．见柯木林，吴振强．新加坡华族史论集（第2版）．新加坡：南洋大学毕业生协会，1984. 115

校，四处讲学，反而对他们影响更大，这些做法使得更多的下层劳动群众加入保皇会。为了转变革命形势，革命派开始针对下层华侨的特点，采取了一些卓有成效的宣传方式：一是创办了书报社，以演讲、集体讨论、看书等方式向他们宣传革命的必要性。如在缅甸，黄日初、饶潜川公开设置了一个觉民阅书报社，以“开通民智，联络华侨，了解国内外时事”为宗旨①，除提供革命报刊和书籍，还每周举办一次演讲会，演讲的多为革命内容，如《华侨要投身革命》、《救国必先革清政府之命》等。二是成立剧团，以舞台剧的形式，将革命思想形象生动地传播给华侨。1905 年，香港革命领袖陈少白和李纪堂帮助程子仪成立了第一个革命剧团——“采南歌”剧团。剧团开始在香港、澳门演出具有革命气息的新戏，受到群众的极大欢迎。而后相继成立了“优天”、“振天声”剧团。“振天声”剧团还先后到新加坡、马来亚等地进行访问，“进一步在不识字的华侨群众中扩大了革命思想的宣传”。此后的“泛爱班”和“民铎社”是在华侨社会中产生过很大影响的两个剧团，他们演出的戏剧主题多是宣传民族主义和革命的。“毫无疑问，革命剧团对革命思想的宣传是很有成效的；他们进行革命思想的宣传比印刷品或正式演讲更能深入到华侨社会的底层群众。”②三是组织巡演，将革命题材的无声电影向群众展播。如新加坡华侨成立的“大中华”剧团，专门在马来半岛巡游演出带有革命意识的电影，如《拿破仑革命史》、《华盛顿革命史》等③。革命派通过多种途径，激发了下层群众的爱国热情，也扭转了下层华侨对革命的态度。他们中的许多人放弃了在海外的工作，参与到国内的革命之中，而选择留下的工人也尽量捐献款项支持革命。除了工人，小贩、黄包车夫、妓女、乞丐等也对支持革命不遗余力。美洲、非洲等地的华侨在受到革命的感召后，也慷慨地为革命捐

---

① 黄馥生．孙中山革命与缅甸华侨．中国人民政治协商会议广东文史资料研究委员会．广东文史资料（第 25 辑）．广州：广东人民出版社，1979. 4 ~ 16

② 颜清湟．华侨在辛亥革命中的作用（海外华人史研究）．新加坡：新加坡亚洲研究学会，1992. 95 ~ 96

③ 颜清湟．星马华人与辛亥革命．李恩涵译．台北：联经出版事业公司，1982. 313

款。自 1910 年美国致公堂筹饷局成立之后，广大华工热情为革命捐输，到年底捐款便已达 40 余万美元。由此可见华侨下层群众对革命的积极性。

革命派的宣传之所以能迅速点燃华侨下层群众对革命的热情，其根本原因在于华侨下层群众的爱国情感和自身的遭遇。首先，大部分华侨下层群众都是新近出国，他们出国的目的在于赚钱贴补家用，并不打算长时间在侨居国生活，因此较之其他阶层，他们更关心家乡的状况何时才能改善。其次，他们无论是在家乡，还是在侨居国，都饱受欺凌，对清政府及侨居国的压榨有着切身的体会，这就为他们埋下了革命的种子。最后，他们大多在国外孑然一身，没有家庭的累赘，除了一丁点的财产，不用担心其他。因而，华侨下层群众一旦走上了支持革命的道路，就会坚定不移地走下去。与上层华侨和中产阶级相比，下层华侨可以说是一无所有，他们没有财产可以牵挂，与清政府、当地政府都没有太多的联系，因而对革命的支持更加彻底。他们中有的人为了暗杀高级官员而奉献生命，有的则回国参战，有的留在海外继续募捐，动员更多的人支持革命。当武昌起义成功的消息传到海外之后，非洲华侨也加入了积极捐输革命的阵营之中。华侨对革命的支持之势，也一发不可收拾。

总而言之，1840 年的鸦片战争改变了近代中国社会的命运，迫使清政府打开了国门，迫使清政府重新重视海外华侨，鼓励华侨回国投资商业、投资办学，在海外开办华文学堂等，无论其动机如何，清政府在劝诱华侨投资捐纳的过程中，激发了海外华侨的民族主义情感。加之生活在海外的华侨，在备受当地殖民政府压迫，备受歧视的时候，更期望能有一个强大的中国作为依靠。这种强烈的民族主义情感和爱国热忱正是华侨后来热情支持革命的根源。尽管在革命思想初起的时候，华侨大多抱着观望的态度，甚至避而远之，但是孙中山先生的革命救中国的理论是当时最有远见的，通过成立革命组织，采取论战，组织书报社、剧团等方式对华侨各阶层进行宣传之后，华侨上层社会部分人支持了革命，华侨中产阶级成为革命中最激进的力量，而华侨下层劳动群众则是支持革命的中坚力量。

二、不同时期海外华侨对革命的态度

海外华侨对孙中山领导的革命运动的认识有一个逐渐深化的过程，随着时间的推移，华侨对革命活动的态度越来越积极，支持革命活动的地域范围也逐渐扩展。

从时间上看，1894 年至 1905 年的兴中会时期为革命的初步发展时期；1905 年中国同盟会成立之后革命进入迅速发展时期；武昌起义爆发到中华民国建立，是革命高潮时期。

1. 革命初步发展时期

在兴中会时期（1894—1905 年），孙中山领导的资产阶级革命运动开始兴起，并得到初步发展。檀香山兴中会成立不久，兴中会便在横滨、南非洲、越南河内、旧金山及中国香港等地设立了分会，但是这些地区的革命组织人数较少，发展非常艰难。

1895 年，兴中会在香港与辅仁文社并组之后，党务工作有所发展。但是到了 1900 年惠州三洲田起义之后，“兴中会元气大伤，党务殆陷于完全停顿”①。1895 年广州起义失败后，孙中山前往日本，在横滨建立了兴中会。次年，孙中山从日本前往檀香山募集资金以图卷土重来。孙中山离开日本后不久，横滨兴中会“各会员供给月费者渐少，镜如等以经费无着，遂将会所取消，凡有会务均假文经商店二楼开会决之”。康、梁在国内推动“戊戌变法”后，“横滨兴中会会员多趋向保皇党旗帜”②。当旅日华侨发起创设学校后，该华侨学校亦被保皇派所控制，将学校校名定为“大同学校”。“故自大同学校成立之后，兴中会势力日见衰退，及总理于戊戌年春自欧洲再渡日本时，会员中能宗旨一贯历

① 冯自由．革命逸史（第四集）．北京：中华书局，1981.10

② 蒋永敬．华侨开国革命史料（引言）．台北：正中书局，1977.5

久不变者，寥寥十数人耳。”[①] 以后倾向革命的，以留日学生为多，日本华侨居于少数。越南虽然设有兴中会组织，但“以会员不多，未设会所，每次开会均假座隆生公司”[②]。檀香山本是革命的发源地，孙中山在此地亲朋故旧人数众多，但1903年重游檀岛时“相距已有八载，党员寥落，面目全非，诚不禁今昔之感矣”[③]。海外其他有华侨居住的地区也设有兴中会的组织，但是作用很小。总的来说，在兴中会时期，革命组织虽然有所发展，但是发展过程极为艰难，支持革命的人数较少，影响力也不大。

从武装起义方面来看，兴中会时期，革命派发动了广州起义和惠州三洲田起义。广州起义由于信息泄露，未及发动便以失败告终。惠州三洲田起义主要依靠会党的力量发动，海外华侨对起义的捐助和支持也不多。

兴中会时期，海外华侨对革命的捐款也很少。蒋永敬指出：“第一、二次起义，是在兴中会时期，其经费之来源，除由少数革命党人出资外，华侨资助者，仅檀香山一埠，所占比率亦低，不到百分之十。”[④]

兴中会时期，革命派在海外创办的报刊仅有香港的《中国日报》、檀香山的《檀山新报》、新加坡的《图南日报》等几种。这些报刊在这一时期发行量不大，发展可谓困难重重，影响力也非常有限。《中国日报》是兴中会创办最早的宣传革命之“喉舌”。“初以不审英人对华政策所在，未敢公然大倡革命排满之说，半载后措辞始渐激烈。”[⑤] 1900年，惠州三洲田起义失败，“群至报社求助，报社财政大受影响，每感不支，赖同志侨商李纪堂源源供应，及各地华侨有所接济，得免歇业”[⑥]。《檀山新报》虽然创办较早，但“当年华侨思想尚极闭塞，故此

---

① 冯自由．革命逸史（第四集）．北京：中华书局，1981. 16

② 冯自由．革命逸史（第四集）．北京：中华书局，1981. 18

③ 冯自由．革命逸史（第四集）．北京：中华书局，1981. 19

④ 蒋永敬．华侨开国革命史料．台北：正中书局，1977. 47

⑤ 蒋永敬．华侨开国革命史料．台北：正中书局，1977. 240

⑥ 黄珍吾．华侨与中国革命．台北：台湾国防研究院，1963. 55

报全属商业性质，毫无革命色彩。己亥年康有为派梁启超、陈继俨（仪侃）到檀开设新中国报，大倡保皇，此报绝不敢向之抵抗”①。1903 年，孙中山到达檀香山后对该报进行了改组，并亲自撰写文章批驳保皇派的谬论，革命宣传工作才有所起色。《图南日报》于 1904 年春开始出版，“是时风气未开，各商店咸视为大逆不道，严禁子弟夥友购阅。出版一月乃减印一千份，然长期订报者仅得三十余份，半载后，人心日渐归附，乃递增至二千数百份”②。后因亏损严重，资金周转不灵，艰难维持两年后关闭。由此可以看出，在兴中会时期，革命报刊的创办很少，发行量也不大，革命宣传的影响力有限。

2. 革命迅速发展时期

在同盟会时期（1905—1911 年），海外华侨对革命的支持力度迅速增强。1905 年，中国同盟会在东京建立后，共在海外建立了四个支部，革命组织扩展较快，加上革命报刊的宣传，华侨逐渐觉醒，对革命支持的热情也逐渐高涨，革命运动进入一个新的发展阶段。

第一，革命组织迅速增加。中国同盟会成立之后，革命党人在海外建立了很多分会，其中重要的有亚洲地区的中国香港同盟会、暹罗同盟会、新加坡同盟会、越南西贡—堤岸同盟会、英属七洲府同盟会、越南河内同盟会、缅甸仰光同盟会、南洋荷属同盟会等。美洲主要有檀香山同盟会、旧金山同盟会、温哥华同盟会等。此外，其他地区也相继成立了一系列同盟会组织。总之，这一时期，革命组织的数量较之兴中会时期有了很大的增加，规模也比兴中会时期要大得多，参与革命组织的人数也有了很大的增加。

第二，发动武装起义的次数增加，规模越来越大，华侨对革命的捐款也迅速增加。同盟会建立之后，革命党人在短短几年时间里，先后发动了八次影响力较大的武装起义。这些起义得到了海外华侨的大力支

① 冯自由．革命逸史（第四集）．北京：中华书局，1981．129
② 冯自由．革命逸史（第四集）．北京：中华书局，1981．140

持，华侨亲自参加武装起义的人数逐渐增多，对武装起义的捐款也越来越多。蒋永敬指出：“第三至第十次起义，是在同盟会时期，各次起义经费之来源，以华侨之资助为主，分布地区亦广，所占比率约百分之八十。尤其第十次起义经费，百分之百来自华侨的资助。”① 因此，同盟会成立之后，革命派领导的武装起义在海外华侨中的影响力越来越大，海外华侨支持革命的热情也逐渐增加。

第三，这一时期，海外创办的革命报刊也有了很大的发展。同盟会时期创办的影响力较大的报刊主要有南洋地区的《中兴日报》、《仰光新报》、《华暹新报》、《槟城新报》、《光华日报》、《星洲晨报》等，美洲地区的《民生日报》、《自由新报》、《少年中国晨报》、《大汉日报》、《国民醒报》等。这一时期革命派创办的报刊不仅数量增加了很多，在华侨社会中的影响力也逐渐增大。

3. 革命高潮时期

1911 年 10 月，武昌起义爆发后，全国各省纷纷响应，革命形势迅速发展。海外华侨的革命热情也迅速高涨，踊跃捐款支持国内革命。“华侨捐款之踊跃，实当革命军取得决定性的胜利之时”。

荷属南洋之巴达维亚华侨书报社捐款情形，广州“三·二九”之役，该社捐款数为5 000余元，善后捐款1 500元，计为6 500余元。武昌起义后到民国元年一月，其捐款为 67 000 元，另 1 700 盾（每盾约合 1.3 元，约合2 200元），又购公债 5 万元，计约 12 万元，较之“三·二九”之役的捐款为 18 倍以上。②

新加坡华侨在“三·二九”之役中的捐款为 3 530 元（其中沈联芳独捐1 000元），武昌起义后，该埠粤籍华侨即筹广东救济保安捐 20 余万元，闽籍华侨亦筹闽省独立费 120 余万元，两计 140 余万元。较之“三·二九”之役捐款在百倍以上。③

---

① 蒋永敬．华侨开国革命史料．台北：正中书局，1977. 47
② 蒋永敬．华侨开国革命史料．台北：正中书局，1977. 52
③ 蒋永敬．华侨开国革命史料．台北：正中书局，1977. 52

美国各埠华侨“三·二九”之役捐港币14 000元，善后捐港币20 000元，连同过去各次起义捐助者，总数约为港币50 000万元。武昌起义前后为时不及3个月即捐美金144 130.41元。[①] 其他各埠的情形也大都类似，海外华侨的革命热情空前高涨。

我们可以看出，随着时间的推移，海外华侨对革命的支持越来越积极和踊跃。兴中会时期，革命活动虽然困难重重，革命派仍然以其坚定的信仰和海外华侨的支持，播下了革命的星星之火，推动了革命运动的初步发展；同盟会时期，革命运动获得了较为迅速的发展，海外华侨的民族民主意识逐渐觉醒，成为革命派的坚强支柱，推动了革命运动的迅速发展。武昌起义到中华民国建立的这一时期，海外华侨的革命热情空前高涨，推动革命呈现出燎原之势。正如冯自由在《革命逸史》中所指出的：“兴中会自民国前十八年甲午十一月在檀香山创立以来，迄民国前七年乙巳六月同盟会创立时止，其致力革命工作之期间共为十一年……海外各埠先后成立之分会，仅四五处，然亦旋起旋蹶，只有一香港《中国日报》为确定不易之永久机关耳。统计此十一年间之兴中会员，人数亦颇有限。其有名籍可稽者约计总数不满三百人。与其后同盟会之逐年兴盛，殆不可同日语。”[②]

三、不同地域华侨的表现

虽然总体上海外华侨对辛亥革命是大力支持的，但由于各地侨情不同以及受侨居国政府政策的影响，不同国家的华侨在辛亥革命时期对革命的支持力度和程度是不同的。这种情况使得革命中心在不同时期有所转移。兴中会时期革命的中心在檀香山和中国香港，同盟会时期则在南洋和北美地区。

檀香山作为孙中山发动革命的地方，在最初阶段是革命运动的中

① 蒋永敬．华侨开国革命史料．台北：正中书局，1977. 52

② 冯自由．革命逸史（第四集）．北京：中华书局，1981. 23～24

心，其他国家的华侨对革命的了解还很少。孙中山曾尝试在美国等地发展革命势力，但收效甚微，各地加入兴中会的人数只有三百来人，革命活动多处于秘密状态。在兴中会时期，革命派基于发动武装斗争的便利，将香港作为进入广东起事的桥头堡和后方阵地，使香港在较长时间内成为兴中会时期的革命中心。

到了同盟会时期，情况发生了较大的变化。1906 年，新加坡同盟会成立后，同盟会南洋支部也设在此地，新加坡成为东南亚革命的中心。主要原因是新加坡华侨人数众多以及英国当局未对革命活动采取严厉的限制政策。[①] 本来，越南西贡也是革命的一个重要基地。“西贡堤岸两埠同志对于粤桂滇三省革命军事，均先后醵助巨款，为他处侨商所不及。”[②] 孙中山将越南当作进入西南边境地区发动起义的前沿阵地，多次在越南活动。可是后来法国殖民政府改变政策，对革命活动进行干涉，并驱逐革命党人，因而越南逐渐失去了在革命活动中的重要地位。印度尼西亚的华侨人数也很多，但荷属印当局一直对中国革命运动持敌视立场，革命势力在印度尼西亚的发展受到严重的阻碍。因此，新加坡以及后来的槟城成为东南亚革命运动的中心。从 1906 年至 1910 年 7 月，革命的中心在新加坡；1910 年 7 月，南洋支部迁往槟城后，革命的中心也逐渐转移到了槟城。

1910 年 7 月，孙中山自日本抵达新加坡，根据对当地形势的评估，决定把南洋支部迁到槟城。孙中山之所以选择槟城作为南洋支部的新基地，颜清湟认为主要有以下三个方面的原因：首先，南洋支部的主要作用是作为一个联络中心，一方面负责联系本地区的其他分会，另外则与东京的同盟会总部和中国香港、上海等分会相联络。这就必须要有良好的邮政和金融条件，槟城在 20 世纪初在这两方面较马来亚其他各城市更为优胜。其次，槟城作为英属海峡殖民地的一部分，与新加坡实属于

① 颜清湟．星马华人与辛亥革命．李恩涵译．台北：联经出版事业公司，1982. 246

② 冯自由．华侨革命开国史．台北：商务印书馆，1975. 50

同一英国殖民政府，新迁移的南洋支部无须为适应新环境而作出重大的变更。最后，同盟会槟城分会像马来亚北部各分会一样，较少受到陶成章、章炳麟分裂分子反对运动的影响。①

槟城革命派创办的《光华日报》逐渐取代日益陷于困境的《中兴日报》，也为南洋地区革命的中心从新加坡转移到槟城提供了条件。1910 年 11 月，孙中山在槟城召开了重要的"庇能会议"，这次会议的主要内容就是筹款发动新的大规模的起义，即后来的广州"三·二九"起义。这次会议在辛亥革命史上具有重要的意义，因此也奠定了槟城在辛亥革命史上的历史地位。

总之，海外华侨对辛亥革命的认识有一个逐渐深化的过程。从时间上来看，大致可以分为三个时期：兴中会时期（1894—1905 年），海外华侨参与革命人数较少，对革命的支持有限，但革命运动仍得到了初步发展；中国同盟会成立到武昌起义这一时期（1905—1911 年），海外华侨对革命的支持力度迅速增强，革命运动也得到了迅速的发展；武昌起义爆发到中华民国建立（1911—1912 年）这一时期，海外华侨的革命热情空前高涨，对革命的支持也达到高潮。从地域上来看，兴中会时期，革命的中心在檀香山和中国香港。同盟会时期，革命的中心在南洋和北美地区。而在南洋地区，革命的中心开始了从新加坡向槟城的转移。

第二节　广东籍华侨在辛亥革命中的作用与贡献

在辛亥革命时期，正如不同地区、不同时间、不同阶层对革命的态度和支持力度有所不同一样，不同的群体对辛亥革命所起的作用也不尽相同。其中，广东籍华侨在各个群体中起到了至关重要的作用，而广府

① 颜清湟．星马华人与辛亥革命．李恩涵译．台北：联经出版事业公司，1982. 259 ~ 260

籍华侨的表现尤为突出。

一、革命组织的中坚

在辛亥革命时期，无论是兴中会还是同盟会，广东籍华侨均占有重要的地位。孙中山创立的兴中会，在成立后的 11 年间，海外各埠成立的分会仅四五处，会员有名籍可稽者总数不满 300 人。尽管参与人数不多，但是这些最早的参与者基本上是广东籍华侨，他们是孙中山革命运动的最早支持者，对于资产阶级民主革命的发展实有开创之功。

中国第一个资产阶级革命组织是在檀香山成立的兴中会。檀香山兴中会初期会员有名可考者共 126 人，这些华侨按籍贯分，计香山籍 70 人，开平籍 10 人，新会籍 9 人，新安籍 7 人，南海籍 6 人，新宁籍 8 人，惠州籍 4 人，恩平籍 1 人，归善籍 1 人，祖籍不详者 10 人。① 据温雄飞回忆，“在檀香山的华侨，香山籍的最多，香山人一出动，华侨就去了六成以上”②。檀香山兴中会成立后，孙中山偕邓荫南、宋居仁等数人从檀香山回到香港，推动革命组织的建立。孙中山与杨衢云等人商谈合作组党事宜，最后辅仁文社成员加入横滨兴中会，“本会名曰兴中会，总会设在中国，分会散设各地”③。香港兴中会的成员基本上是广府人。日本横滨是第三个成立兴中会的地方，孙中山在那里开展革命活动首先得到广东南海籍华侨冯镜如兄弟的支持和帮助，冯镜如即出任兴中会横滨分会的首任会长。最早加入横滨兴中会的有名可考的会员有 17 名，他们分别是广东南海人冯镜如、陈清、冯紫珊、黎炳垣、温芬、陈才、陈和、陈植云、黎简卿、温遇贵、梁达卿、冯懋龙；香山人黄焯文、郑晓初；新会人赵明乐、赵峄琴和三水人谭有发，他们都是广府人。④ 越南兴中会建立于 1902 年，最初与孙中山接触的台山华侨黄隆

---

① 冯自由．革命逸史（第四集）．北京：中华书局，1981. 23 ~ 36

② 尚明轩，王学庄，陈崧．孙中山生平事业追忆录．北京：人民出版社，1986. 191

③ 广东省社会科学院历史研究室，中国社会科学院近代史研究所中华民国史研究室，中山大学历史系孙中山研究室．孙中山全集（第一卷）．北京：中华书局，1981. 22

④ 冯自由．革命逸史（第四集）．北京：中华书局，1981. 42 ~ 46

生，他不但自己加入革命组织，还将台山华侨刘岐山、甄吉廷、甄璧，南海华侨杨寿彭、张奂池、罗錞、曾克齐等介绍给孙中山。河内兴中会就以黄隆生的公司作为临时会所。1904 年，孙中山“以旅美侨胞多染康、梁余毒”，决定在旧金山成立兴中会分会，先从具有新思想的教友入手，但发展组织的情况并不理想，最后只有台山籍华侨加州大学教授邝华汰等少数人加入革命组织。

总的来说，在兴中会时期，革命的理想尚未被华侨所接受，大多数华侨将革命视为洪水猛兽，不敢接受，甚至抵制、反对，革命是在异常艰难的环境下进行的，而且多数时候处于秘密状态。在这样的社会历史环境下，广东籍华侨对兴中会的支持尤其显得难能可贵。值得指出的是，在兴中会时期，加入兴中会的华侨基本上是广东籍华侨，无论是革命组织的建立还是推选革命组织的领导人，均主要依靠广东籍华侨的支持。可以说，没有广东籍华侨就没有兴中会。

在同盟会时期，中国同盟会的总部设在日本东京，并在海外设立南洋、美洲、檀香山、欧洲四个支部，广东籍华侨同样是同盟会海外支部的重要支柱。

东京同盟会成立后，孙中山首先到越南推动海外同盟会组织的建立。1905 年 10 月，孙中山到达越南西贡，主持成立了堤岸同盟会分会。刘易初、李卓峰分别任正、副会长，通信机关设在刘易初开设的昌记行，会员有李晓初、黄景南、曾锡周、马培生、李竹痴、关唐、李亦愚、颜太恨、潘子东等人。1907 年，孙中山到达越南河内，将河内兴中会改为同盟会，先后加盟者有黄隆生、杨寿彭、张奂池、甄吉廷、黄明堂、关仁甫、李福林、刘岐山、罗錞等数百人。为了避免殖民政府的干涉和破坏，越南的很多社团都是以其他名称来宣传革命的，如萃武精庐、讲学社、中兴社、卫生社、兴仁社等，这些社团大都倾向于革命，其成员中有很多是同盟会成员，其中有不少是广东籍华侨。

新加坡是东南亚革命运动的中心。1906 年，新加坡同盟会成立，会长是福建华侨陈楚楠，副会长是广东饶平华侨张永福。张永福还主动将个人别墅晚晴园作为同盟会南洋支部的活动中心。新加坡同盟会成立后，潮州华侨林义顺等人受命赴马来亚各地组建同盟会，不久，吉隆坡、槟城、芙蓉、怡保、瓜拉庇拉、麻坡、关丹等地先后成立了同盟会分会。在1906年8月7日吉隆坡同盟会分会的成立仪式上，孙中山亲自主持了16位创始会员的宣誓仪式。这16个人除了王清之外，其余15人如杜南、杜冠雄、杜著新、阮英舫、阮卿云、阮德三、陆秋泰等都是广府人。①

在泰国和印度尼西亚这类受当地政府严厉限制的地方，华侨参加革命一般采取比较隐蔽的方式。在泰国，在孙中山到达之前，此地已有革命报刊《华暹日报》。《华暹日报》为广东香山人陈景华与老华侨萧佛成等人合办，分中文和泰文两种文字出版。1907年3月下旬，孙中山到达暹罗，但由于受到当地政府的干涉，限其一个星期离开，并不许其谈论政治问题。孙中山便秘密组织了同盟会分会，华侨加入者众多，推选萧佛成为会长，陈景华为书记。在荷属印度尼西亚，由于殖民政府严厉限制革命派的活动，印度尼西亚的革命组织大多以书报社和通信处等名义存在。在这些组织中，也有很多是广东籍华侨。

总之，在同盟会时期，南洋华侨建立了数十个革命分会或通信处，参加革命组织的华侨人数众多，其中很多是广东籍华侨。至辛亥革命前，仅缅甸的华侨参加同盟会的会员有名可录者就达2 343人之多②，其中不少人是广东籍华侨。

美洲华侨大多数是广东籍华侨。虽然较早受到革命的影响，但是建立同盟分会较其他地区晚。当时保皇派和致公堂的势力遍布美洲大陆，为了宣传革命思想，唤醒被清政府和保皇派蒙蔽的华侨，广东台山籍华侨青年李是男联络有革命思想的华侨青年黄伯耀、温雄飞、黄芸苏等人组织了少年学社，该社对外以研究学术为名，对内以鼓吹革命为实，这

---

① 颜清湟．星马华人与辛亥革命．李恩涵译．台北：联经出版事业公司，1982. 118

② 杜元载．中国同盟会革命史料（一）．台北：中国国民党中央委员会党史委员会，1974. 211～349

是美洲华侨革命机关的基础。[①] 1909 年，孙中山赴美国，在倾向革命的华侨的支持下成立了同盟会纽约分会。不久，在美国又成立了同盟会芝加哥分会、同盟会旧金山分会、同盟会檀香山分会等一系列革命组织。1910 年，美国西部有数十个城市成立了同盟会分会。为了加强对革命力量的统一领导，成立了美国三藩市中国同盟会总会（通称美洲同盟总会），创办机关报《少年中国晨报》。[②]

加拿大是保皇派的发源地，保皇派在此地有很大的势力，而同盟会的成立较之稍迟。1911 年 5 月，冯自由在温哥华正式成立了同盟会分会。当时陆续加入同盟会的华侨达到数百人，加拿大其他各埠也相继成立同盟会分会。此外，中南美洲的墨西哥、古巴、秘鲁等地也建立了同盟会组织。这些地区的华侨大多数都是广东籍的，尤以广府籍华侨为多。

因此，可以说，广东籍华侨是同盟会的重要支持力量，在同盟会的组织领导下，广东籍华侨广泛地参与到辛亥革命运动之中，为革命组织的发展和革命运动的成功作出了重要的贡献。

二、历次武装起义的骨干

在辛亥革命前的十次武装起义当中，广东籍华侨特别是广府籍华侨发挥了重要的作用。

1895 年 1 月，孙中山偕广府籍华侨邓荫南、宋居仁、夏百子等数人回到香港，谋划发动广州起义。陈少白、谢瓒泰等参与其事。后因计划泄露，起义尚未发动即告失败。虽然起义失败了，但是广府籍华侨已经播下了通过武装起义推翻清政府的星星之火。

1900 年，由义和团运动引发的八国联军侵华战争，使北方处于战争的混乱状态之中。孙中山认为机不可失，乃命惠阳籍华侨郑士良潜入

---

① 蒋永敬．华侨开国革命史料．台北：正中书局，1977. 195 ~ 196

② 广东省地方史志编纂委员会．广东省志 · 华侨志．广州：广东人民出版社，1996. 274

惠州，策划武装起义。郑士良集结了以华侨志士为主的600多人的起义军在惠州三洲田发动武装起义，击败新安之清兵，既而转战龙岗、三多祝等处。在这次起义中，谢瓒泰在广州策应，陈少白在香港做后勤保障工作。

1907年5月，新加坡华侨许雪秋策划发动了潮州黄冈起义。许雪秋是广东潮安人，1906年春，经张永福介绍结识了孙中山，并加入了同盟会。许雪秋、陈芸生等奉命返回广东潮州联络会党，组织人员发动了丁未潮州之役。[①]

1907年6月，孙中山派同盟会会员邓子瑜到惠州组织发动武装起义。当时孙中山计划潮、惠两府同时并举，以分清军之势。当听闻潮州黄冈起义已经发动，邓子瑜便率众在归善县（今惠阳县）七女湖起义响应，参加起义的人有很多是从新加坡回国的华侨。起义失败后，邓子瑜率领一部分起义人员返回新加坡。[②]

在1910年广州“三·二九”之役中，参加起义的800名先锋仅从新加坡和槟榔屿等地回国参加起义的华侨就不下500人。在此次起义中殉难的86位烈士中就有华侨31人，其中广东籍华侨29人，基本上是工人、学生、教员、商人、记者等普通民众。

表6－1　辛亥革命南洋烈士殉义表[③]

姓名	籍贯	职业	殉义事项	侨居地
温生才	广东梅县	机器工人	刺杀清朝将军孚琦	霹　雳
罗仲霍	广东惠州	教　员	辛亥“三·二九”广州之役	越南、吉隆坡等地
李雁南	广东开平		同　上	槟榔屿
李炳辉	广东封川	教　士	同　上	大霹雳、马六甲等地

① 华侨革命史编纂委员会．华侨革命史（下册）．台北：正中书局，1981．206～208

② 华侨革命史编纂委员会．华侨革命史（下册）．台北：正中书局，1981．209

③ 蒋永敬．华侨开国革命史料．台北：正中书局，1977．294～297

（续上表）

姓名	籍贯	职业	殉义事项	侨居地
李文楷	广东清远	印报工人	辛亥“三·二九”广州之役	新加坡
李　晚	广东云浮	洋服工人	同　上	吉隆坡
郭继枚	广东增城	学　生	同　上	霹　雳
余东雄	广东南海	同　上	同　上	同　上
罗　坤	同上	商　人	同　上	越南、芙蓉、吉隆坡
黄鹤鸣	同上	机器工人	同　上	新加坡
杜凤书	同　上	同　上	同　上	同　上
周　华	同　上	商　人	同　上	河内、星洲等地
陈　春	同　上	工　人	同　上	海　防
马　侣	广东番禺	商　人	同　上	海防、河内
劳　培	广东开平	《星洲晨报》记者	同　上	新加坡
游　寿	广东南海	洋服工人	同　上	海　防
罗　进	同　上	机器工人	同　上	同　上
罗　干	同　上	洋服工人	同　上	新加坡
罗　联	同　上	商　人	同　上	河　内
陈　才	同　上	同　上	同　上	海　防
陈　福	同　上	机器工人	同　上	同　上
罗遇坤	同　上	同　上	同　上	同　上
林修明	广东蕉岭	日本留学生	同　上	芙蓉、勿里洞
陈文褒	广东大埔	商　人	同　上	大霹雳
徐培添	广东花县	工　人	同　上	西　贡
徐廉辉	同　上	同　上	同　上	同　上
徐昭良	同　上	同　上	同　上	同　上
徐松根	同　上	同　上	同　上	同　上
徐礼明	同　上	同　上	同　上	同　上
陈敬岳	广东梅县	教　员	刺杀李准	霹　雳
刘秋浦	广东南海	建筑工人	宣传辛亥革命被害	西　贡

1911年10月10日，武昌起义爆发，台山青年马超俊组织了“海外华侨敢死队”，自任总队长，率领百余名工人由上海赶赴武汉，在汉口大智门、汉阳兵工厂，与清军冯国璋部激战八昼夜，至弹尽粮绝，才率部撤回武昌。①

武昌起义爆发后，各省纷纷响应，宣布独立。广东籍华侨迅速投入武昌起义的斗争中。越南华侨石锦泉是打石工人出身，他参加了敢死队，回国后成为广东民军的首领之一，在东莞县虎门起义，建立了一支石字营的民军，约2 000人，参加光复广州的行动。暹罗华侨陈涌波，回潮汕组织武装起义，被任为标统。林激真等率领起义队伍光复汕头，华侨许雪秋、谢逸桥与归国华侨陈芸生等人组织民军起义响应，参加了光复潮汕的斗争。②

在辛亥革命期间，梅州市有十多位归侨、侨眷在战斗中献出了宝贵的生命。他们是新加坡华侨温生才，马来亚华侨陈敬岳、林修明、钟明光、陈文褒，印度尼西亚华侨罗福星、陈文友、郭典三，以及梅县侨眷周增和饶辅庭等。③

三、慷慨助饷的主力

孙中山发动的推翻清政府的革命活动，其经费主要来自海外华侨的捐助。孙中山曾说：“综计诸役，革命党人以一往直前之气，忘身殉国，其慷慨助饷，多为华侨；热心宣传，多为学界；冲锋破敌，则在军队与会党。踔厉奋发，各尽所能，有此成功，非偶然也。”④ 很多华侨慷慨捐款，毁家纾难，涌现出了许多可歌可泣的感人事迹。华侨的捐款，极大地推动了革命的发展，对于推翻清政府起到了重要的作用。在这些捐款中，广东籍华侨占到了很大的比重。

兴中会成立后，经费主要来自会员底银及股份银。为了支持广州起义，孙眉变卖了自己的财产。“以事机日迫，急于返国，而所集戋戋之

---

① 《广东台山华侨志》编纂委员会．广东台山华侨志．香港：香港台山商会有限公司，2005. 99

② 广东省地方史志编纂委员会．广东省志·华侨志．广州：广东人民出版社，1996. 277

③ 广东省《梅州市华侨志》编委会，梅州市华侨历史学会．梅州市华侨志，2001. 62

④ 蒋永敬．华侨开国革命史料．台北：正中书局，1977. 41

数，去所预算需要之数尚远，为是异常焦灼，德彰闻之，乃更以每头六七元之价贱售其牛牲一部，以充义饷。”① 另一位倾家支持孙中山先生革命事业的是邓荫南。当孙中山急于回国发动革命而筹款不济时，“邓松盛亦尽变卖其商店及农场”，所得款项悉数作为起义的经费。梁启超评价说：“此人倾家数万以助行者，至今不名一钱而心终不悔，日日死心为彼办事，阖埠皆推其才，勿谓他人无人也。”②

广东籍华侨多数侨居美洲。虽然孙中山很早就到美洲宣传革命，但由于美洲华侨风气未开，加之保皇派在美洲势力强大，孙中山早期在美洲募款数量很少，效果很不明显。1910 年，庇能会议决定筹款计划之后，孙中山决定再赴美洲筹款。1911 年，孙中山在游历加拿大和美国之后，发现同盟会和致公堂不能合作之弊，乃力促同盟会加入致公堂，共同筹饷救国。孙中山向致公堂提议组织洪门筹饷局，得到一致赞成。在洪门致公堂和同盟会的努力下，美国、加拿大华侨踊跃捐助，表现突出。③黄花岗之役失败后，孙中山急需 15 万元以解燃眉之急。经司徒美堂提议、洪门大佬黄三德同意，将加拿大的多伦多、温哥华、维多利亚 3 地 4 栋洪门致公堂大楼典押出去，把款汇回国内，孙中山对此大加赞扬。④

美洲华侨踊跃捐款支持革命，其中涌现出了很多感人的事迹。孙中山在《我的回忆》中写道：“有许多人，将他们的全部财产交给我。费城的一个洗衣工人，在一次集会后来到我住的旅馆，塞给我一个麻袋，一声没吭就走了，袋里装着他二十年的全部积蓄。”⑤

东南亚地区华侨人数众多，其中不少华侨经过几代的努力，已经积累了较多财富，经济比较富裕，成为华侨富商。广东潮安籍华侨林受之，热心革命，倾家荡产以支持革命活动。黄冈、惠州、钦廉、镇南

---

① 冯自由．华侨革命开国史．台北：商务印书馆，1975. 27

② 丁文江，赵丰田．梁启超年谱长编．上海：上海人民出版社，1983. 233

③ 蒋永敬．华侨开国革命史料．台北：正中书局，1977. 39

④ 《广东台山华侨志》编纂委员会．广东台山华侨志．香港：香港台山商会有限公司，2005. 98

⑤ 广东省社会科学院历史研究室，中国社会科学院近代史研究所中华民国史研究室，中山大学历史系孙中山研究室．孙中山全集（第一卷）．北京：中华书局，1981. 555

关、河口等历次武装起义，他都仗义解囊，或数千元或一两万元不等。他还捐资印刷革命宣传小册子，支持革命报刊的发行，营救被捕的革命同志，收容革命逃难者，等等，为革命的成功作出了重要的贡献。由于他倾尽全部家产支持革命事业，他的子女无一得受良好教育，甚至靠做佣工来维持生活。1929 年，国民政府认为其“慷慨毁家，匡助国难”，议将其事迹宣付史乘。[①]

为支持“三·二九”广州起义，广东梅县籍华侨谢逸桥兄弟带头认捐 5 万元，不足部分到南洋各地募捐。谢氏兄弟的慷慨解囊，也带动了其他华侨的捐助，为如期筹足经费起到了积极的作用。[②] 由于荷属殖民政府严禁华侨支持革命活动，筹款之事似不可靠。因此，南洋地区的筹款主要在马来亚进行，“如英属不能筹足预定之额，则全局瓦解”。一开始，革命党人在马来亚的筹款并不顺利，“所得款距预算额远甚，意沮丧”。在南洋筹款遇到巨大困难的时候，广东新会籍华侨邓泽如遍游英属各地，召集会议，发表演讲，充分利用自己的个人关系及其在马来亚的影响力，呼吁侨胞捐款，为筹款的成功起到了关键性的作用。邓泽如在南洋地区的筹款为革命的成功提供了有力的支持，他也因此得到孙中山等革命领袖的充分信任。从 1907 年 10 月到 1911 年 12 月期间，孙中山至少发给邓泽如 40 封信函，其中大部分是与筹款有关的。如“去腊星加坡同志汇来兄所捐军费一千元，已收”，“刻接精卫、应培两同志函，备述足下热心革命，力任筹饷，以济军需，钦佩无极”，“寄来二千元，已得收到”，“前接来电，悉汇银五百元，并麻坡认银二百元。今日接手书并银则一帧，经收妥”，[③] 等等。从这些信函中，我们可以看到邓泽如为革命捐助了很多经费，他也在南洋地区的筹款中起到了重要的作用。

---

① 潘醒农．马来亚潮侨通鉴．新加坡：南岛出版社，1950. 107

② 广东省《梅州市华侨志》编委会，梅州市华侨历史学会．梅州市华侨志，2001. 61

③ 广东省社会科学院历史研究室，中国社会科学院近代史研究所中华民国史研究室，中山大学历史系孙中山研究室．孙中山全集（第一卷）．北京：中华书局，1981. 360、363、373、376

虽然争取华侨富商的支持是募款的有效手段，但是革命经费主要的稳定来源还是华侨中下层的捐款。“盖华侨对革命赞助的程度，常与其经济地位适成反比。即经济情况愈差的，赞助革命亦最热心；反之，经济情况愈佳者，对革命亦最冷淡”；“华侨所捐之款……大多来自一些店员和工人，彼等捐出一两个月的薪水，视为常事。尤以三十岁左右的华侨青年，不仅踊跃捐助，且最努力奔走劝募。”① 由于南洋地区中下层华侨捐款人数众多，很多华侨无私捐助不图虚名，加之革命时期资料保存困难，我们现在很难找到中下层华侨捐款的详细信息。虽然如此，我们仍然能够从一些具体的事例中感受到中下层华侨对革命的热忱。

广东新会籍华侨黄景南在越南以卖豆芽为生，虽然生活艰苦，却热心革命，“每日恒以所得投入扑满中，贮为捐助革命之需，时人闻而义之”②。孙中山曾赞扬道：“其出资勇而挚者，越南堤岸之黄景南也，倾其一生之蓄积数千元，尽献之军用，诚难能可贵也。”③

1912 年 1 月，南洋各地华侨得知中华民国成立，无不欢欣鼓舞，立即掀起大规模募捐活动，支持民国政府，吉隆坡惠州会馆捐资 20 万叻币，霹雳惠州会馆捐款 20 万叻币，新加坡惠州会馆捐款 30 万叻币。④ 在武昌起义后的四个月时间里，各地华侨汇往国内的汇款共 238 万元港币。新加坡广东籍华侨捐款达 20 余万元港币，作为广东光复后的活动经费。暹罗华侨郑智勇从华暹通商船公司本人股份中拨出 100 万铢，支援广东都督府。旧金山中华会馆 3 次电汇给广东都督府胡汉民，共 13 万美元。⑤

四、宣传革命的支柱

开展革命舆论宣传是辛亥革命的重要手段。辛亥革命时期的许多革

---

① 蒋永敬．华侨开国革命史料．台北：正中书局，1977. 51

② 冯自由．华侨革命开国史．台北：商务印书馆，1975. 50

③ 黄彦．孙文选集（上册）．广州：广东人民出版社，2006. 99

④ 惠阳市人民政府侨务办公室．惠阳华侨志．广州：广东人民出版社，1999. 82

⑤ 广东省地方史志编纂委员会．广东省志·华侨志．广州：广东人民出版社，1996. 279

命报刊是由广东籍华侨创办的。

1903 年，孙中山由日本到达檀香山后，发现革命的发源地和根据地几乎全为保皇派的势力所占据，兴中会近乎陷于停顿状态。为改变这种局面，孙中山改组《隆记报》，将其设为革命机关报，亲自撰写了《敬告同乡论革命与保皇之分野书》，指出“革命保皇二事，决分两途”[①]，划清了革命与保皇的界限，令侨胞耳目一新。其后《隆记报》次第改组为《民生日报》及《自由新报》，此报大力宣传革命，与保皇派展开论战，争夺在海外华侨中的舆论影响力。“由丁未至辛亥之四五年间，几无日不与保皇党之《新中国报》笔战”。革命思想由此复兴。

旧金山《少年中国晨报》是美洲同盟会的机关报，是同盟会在美洲开设的最早的宣传机关，也是革命派存在时间最长的机关报。创办人是广东籍华侨李是男与黄芸苏、黄伯耀、温雄飞等，是当时影响较大的革命报刊之一。广东台山籍华侨伍盘照创办的《中西日报》是美洲最早的一家华文报纸。他在《中西日报》上刊载邹容的《革命军》，并免费代印《革命军》1.1 万册分寄美洲、南洋各地，以扩大革命宣传。

温哥华《大汉日报》是加拿大洪门致公堂的机关报，也是加拿大影响很大的革命报刊。其主笔是广东华侨冯自由。冯自由“受任两月，即与同地保皇党之日新报为革命保皇之论战”，“加拿大原为康有为创始保皇会之发源地，经余口诛笔伐，侨胞之陷溺君宪邪说者，遂多豁然觉悟，而改趋革命一途”[②]。

在东南亚，最著名的革命报刊有《图南日报》、《中兴日报》等。这两家报刊的主要创办人是广东华侨张永福和林义顺等。尤其是《中兴日报》创办后，全面系统地批判了《南洋总汇报》的种种谬论，成为东南亚革命舆论的中心。在《中兴日报》上发表文章的多是广东籍革命党人。

---

① 张其昀．国父全书．台北：台湾国防研究院，1963. 361

② 冯自由．革命逸史（第四集）．北京：中华书局，1981. 133

表 6－2 《中兴日报》论战篇目表

	篇目	笔名	姓名	出版日期	备注
种族革命之论	斥康有为引满汉为同舟共济之谬说	云		1907 年 9 月 14—16 日	
	清官之欺人与总汇报之卑劣	恨海	田桐	1908 年 5 月 12 日	
	正总汇报之奇谬	汉民	胡汉民	1908 年 8 月 28—29 日	
	再正总汇报之奇谬	汉民	胡汉民	1908 年 8 月 31 日	
	发动革命之决心	精卫	汪精卫	1908 年 9 月 4 日	
	爱国主义	欧		1909 年 2 月 6 日	
	哀哉保皇党良心欲死不得			1909 年 2 月 26—3 月 1 日	转载于暹罗《华暹新报》
	保皇匪含血喷人不顾实际之无耻	洑匪		1909 年 7 月 16 日	
革命不惧瓜分之论	驳革命可以召瓜分说	精卫	汪精卫	1907 年 12 月 24 日、26 日、27 日	转载日本《民报》1906 年 7 月 25 日
	驳总汇报惧革命召瓜分说	汉民	胡汉民	1908 年 8 月 19—22 日	
	正告欲为驳论者	精卫	汪精卫	1908 年 8 月 24 日	
	论惧革命召瓜分者乃不识时务者也	南洋小学生	孙中山	1908 年 9 月 12 日	
	斥保皇党欲借外患防内变之毒计	辨奸	胡汉民	1908 年 11 月 15 日	
	保皇党之狡谋欤抑亦总汇报之不通欤	恨海	田桐	1908 年 6 月 12 日	

（续上表）

	篇　目	笔　名	姓　名	出版日期	备　注
驳君主立宪与请愿国会之论	请求开国会者真不认大清国耶	去　非	胡汉民	1908 年 8 月 5 日	
	驳总汇报论国会之趋势	去　非	胡汉民	1908 年 8 月 10—21 日	
	正总汇报《定期开设国会为中国自强之基础》	宅　仁		1908 年 9 月 15 日	
	呜呼满洲所谓宪法大纲	汉　民	胡汉民	1908 年 9 月 24—10 月 19 日	
	驳总汇报论国会与君主之关系	辨　奸	胡汉民	1908 年 10 月 22 日	
	总汇报无耻记者宪子之巧言虚饰	讦　奸	胡汉民	1909 年 7 月 10—24 日	
	看看总汇报小人行为之真相	绍　轩	张绍轩	1908 年 7 月 9 日	
批判保皇党之论	论保皇妖党行骗之变相	龙　腾	胡汉民	1908 年 3 月 27 日	
	保皇党累死载湉			1908 年 12 月 28 日	转载于美洲《大同日报》
	袁世凯之落职与保皇党之谣言	去　非	胡汉民	1909 年 1 月 7 日	
	保皇党之虚夸与发黄粱梦	诘　奸	胡汉民	1909 年 7 月 19—25 日	
	保皇党之末路	诛　妖		1909 年 7 月 26—29 日	

（续上表）

	篇目	笔名	姓名	出版日期	备注
批判南洋总汇报之论	总汇报强辩之可怜	汉　民	胡汉民	1908 年 8 月 23—25 日	
	“平实”尚不肯认错	南洋小学生	孙中山	1908 年 9 月 15 日	
	正告总汇报记者“平实”	去　非	胡汉民	1908 年 9 月 17—18 日	
	“平实”开口便错	南洋小学生	孙中山	1908 年 10 月 8 日	
	总汇报之技如鼠	辨　奸	胡汉民	1909 年 1 月 14 日	
	总汇报毁谤革命党之无理	绍　轩	张绍轩	1909 年 3 月 4 日	
	请看总汇新报之承罪状	德　如	何德如	1909 年 3 月 9 日	
	驳政闻社宣言书	龙　腾	胡汉民	1907 年 12 月 2—11 日	

（资料来源：黄建淳．新加坡华侨会党对辛亥革命影响之研究．新加坡：新加坡南洋学会，1988. 156～161）

此外，南洋地区还有很多其他的报刊积极宣传民主革命思想，这些宣传起到了组织动员华侨参加革命、促进华侨民主革命意识觉醒的积极作用。在革命宣传的过程中，广东籍华侨起到了重要的作用。

表 6－3　辛亥革命时期广东籍华侨创办的革命报刊举要

报名	创办年份	出版地	主要创办人或编辑、发行人
《中国日报》	1900 年	香港	冯自由（南海县人）
《中西日报》	1900 年	旧金山	伍盘照（新宁县人）
《檀山新报》	1903 年	檀香山	程蔚南（香山县人） 何　宽（香山县人） 许直臣（香山县人）
《图南日报》	1904 年	新加坡	张永福（饶平县人） 林义顺（澄海县人）
《南洋总汇报》	1905 年	新加坡	张永福（饶平县人）
《中兴日报》	1907 年	新加坡	张永福（饶平县人） 林义顺（澄海县人） 邓子瑜（博罗县人）
《自由新报》	1907 年	檀香山	温雄飞（新宁县人） 孙　科（香山县人）
《少年中国晨报》	1910 年	旧金山	李是男（新宁县人） 黄超伍（新宁县人） 黄伯耀（新宁县人）

（资料来源：广东省地方史志编纂委员会．广东省志·华侨志．广州：广东人民出版社，1996. 282）

综上所述，孙中山领导的辛亥革命是中国近代史上一次划时代的伟大事件。在推翻清政府的民主革命运动中，海外华侨起到了重要的作用，其中广东籍华侨的作用至关重要，而广东籍华侨中又以广府籍华侨的表现最为突出。

大事记
（1894—1912 年）

1894 年

10 月，孙中山自上海经日本到达美国檀香山，向华侨宣传反清革命思想，为举行反清武装起义筹款。

11 月 24 日，孙中山在美国檀香山创立中国第一个资产阶级革命团体——兴中会，会议通过了孙中山起草的《兴中会章程》，以“驱除鞑虏，恢复中华，创立合众政府”为宗旨。

1894 年冬，希炉兴中会分会、茄荷雷兴中会分会、百衣兴中会分会相继成立。

1895 年

1 月下旬，孙中山自檀香山返回香港，准备策划武装起义。途经横滨，与华侨陈清等接触。

1 月 26 日，孙中山抵达香港，与陈少白商议机关设立事宜。

2 月 21 日，孙中山、陆皓东、郑士良、陈少白等联合辅仁文社杨衢云、谢瓒泰等在香港成立兴中会总部，标志着辛亥革命准备阶段的开始。

3 月 13 日，孙中山与杨衢云等在香港开会筹划发动广州起义。

3 月下旬，孙中山偕陆皓东、郑士良等到广州建立兴中会分会，联络各部反清力量。

4 月，新加坡华侨所办的《行报》发表文章谴责《马关条约》的签订是中国历史上最大的耻辱。

10 月 10 日，兴中会在香港举行会议，选举杨衢云为兴中会总办（会长）兼起义后临时大总统。

10 月 26—28 日，兴中会策动广州起义事泄，未及发动即告失败。陆皓东、朱贵全等被捕，这是孙中山领导的第一次武装起义。

10 月 27 日，孙中山遭清政府通缉，被迫乘船逃出广州，经澳门、香港，于 30 日偕郑士良、陈少白等离港亡命日本，11 月 12 日抵达日本神户。

11 月 7 日，陆皓东、朱贵全等就义。

11 月 13 日，横滨兴中会分会成立，侨商冯镜如被推举为会长。

11 月 20 日，孙中山离开横滨赴美国檀香山。

1896 年

1 月 18 日，陈少白在横滨与宫崎寅藏会晤。

6 月 18 日，孙中山由檀香山抵达旧金山，宣传革命，并创立旧金山兴中会分会。

8—9 月，孙中山由旧金山赴纽约，沿途宣传革命。

9 月 23 日，孙中山由纽约赴英国。

9 月 30 日，孙中山抵达英国利物浦，旋即赴伦敦。

10 月 11 日，孙中山在伦敦被诱入清驻英公使馆，遭非法囚禁 13 天。后经康德黎等人营救脱险。23 日，孙中山被释放。

1897 年

7 月 11 日，孙中山由英国抵达加拿大蒙特利尔，这是孙中山第一次到加拿大。

7 月 13 日，孙中山离开蒙特利尔，18 日抵达温哥华。

8 月 16 日，孙中山由加拿大抵达日本横滨，结识日本志士宫崎寅藏、平山周等。

8 月 22 日，孙中山由横滨秘密抵达上海。

10 月 12 日，东京知事府正式签发孙中山侨居证。

1897 年冬，陈少白在台北建立兴中会台湾分会。杨衢云在南非约翰内斯堡建立兴中会南非分会。

1898 年

5 月 11 日，宫崎寅藏所译《伦敦被难记》以《清国革命领袖孙逸仙幽囚录》为题，在福冈玄洋社机关报《九州日报》开始连载，至 7 月 16 日连载完。

5 月 26 日，新加坡华侨邱菽园与林文庆等创办《天南新报》，推崇国内的维新运动。

6 月 11 日，清帝光绪下诏《明定国是》，宣布变法维新，“戊戌变法”开始。

9 月 18 日，慈禧太后发动政变，幽禁光绪，“戊戌变法”失败。

1899 年

4—5 月，孙中山派陈少白赴香港筹款、办报。

10 月 11 日，兴中会杨衢云、陈少白、宫崎寅藏、平山周等人在香港与湘、鄂、粤、闽等地哥老会、三合会首领商议举行会议，组成“兴汉会”，准备在广东和长江流域发动武装起义，推举孙中山为总会长。

1900 年

1 月 25 日，兴中会在香港创办《中国日报》和《中国旬报》宣传革命。孙中山亲自领导筹备工作，后由陈少白任社长兼总编。

1 月 24 日，杨衢云抵达香港，辞去兴中会总办职务。

1 月 25 日，兴中会机关报《中国日报》创刊。

1900 年春，留日粤籍学生李自重、郑贯公、王宠惠、冯自由、梁仲猷等人发起成立广东独立协会。粤籍留日学生与兴中会合作自此开始。

7 月 16 日，孙中山到达香港部署惠州起义，因香港当局禁止其上岸，遂在船上召开紧急会议。会议决定起义由郑士良指挥，福本诚主持准备工作，孙中山设法潜入内地指挥起义。

9 月 28 日，孙中山抵达台湾基隆，建立惠州起义指挥中心。

10 月 6 日，兴中会会员郑士良受孙中山委托，率600 余人在广东惠州三洲田起义。血战半个多月，连克多地，声势大振，此为孙中山第二次武装起义。

10 月 22 日，因无外援，孙中山指示郑士良自行决定惠州起义终止，郑士良遂解散起义队伍退回香港，惠州起义失败。

10 月 28 日，兴中会会员史坚如在广州谋炸两广总督德寿，事败被捕，11 月 9 日在广州遇害。

12 月 22 日，中国留日学生创办的《开智录》于日本横滨发刊。郑贯公任主编，冯自由和冯斯栾协助，提出推翻清政府的主张。

1900 年，留日学生在东京建立励志会。

1901 年

1 月 10 日，前兴中会会长杨衢云在香港被清政府特务刺杀，翌日牺牲。

5 月 10 日，东京《国民报》月刊创刊。该刊为第一个宣传革命思想的刊物，受到孙中山的经费接济。

9 月 7 日，《辛丑条约》签订。

9—10 月，谢瓒泰、洪全福、李纪堂等人在香港加紧筹划广州起义，决定事成后建立临时政府，举容闳为总统。

1902 年

2 月 5 日，郑禄在澳大利亚墨尔本创办反清报纸——《爱国报》，1903 年 12 月 9 日至 1904 年 4 月 4 日连载了邹容的《革命军》。

2 月 8 日，《新民丛报》发刊。

4 月 26 日，章炳麟、秦力山、冯自由等在东京发起了轰动一时的“支那亡国二百四十二周年纪念会”，因遭到日本政府的破坏而停止。

8 月，孙中山为宫崎寅藏所著的《三十三年之梦》单行本作序。

12 月 13 日，孙中山自日本经香港转赴越南河内，向华侨宣传革命，并组织河内兴中会分会。

1902 年冬，留日学生秦毓鎏、叶澜等在日本东京发起成立青年会，“以民主主义为宗旨，以破坏主义为目的”。

1902 年，孙中山委托刘成禺编纂《太平天国战史》，“发扬先烈，用昭信史，为今日吾党宣传排满好资料”。

1903 年

1 月，湖北留日学生刘成禺、李书城等在日本东京创办《湖北学生界》，宣传反清革命。之后，留日江苏同乡会创办《江苏》杂志。

1 月 25—28 日，兴中会会员谢瓒泰、李纪堂与原太平天国将领洪全福组织广州起义，事泄失败。

1 月 29 日，留日学生会馆在东京举行新年团拜演说，宣传反清革命思想。

2 月 13 日，直隶留日学生在东京创办《直说》月刊。

2 月 17 日，留日浙江同乡会在东京创刊《浙江潮》。

2 月，孙中山由河内赴越南西贡，发动华侨，创立阅书报社。旋即赴暹罗。

4 月 28 日，留日学生在东京举行拒法大会，声讨法军镇压广西会党起义。

5 月 8 日，日本政府应清政府请求，勒令解散拒俄义勇队。

5月，邹容著《革命军》在上海出版。此书对启迪华侨思想、开导华侨风气影响巨大。

8月，孙中山在犬养毅的帮助下，在日本东京建立东京青山革命军事学校，大力培养反清革命军事干部。在誓词中第一次提出“驱除鞑虏、恢复中华、创立民国、平均地权”的革命宗旨。

9月21日，孙中山在《江苏》杂志第6期发表《支那保全分割会论》，此文是孙中山自1897年旅居日本以来第一次向该国朝野公开发表政治见解。

1903年秋冬之际，陈天华所著《猛回头》、《警世钟》两书在东京相继出版，广泛流传于国内外。

11月4日，黄兴、刘揆一、章士钊、宋教仁、周震麟等在长沙发起组织革命团体——华兴会。

11月，孙中山前往希炉，组织中华革命军。

12月上旬，孙中山重返美国檀香山，与李昌、何宽等人重组兴中会，改名为“中华革命军”，并在华侨中进行筹款。

12月，美国檀香山华侨程蔚南，根据孙中山的建议，改组《檀山新报》，使之成为宣传革命思想的阵地。孙中山发表《敬告同乡书》，号召同胞“大倡革命，毋惑保皇”。

1904年

1月，陈楚楠、张永福联合出资创办的《图南日报》在新加坡创刊，该报的最大特色是主张革命。该报在对南洋华侨宣传革命思想中起到了积极作用，被赞誉为“南洋华侨革命党机关报之鼻祖”。

1月11日，孙中山在美国檀香山加入致公堂，接受“洪棍”之职。

1月，孙中山在《檀山新报》发表《驳保皇报书》。

2月15日，黄兴在长沙成立革命团体——华兴会。会上推举黄兴为会长，宋教仁、刘揆一为副会长。并提出“驱除鞑虏，复兴中华”的革命口号。

4月6日，孙中山抵达美国旧金山，被美国移民局拘禁。经黄三德等人积极奔走，于28日获释。

5月，孙中山在美国旧金山积极发动华侨，多次举行演说，刊行《革命军》，改组致公堂主办的《大同日报》，使之成为与立宪派论战的重要阵地。

5月24日，孙中山偕致公堂侨领黄三德等从美国旧金山出发北上加利福尼亚、萨克拉门托等地进行招收会员、宣传革命等活动。9月5日，抵达匹兹堡。14日，抵达华盛顿。21日，赴费城。27日，赴纽约。

7月3日，湖北武昌科学补习所成立，以“革命排满”为宗旨。

11月，光复会在上海成立，推举蔡元培为会长，陶成章为副会长。以“光复汉族，还我河山，以身许国，功成身退”为宗旨。

12月，黄兴在东京联合湘、滇、苏、豫等地的留日学生百余人，组织革命同志会，从事民族革命活动。

1905年

1月上旬，孙中山抵达比利时布鲁塞尔，在留学生中建立了革命组织。

1月下旬，孙中山赴柏林、巴黎，建立革命组织。

2月15日，新加坡华侨许雪秋等谋划于4月19日发动潮州起义，事泄失败。

1905年春，谢逸桥、温靖侯等归侨革命党人在梅州松口创办师范传习所，以培训师资为掩护，进行革命思想教育和军事知识的学习，教员多为东南亚归国华侨。

5月9—13日，美国、菲律宾等地的华侨向清政府发出电报20余份，抗议清政府续订美国排华条约，同时举行抵制美货运动，波及南洋各侨居地。

6月3日，田桐、白逾桓、宋教仁、陈天华等在东京创办《二十世

纪之支那》杂志，以“提倡国民精神，输入文明学说”为宗旨。

6 月 11 日，孙中山离开法国马赛。7 月初，途经新加坡，与尤列、陈楚楠、张永福、林义顺等会晤。

6 月 14 日，菲律宾华侨青年冯夏威抗议美国续订虐待华工条约，在上海美国领事馆门前服毒身亡。该事件激起了反美浪潮。

7 月下旬，孙中山与黄兴首次会于东京，筹建同盟会。

8 月 20 日，中国同盟会在东京召开成立大会，通过《同盟会章程》，正式确定十六字革命纲领。暂定东京为同盟会总部所在地。孙中山被推举为总理，黄兴被推举为执行部庶务，并决定将《二十世纪之支那》杂志改为同盟会机关报——《民报》。兴中会、华兴会、光复会以及其他小团体的成员陆续加盟。

8 月 28 日，《二十世纪之支那》遭到日本政府查封。

9 月 8 日，孙中山派冯自由、李自重赴香港、广州、澳门联络同志，吸收会员，并筹建同盟会分会。

9 月 24 日，爱国志士吴樾在北京前门车站刺杀清政府派遣出洋考察宪政五大臣，伤载泽、绍英，吴樾当场死亡。

10 月下旬，孙中山抵达越南西贡、堤岸，受到华侨的热烈欢迎，不久即成立同盟会西贡分会、堤岸分会，发行债券，筹集经费。

11 月 26 日，同盟会机关报《民报》在日本东京创刊，孙中山在发刊词中首次提出以民族、民权、民生为核心内容的三民主义。

12 月，西贡华侨积极协助筹集革命经费，成立“广东募债总局”，发行债券，向各埠侨商募款。

1906 年

1 月 1 日，孙中山以总理名义印制中国革命政府债券，发动华侨赞助革命。

4 月 6 日，孙中山主持成立新加坡同盟会分会，陈楚楠、张永福分别为正、副会长。

4月28日，《民报》第三号发行号外，刊登《民报与新民丛报辩驳之纲领》，这标志着持续两年之久的革命派与保皇派论争全面展开。

7月，新加坡华侨同盟会会员陈楚楠、黄乃裳陪同孙中山到马来亚宣传革命思想，开展组织工作。

8月7日，孙中山抵达吉隆坡，成立同盟会吉隆坡分会，陆秋泰、王清分别为正、副会长。不久，同盟会槟城分会成立，吴世荣、黄金庆分别为正、副会长。

12月2日，《民报》创刊周年纪念大会在日本东京召开。孙中山发表题为“三民主义与中国前途”的演说，系统阐述三民主义、五权宪法思想。

1906年秋、冬，孙中山、黄兴、章炳麟等在东京共同制定对内、对外的纲领性文件——《同盟会革命方略》，以备各地革命党人夺取政权后使用。

1906年，革命党人在东京先后创办《复报》、《云南》、《鹃声》、《直言》等刊物。

1906到1907年，南洋荷属各地同盟会分会及外围组织迅速发展。荷属各地分会为避免荷兰当局干涉，多称“书报社”或“学堂”。各地主持同志为泗水刘亚泗、吧城梁墨庵、八打威甲太许金璋、文槟港温庆武等、勿里洋伍连忠、勿里洞欧阳福成、武陵埠徐云兴、流石埠蓝瑞元、坤甸沈复权、三宝垄李载霖等。各类报社达50多处，其中著名的有苏门答腊亚齐埠书报社、坤甸图存书报社、泗水书报社、三宝垄书报社、老巴杀书报社、野横书报社、吧城书报社、日里棉兰华崇书报社、日里氏中华书报社、文岛槟港书报社、文岛双烈溪书报社等。

1907 年

1月11日，孙中山与宋教仁、胡汉民等会晤商讨，坚决拒绝梁启超提议的《民报》与《新民丛报》休战的要求，坚持将论战进行到底。

2月19日，孙中山委派新加坡华侨许雪秋和何子渊等人在广东潮州

黄冈发动反清起义。起义者曾攻克黄冈，在旧都司衙门成立军政府。后被清军镇压，余部转往香港，起义遂宣告失败。史称“丁未黄冈之役”。

3 月 4 日，孙中山遭日本政府驱逐出境，赴越南，在河内设立总机关领导粤、桂、滇武装起义。

3 月，越南海防、河内、南圻等地相继成立同盟会分会。越南华侨纷纷捐款，资助武装起义的经费。

1907 年夏，同盟会上层发生分裂，光复会退出。孙中山与汪精卫、胡汉民等于南洋另组总部，而黄兴则继续支持孙中山。

5 月 22 日，革命党人在广东发动潮州黄冈起义，拥同盟会会员陈涌波、余既成为革命军正、副司令。因起义仓促，伤亡过重，27 日失败。此为孙中山第三次武装起义。

5 月，潮州起义逃亡香港的百名志士，由冯自由介绍先后到新加坡及暹罗躲避。

6 月 2 日，为响应黄冈起义，同盟会会员邓子瑜领导会党 200 多人，在广东惠州发动七女湖起义。战斗十余日因无增援以失败告终。

8 月 20 日，陈楚楠等人根据孙中山的指示，与新加坡同盟会各埠同志一起，募集资金又创办《中兴日报》，以继承《图南日报》之余绪，作为南洋革命党人反对立宪派和宣传革命的主要阵地。

8 月，共进会在东京成立。

9 月 1 日，同盟会会员王和顺率起义军在广西发动钦廉防城起义，5 日攻占防城，发布《告粤省同胞文》、《告海外同胞书》和《招降满洲将士布告》，宣传同盟会纲领。因枪械缺乏，清军反扑，起义军被迫解散，退往越南，起义失败。

10 月 17 日，梁启超、徐佛苏等在东京创办立宪团体——政闻社，拥护君主立宪，反对民主革命。革命党人张继、陶成章率众 1 000 多人大闹会场。

10 月，许雪秋等联络会党准备在汕头发动武装起义，因计划不周，起义计划失败。

11 月，新加坡华侨何心田、何德如等创办开明演说书报社，在新加坡中下层华人中宣传革命思想。

12 月 2 日，同盟会会员黄明堂、关仁甫率乡勇 80 多人偷袭广西镇南关，发动镇南关起义。4 日，孙中山、黄兴、胡汉民等人由河内赴镇南关参战。起义军与清军血战七昼夜，最终失败。

12 月，马来亚怡保、庇能、芙蓉、关丹等地同盟会分会相继成立。

1908 年

1 月 11 日，汪精卫奉孙中山之命在南洋宣传革命、筹募款项，出席由新加坡《中兴日报》在新舞台剧院举行的革命演说大会，阐释三民主义等问题。

3 月 15 日，孙中山派汪精卫、田桐出席新加坡新舞台剧院举行的第二次革命演说大会，演讲革命所以保性命、顾名誉之理由，勉励侨胞人人为郑成功、洪秀全，受到热烈欢迎。

3 月 27 日，黄兴率越南华侨中的同盟会员 200 余人，组成“中华国民军南军”，进入钦州发动钦州马笃山起义，即“钦廉上思起义”。

4 月 13 日，同盟会仰光分会成立，庄银安、卢喜福分别为正、副会长。8 月 27 日，创办机关报——《光华日报》，由居正、杨秋帆主笔政。

4 月 29 日，孙中山派黄明堂、关仁甫、王和顺等人集结于云南边境。30 日，黄明堂率军与清军起义部队配合，攻占河口。5 月 5 日，孙中山派黄兴为云南国民军司令，共赴前线督战。清政府调集滇、黔、川、桂四省兵力围剿。5 月 26 日，起义失败，退回越南。这标志着孙中山领导的西南边境武装斗争的彻底失败。

4 月，孙中山派王群到缅甸建立缅甸同盟会分会，庄银安任会长，该会以觉民阅书报社的名义活动，每周举办演讲会，由同盟会会员讲论国内外形势，颇得华侨的同情和支持。

6 月，在新加坡设立同盟会南洋支部。

8 月 5 日，星洲书报社请胡汉民、汪精卫演讲民族主义。

8 月 27 日，缅甸同盟会分会购得《仰光新报》，后更名为《光华日报》，作为分会第一个机关报正式出版。是年冬，保皇派夺《光华日报》，改名《商务报》。12 月 31 日，革命派集股复办《光华日报》。

9 月 11 日，孙中山以“南洋小学生”笔名，撰文《“平实”开口便错》，与保皇派论战，刊于《中兴日报》。

9 月 12 日　孙中山在《中兴日报》发表《论惧革命召瓜分者乃不识时务者也》一文。

9 月 15 日，孙中山在《中兴日报》发表《“平实”尚不肯认错》一文。

10 月 14 日，《阳明日报》在新加坡出版。

10 月 19 日，《民报》被日本政府封禁。

10 月 28 日，孙中山偕胡汉民、汪精卫、黄龙生到马来亚芙蓉。

11 月 4 日，孙中山抵达槟城。在槟城小兰亭俱乐部发表演说，宣传清政府不倒中国势必再亡的思想。

11 月 14 日，清光绪帝载湉逝世。次日，慈禧太后去世。立醇亲王载沣之子溥仪为帝，载沣以摄政王监国。

11 月 20 日，孙中山为革命筹款抵达暹罗曼谷，同行的有胡汉民、胡毅生、何克夫等。在曼谷成立同盟会分会，萧佛成、陈景华分别为正、副会长。

12 月 2 日，溥仪即位，改元宣统。

12 月 6 日，槟城阅书报社成立。

1908 年，同盟会惠灵顿分会成立，主盟人为吕杰。

1908 年，同盟会在马来亚先后设立金宝分会、林明分会、式叻分会、麻坡分会、马六甲分会、沙捞越分会。

1909 年

1 月 23 日，陶成章在坝罗募款会上公开表示对孙中山的不满。

2 月 24 日，孙中山派胡汉民赴仰光，筹集赴法旅费。

6 月 20 日，孙中山抵达法国马赛港。

7 月 4 日，美国旧金山同盟会会员李是男等创办《美洲少年》。

8 月 16 日，新加坡《星洲晨报》创刊，宣传革命。

10 月 14 日，同盟会在香港设立南方支部，作为指挥南方革命的总机关，胡汉民任支部长。

11 月 8 日，孙中山抵达美国纽约，宣传革命思想。

11 月，黄兴致函美洲各华侨同盟会会员，要求他们竭力协助孙中山在美洲进行革命活动。

12 月 31 日，孙中山在纽约成立同盟会分会，黄溪记、赵公璧分别为正、副会长。

1910 年

1910 年初，保皇派勾结清政府诬《光华日报》“鼓吹无政府主义”，遂与英国外交部交涉，由缅甸总督怀特下令驱逐居正等出境，《光华日报》第二次停刊。庄银安等避居槟城，重组《光华日报》。

1 月 18 日，孙中山在芝加哥成立同盟会分会，梅培、肖雨滋分别为正、副会长。

1 月 29 日，黄兴由日本抵达香港，主持广州起义筹备工作。

2 月 1 日，由汪精卫编辑的《民报》第 26 期在日本东京出版，此为该刊最后一期。

2 月 10 日，孙中山抵达美国旧金山，受到当地华侨的热烈欢迎。

2 月 9 日，广州发生军警冲突事件。黄兴、赵声等人决定发动起义。12 日倪映典赶回广州，带领士兵“夺枪出营”，宣布起义，起义军 3 000 多人兵分三路进攻广州城。遭到水师提督李准镇压，倪映典被杀，起义失败，史称“广州新军起义”。

2 月 12 日，陶成章、章炳麟在日本东京重建光复会。

2 月 27 日，同盟会旧金山分会成立。孙中山出席演讲。

2月，光复会于同盟会之外另行恢复组织，在日本东京设立总部，分别以章炳麟、陶成章为正、副会长。后在南洋英、荷属各埠建立分会。

3月，在孙中山倡议下，成立旧金山美洲同盟会总会，对美洲华侨革命力量进行统一领导。《美洲少年》改名为《少年中国晨报》，成为美洲同盟会机关报。

3月28日，孙中山抵达美国檀香山，旋即改组兴中会组织为同盟会分会。

4月16日，喻培伦、黄复生、汪精卫在北京谋炸摄政王载沣，事泄未遂，黄、汪被捕入狱，被判处永久监禁。

4月，刘思复与谢英伯、高剑义、陈炯明等8人愤于广州新军起义失败，在香港组织“支那暗杀团”。

5月16日，孙中山在希炉改组中华革命军为同盟会分会。

6月16日，各省请愿同志会和澳洲、南洋华侨请愿代表发动第二次请愿活动，要求速开国会。

7月14日，孙中山致函同盟会怡保分会，征求其对支部迁址与改组同盟会的意见。

7月19日，孙中山离开新加坡北上槟城，与当地革命派领袖共商迁址和改组一事。

7月，南洋支部移往槟城。

8月20日，旧金山《少年中国晨报》创刊。

10月12日，孙中山在南洋槟城主持召开中国同盟会骨干秘密会议，出席者有黄兴、谢逸桥、谢良牧等，研究再次策划广州起义的问题。

11月4日，清政府宣布于宣统五年召开国会。

11月上旬，美国旧金山华侨同盟会会员邝佐治、朱卓文谋刺赴美考察的清朝海军大臣载洵。谋刺失败，邝佐治被捕入狱。

11月13日，孙中山、黄兴、赵声、胡汉民以及槟城和国内东南各省代表在槟城召开秘密会议，商讨在广州再次发动新军起义事宜。会后赵声潜往香港联络新军，黄兴、胡汉民、邓泽如分赴南洋各埠筹款。

11 月 15 日，孙中山在同盟会槟城分会会议上作筹款演说。

1910 年，柬埔寨同盟会分会成立。

1911 年

1 月 13 日，黄兴离开新加坡前往香港，18 日抵达。积极筹备广州起义。月底，在香港成立了同盟会革命军统筹会。

2 月 5 日，为给黄花岗起义筹款，孙中山第二次到达加拿大，在冯自由的协助下，加拿大各埠华侨为广州起义共捐助 7 万港元。旅居新加坡、马来亚、越南、缅甸等埠的华侨青年回国报名参加广州起义。

1911 年春，李萁从香港至菲律宾小吕宋，设立同盟会分会，旋即发刊《公理报》，以郑汉淇为总理，这是旅菲华侨设报之肇始。

4 月 8 日，马来亚华侨矿工温生才击毙署理广州将军孚琦后被捕，15 日就义。

4 月 15 日，孙中山在美国发行中华民国金币债票。

4 月 27 日，广州起义爆发。黄兴率 120 余名敢死队员直扑两广总督署，总督张鸣岐逃走。由于力量悬殊，起义失败。事后，共收殓烈士 72 人的遗骸合葬于广州东郊黄花岗，史称“黄花岗七十二烈士”。

5 月 5 日，孙中山在芝加哥决定成立“革命公司”的筹款机构，动员广大华侨认购股票。

5 月，同盟会温哥华分会成立，冯自由为支部长，周连盛为副支部长。不久，维多利亚分会成立。

6 月 18 日，美国旧金山美洲同盟会总会长李是男和旧金山致公堂首领黄三德接受孙中山的建议，实行两大组织的联合，同盟会员全体加入洪门致公堂。

7 月 21 日，美洲洪门筹饷局在美国旧金山成立，黄三德、李是男被推举为负责人。推选孙中山、张霭蕴、黄芸苏、赵煜分赴美国南北各

埠进行宣传和筹款活动。

7月31日，谭人凤、宋教仁、陈其美等人在上海成立同盟会中部总会，作为策动长江流域各地起义的领导机关。

8月13日，马来亚华侨同盟会会员陈敬岳、林冠慈在广州炸伤镇压黄花岗起义的广东水师提督李准。林冠慈当场牺牲，陈敬岳被捕就义。

8月下旬，湖北文学社、共进会在武昌举行联席会议，成立统一指挥机构，推蒋翊武为临时总司令，孙武为参谋长，策划起义。

8月，同盟会古巴分会在哈瓦那成立，主盟人为黄鼎之。

9月2日，孙中山偕黄芸苏离开旧金山赴美国北部各埠筹款。

9月25日，吴玉章、王天杰等在四川荣县宣布独立，建立革命政权。

10月9日，孙武等人在汉口租界赶制炸弹，不慎爆炸，导致起义指挥机关被破坏，革命党30余人被捕。同日，蒋翊武因起义计划泄露遂决定当夜起义，后起义未发动成功。

10月10日，武昌起义爆发。工程第八营、塘角辎重队首先发难，其他各部革命力量闻声纷纷响应，血战通宵，总督瑞澄等大小官员逃跑，武昌光复。

10月11日，湖北军政府成立。推举黎元洪为都督。同日，汉阳新军由革命党人胡玉珍、邱文彬等率领起义，光复汉阳。同日，革命党人赵承武率军起义攻占汉口，成立汉口军政分府。同日，正在美国各埠为革命进行演说筹款的孙中山，获悉武昌起义的消息，决定转赴欧洲进行外交活动，然后回国。同日湖北军政府向各国驻汉口领事发送照会，宣布对外政策。

10月11日，缅甸同盟会组成筹饷局，徐赞周、何阴三分别任正、副局长。

10月，新加坡华侨革命党人卢耀堂、黄吉宸等创办《南侨日报》，及时报道国内革命形势及世界各地华侨的革命活动。

10月27日，同盟会会员张文光从缅甸回到云南腾越，率领革命党和新军起义，占领腾越。

10月27日，《南侨日报》在新加坡发行，报道国内革命情况。

11月1日，陈炯明和邓仲元在惠州发动武装起义。同时，同盟会会员王和顺组织“惠军”进攻惠州。

11月1日，清皇族内阁辞职，任命袁世凯为内阁总理大臣。

11月2日，同盟会怡保分会举行大会庆祝革命成功，与会者400多人。

11月8日，革命党人许崇智在福州率新军起义，次日占领省城，闽浙总督松寿自杀，福建光复。

11月9日，广东独立，胡汉民为都督。

11月12日，福建革命新政府要求海外华侨提供财力协助的电报到达新加坡。次日，新加坡福建社团在陈楚楠、陈嘉庚及同盟会新加坡分会领袖陈先进等赞助下，在天福宫召开大会，成立福建保安捐款委员会。

11月20日，广府、潮州、客家、海南各方言社团代表在新加坡哇燕街同济医院开会，组成广东省保安救济筹捐委员会，以负责革命筹款活动。

12月1日，京津保同盟会在天津成立，推举汪精卫为支部长。

12月，美洲同盟会、致公堂、洪门筹饷局分派冯自由、吴世荣赴南京列席十七省代表会议。

12月4日，留沪各省代表召开共和联合会大会，推举黄兴为大元帅、黎元洪为副元帅，并推大元帅组织临时政府。

12月25日，孙中山从海外回国抵达上海。

12月29日，各省代表会议在南京召开，选举孙中山为中华民国临时大总统。

12月30日，孙中山召开中国同盟会本部临时会议，改订同盟会暂行章程，发布《中国同盟会意见书》。

1912 年

1 月 1 日，孙中山在南京就任中华民国临时大总统。

1 月 3 日，中华民国临时政府成立。

1 月，旅居美国、古巴、加拿大、墨西哥、秘鲁、厄瓜多尔、澳大利亚、印度尼西亚、泰国、菲律宾、新加坡、南非等地的华侨致电南京临时政府及孙中山以表祝贺。

2 月 12 日，宣统皇帝溥仪宣告退位，清朝封建专制统治结束。

2 月 24 日，日本神户、大阪华侨千余人召开中华民国共和纪念会。

2 月 26 日，临时政府举行内阁会议，讨论荷兰殖民政府虐待巴达维亚、泗水华侨问题。

3 月 2 日，孙中山发布禁烟、禁止刑讯、禁止买卖人口、革除清朝官厅称呼等命令。

3 月 3 日，中国同盟会本部在南京召开大会，制定新纲领，推选孙中山为总理，黄兴、黎元洪为协理，这标志着同盟会开始由秘密转向公开活动。

3 月 10 日，袁世凯在北京宣誓就任临时大总统。

3 月 11 日，孙中山公布《中华民国临时约法》，确立立法、行政、司法三权分立的民主共和体制。

3 月 19 日，孙中山颁布《大总统令外交部妥筹禁绝贩卖猪仔及保护华侨办法文》及《大总统令广东都督严行禁止贩卖猪仔文》，严令禁止拐贩华工。

4 月 1 日，孙中山正式宣告辞去临时大总统一职。

4 月 25 日，同盟会本部由南京迁往北京。

5 月 15 日，孙中山主持公祭广州黄花岗烈士。

6 月 22 日，杨子贞、曾广庇等在仰光发动劝募“国民捐”、“爱国捐”，得 287 572 缅元；陈允洛奉命，携款回厦门供讨袁革命运动之经费。

8 月 25 日，同盟会联合统一共和党、国民公党、国民共进会、共和实进会四会党，在北京召开国民党成立大会。孙中山被推举为理事长。

参考文献

一、著作：

［1］冯克诚.（清）张之洞（1837—1909 年）“中体西用”思想与教育论著选读.北京：中国环境科学出版社，学苑音像出版社，2006

［2］卞孝营，唐文权.辛亥人物碑传集.北京：团结出版社，1991

［3］草莽余生.辛亥革命大事录.台北：文海出版社有限公司，1988

［4］蔡佩蓉.清季驻新加坡领事之探讨（1877—1911）.新加坡：新加坡国立大学中文系，八方文化企业公司，2002

［5］柴德赓.辛亥革命.上海：上海人民出版社，上海书店出版社，2000

［6］陈碧笙.南洋华侨史.南昌：江西人民出版社，1989

［7］陈翰笙.华工出国史料汇编.北京：中华书局，1984

［8］陈嘉庚.南侨回忆录.新加坡：怡和轩，1946

［9］陈剑虹.槟榔屿潮州人史纲.吉隆坡：槟榔屿潮州会馆，2010

［10］陈少白.兴中会革命史要.辛亥革命.上海：上海人民出版社，1957

［11］陈树强.辛亥革命时期南洋华人支援起义经费之研究.辛亥革命与南洋华人研讨会论文集.台北：台湾国立政治大学国际关系研究

中心，1986

［12］［新］陈维龙．东南亚华裔闻人传略．新加坡：新加坡南洋学会，1977

［13］陈锡祺．孙中山年谱长编（上册）．北京：中华书局，1991

［14］陈锡祺．孙中山与辛亥革命论集．广州：中山大学出版社，1984

［15］陈锡祺．同盟会成立前的孙中山．广州：广东人民出版社，1957

［16］陈旭麓，郝盛潮，王耿雄等．孙中山集外集．上海：上海人民出版社，1990

［17］陈旭麓等．辛亥革命前后．上海：上海人民出版社，1979

［18］陈真，姚洛．中国近代工业史资料（第一辑）．北京：三联书店，1957

［19］崔贵强．星马史论丛．新加坡：新加坡南洋学会，1977

［20］崔贵强．新加坡华人：从开埠到建国．新加坡：新加坡宗乡会馆联合总会，教育出版私营有限公司，1994

［21］丁守和，符致兴．辛亥革命时期期刊介绍（第一集）．北京：人民出版社，1982

［22］丁文江，赵丰田．梁启超年谱长编．上海：上海人民出版社，1983

［23］杜恂诚．民族资本主义与旧中国政府（1840—1937）．上海：上海社会科学院出版社，1991

［24］杜永镇．辛亥革命时期的华侨．北京：中国华侨出版社，1991

［25］［日］断水楼主人（池亨吉）．中国革命实地见闻录．台北：中国国民党中央委员会党史史料编纂委员会，1968

［26］方积根．非洲华侨史资料选辑．北京：新华出版社，1986

［27］冯自由．中国革命运动二十六年组织史．上海：商务印书馆，1948

[28] 冯自由．中华民国开国前革命史（一）．上海：中国文化服务社，1944

[29] 冯自由．华侨革命开国史．台北：台湾商务印书馆，1975

[30] 冯自由．革命逸史（初集—六集）．北京：中华书局，1981

[31] 佛山市人民政府侨务办公室．佛山市华侨志．广州：广东科技出版社，1990

[32] 顾家熊，聂宝璋．中国近代航运史资料（1840—1895 年）（第一辑下册）．上海：上海人民出版社，1983

[33]《广东台山华侨志》编纂委员会．广东台山华侨志．香港：香港台山商会有限公司，2005

[34] 辛亥革命论文集．广州：广东人民出版社，1980

[35] 广东省地方史志编纂委员会．广东省志·华侨志．广州：广东人民出版社，1996

[36] 广东省各界纪念辛亥革命八十周年筹备办公室．辛亥革命八十周年纪念册．广州：广东省各界纪念辛亥革命八十周年筹备办公室，1991

[37] 广东省社会科学院孙中山研究所．辛亥革命与孙中山：纪念辛亥革命八十周年论文集．广州：广东人民出版社，1991

[38] 广东省社会科学院历史研究室，中国社会科学院近代史研究所中华民国史研究室，中山大学历史系孙中山研究室．孙中山全集．北京：中华书局，1981—1986

[39] 广东政协文史资料研究委员会．广东辛亥革命史料．广州：广东人民出版社，1981

[40] 郝时远．海外华人研究论集．北京：中国社会科学出版社，2002

[41] 洪丝丝等．辛亥革命与华侨．北京：人民出版社，1982

[42] 胡汉民．《中兴日报》发刊词．见荣孟源．华侨与辛亥革命．北京：中国社会科学出版社，1981

［43］洪林，黎道纲．泰国华侨华人研究．台北：黎明文化事业公司，1981

［44］湖南省社会科学院．黄兴集．北京：中华书局，1981

［45］华侨革命史编纂委员会．华侨革命史（下册）．台北：正中书局，1981

［46］黄笃奕，张镇世，叶更新．黄奕住先生生平事迹．见中国人民政治协商会议厦门市委员会文史资料研究委员会．厦门文史资料（第八辑）．厦门：厦门日报印刷厂，1985

［47］黄福庆．清末留日学生．台北：中央研究院，1975

［48］黄建淳．晚清新马华侨对国家认同之研究——以赈捐、投资、封爵为例．台北：中华民国海外华人研究学会，1993

［49］黄建淳．新加坡华侨会党对辛亥革命影响之研究．新加坡：新加坡南洋学会，1988

［50］黄昆章，吴金平．加拿大华侨华人史．广州：广东高等教育出版社，2001

［51］黄昆章．澳大利亚华侨华人史．广州：广东高等教育出版社，1998

［52］赵德馨．黄奕住传．长沙：湖南人民出版社，1988

［53］黄贤强．海外华人的抗争：对美抵制运动史实与史料．新加坡：新加坡亚洲研究学会，2001

［54］黄彦，李伯新．孙中山藏档选编（辛亥革命前后）．北京：中华书局，1986

［55］黄珍吾．华侨与中国革命．台北：台湾国防研究院，1963

［56］黄滋生，何思兵．菲律宾华侨史．广州：广东高等教育出版社，2009

［57］黄遵宪著，钱仲联笺注．人境庐诗草笺注．上海：古典文学出版社，1957

［58］惠阳市人民政府侨务办公室．惠阳华侨志．广州：广东人民

出版社，1999

［59］蒋永敬．华侨开国革命史料．台北：正中书局，1977

［60］金冲及．辛亥革命的前前后后．北京：中国文史出版社，1991

［61］金冲及．孙中山和辛亥革命．广州：广东人民出版社，1996

［62］金冲及，胡绳武．辛亥革命史稿．上海：上海人民出版社，1991

［63］柯木林，吴振强．新加坡华族史论集（第2版）．新加坡：南洋大学毕业生协会，1984

［64］孔繁霖．陈英士．北京：青年出版社，1946

［65］李安山．非洲华侨华人史．北京：中国华侨出版社，2000

［66］李白茵．越南华侨与华人．桂林：广西师范大学出版社，1990

［67］李春辉，杨生茂．美洲华侨华人史．北京：东方出版社，1990

［68］李恩涵．东南亚华人史．台北：五南图书出版公司，2003

［69］李长傅．中国殖民史（重印本）．北京：商务印书馆，1998

［70］李东海．加拿大华侨史．温哥华：加拿大自由出版社，1967

［71］李国卿．华侨资本的形成和发展．郭梁，金永勋译．福州：福建人民出版社，1984

［72］李励图．辛亥革命时期的东南亚英荷属殖民地华侨．新加坡：新加坡海尼曼出版社，1987

［73］李明欢．欧洲华侨华人史．北京：中国华侨出版社，2002

［74］李绮庵，梅乔林．开国前美洲华侨革命史略．华侨与辛亥革命．北京：中国社会科学出版社，1981

［75］全国政协文史资料委员会．中华文史资料文库·华侨华人传．北京：中国文史出版社，1996

［76］李学民，黄昆章．印尼华侨史．广州：广东高等教育出版社，

2008

［77］李云峰，刘东社．清末民初政治研究．西安：西北大学出版社，2008

［78］梁启超．新大陆游记．长沙：湖南人民出版社，1981

［79］梁启超．饮冰室合集（第三集）．北京：中华书局，1989

［80］梁绍文．南洋旅行漫记．北京：中华书局，1925

［81］廖嗣兰．辛亥革命前后荷属东印度华侨情况的回忆．见广东文史资料研究会．广东辛亥革命史料．广州：广东人民出版社，1981

［82］列宁．列宁选集（第二卷）．北京：人民出版社，1960

［83］林家有．孙中山与辛亥革命史研究的新审视．广州：广东教育出版社，2007

［84］林金枝，庄为玑．近代华侨投资国内企业史资料选辑（福建卷）．福州：福建人民出版社，1985

［85］林金枝．近代华侨投资国内企业概论．厦门：厦门大学出版社，1988

［86］林天佑．三宝垄历史．李学民，陈巽华译．广州：暨南大学华侨研究所，1984

［87］林水檺，骆静山．马来西亚华人史．吉隆坡：马来西亚留台校友会联合总会，1984

［88］林水檺，何国忠，何启良，赖观福．马来西亚华人史新编．吉隆坡：马来西亚中华大会堂总会，1998

［89］林徐典．汉学研究之回顾与前瞻（历史哲学卷）．北京：中华书局，1995

［90］林远辉，张应龙．新加坡马来西亚华侨史．广州：广东高等教育出版社，1991

［91］刘秉荣．辛亥革命秘史（上、中、下）．北京：群众出版社，1998

［92］刘锦藻．清朝续文献通考．杭州：浙江古籍出版社，2000

［93］刘渭平．澳洲华侨史．台北：星岛出版社，1989
［94］罗晃潮．日本华侨史．广州：广东高等教育出版社，1994
［95］罗家伦等．国父年谱．台北：中国国民党中央委员会党史委员会，1985
［96］马兖生．孙中山在夏威夷——活动和追随者．北京：世界知识出版社，2003
［97］梅伟强，张国雄．五邑华侨华人史．广州：广东高等教育出版社，2001
［98］梅伟强，关泽锋．广东台山华侨史．北京：中国华侨出版社，2010
［99］宓汝成．中国近代铁路史资料．北京：中华书局，1963
［100］莫永明．陈其美传．上海：上海社会科学院出版社，1985
［101］潘翎．海外华人百科全书．崔贵强编译．香港：三联书店，1998
［102］潘醒农．马来亚潮侨通鉴．新加坡：南岛出版社，1950
［103］清实录·德宗实录（第8册，卷593）．北京：中华书局，1987
［104］邱新民．邱菽园生平．新加坡：胜友书局，1993
［105］丘权政，杜春和．辛亥革命史料选辑（上册）．长沙：湖南人民出版社，1981
［106］丘权政，杜春和．辛亥革命史料选辑（续编）．长沙：湖南人民出版社，1983
［107］丘守愚．廿世纪的南洋华侨．北京：商务印书馆，1934
［108］任贵祥．华侨与中国民族民主革命．北京：中央编译出版社，2006
［109］任贵祥．孙中山与华侨．哈尔滨：黑龙江人民出版社，1998
［110］桑兵．孙中山的活动与思想．广州：中山大学出版社，2001
［111］上海市文物保管委员会．康有为与保皇会．上海：上海人民

出版社，1982

［112］尚明轩，王学庄，陈崧．孙中山生平事业追忆录．北京：人民出版社，1986

［113］沈茂骏．康南海政史文选．广州：中山大学出版社，1988

［114］沈已尧．海外排华百年史．北京：中国社会科学出版社，1985

［115］沈渭滨．孙中山与辛亥革命．上海：上海人民出版社，1993

［116］［美］史扶邻．孙中山与中国革命的起源．台北：谷风出版社，1987

［117］孙蕙芳．国父孙中山先生纪念集．台北：秋海棠文化企业，2000

［118］孙谦．清代华侨与闽粤社会变迁．厦门：厦门大学出版社，1999

［119］谭思哲．江门五邑海外名人传．广州：广东人民出版社，1993

［120］汤志钧．康有为政论集（上册）．北京：中华书局，1981

［121］台湾华侨协会总会．华侨名人传．台北：黎明文化事业公司，1984

［122］辛亥革命与南洋华人研讨会论文集编辑委员会．辛亥革命与南洋华人研讨会论文集．台北：台湾国立政治大学国际关系研究中心，1986

［123］台湾省党部．国父全集．台北：中央文物供应社，1949

［124］田苹，邢照华．同盟会与辛亥广州“三·二九”起义．南宁：广西人民出版社，2011

［125］童玉民．华侨巨子吴锦堂．全国人民政治协商会议浙江省委员会文史资料研究委员会．浙江文史资料选辑（第28辑）．杭州：浙江人民出版社，1986

［126］汪敬虞．中国近代工业史资料（第二辑）．北京：中华书

局，1957

［127］王赓武．东南亚与华人——王赓武教授论文选集．姚楠译．北京：中国友谊出版公司，1987

［128］王琳乾，吴坤祥．辛亥革命潮汕革命会党活动资料．汕头：潮汕历史文化研究中心，2003

［129］王韬．漫游随录．长沙：岳麓书社，1985

［130］温广益，蔡仁龙，刘爱华，骆明卿．印度尼西亚华侨史．北京：海洋出版社，1992

［131］温雄飞．南洋华侨通史．上海：上海东方印书馆，1929

［132］吴凤斌．东南亚华侨通史．福州：福建人民出版社，1993

［133］吴龙云．遭遇帮群：槟城华人社会的跨帮组织研究．新加坡：新加坡国立大学中文系，八方文化创作室，2009

［134］吴伦霓霞，陈胜粦等．孙中山在港澳与海外活动史迹．中山大学孙中山研究所，香港中文大学联合书院，1986

［135］吴小龙．细节的警示．上海：三联书店，2004

［136］中华民国开国五十年文献编纂委员会．中华民国开国五十年文献（一编十一册）．台北：正中书局，1966

［137］萧致治，石彦陶等．黄兴与辛亥革命．长沙：岳麓书社，2005

［138］谢缵泰．中华民国革命秘史．见江煦棠，马颂明．中国人民政治协商会议广东省委员会文史资料研究委员会．孙中山与辛亥革命史料专辑．广州：广东人民出版社，1981

［139］《辛亥革命史丛刊》编辑组．辛亥革命史丛刊（第 1 ~ 10 辑）．北京：中华书局，1980—1999

［140］广东省中山图书馆．辛亥革命在广东．广州：广东教育出版社，2001

［141］徐万民．孙中山与辛亥革命．北京：北京图书馆出版社，2002

［142］薛福成．出使四国日记．长沙：湖南人民出版社，1981

［143］薛福成．薛福成选集．上海：上海人民出版社，1987

［144］雪松．建源公司兴衰史．见中国人民政治协商会议厦门市集美区委员会文史资料研究委员会．集美文史资料（第1辑），1991

［145］颜清湟．星马华人与辛亥革命．李恩涵译．台北：联经出版事业公司，1982

［146］严昌洪．辛亥革命与20世纪中国社会．武汉：湖北人民出版社，2008

［147］杨国标，刘汉标，杨安尧．美国华侨史．广州：广东高等教育出版社，1989

［148］［澳］杨进发．陈嘉庚研究文集．北京：中国友谊出版公司，1988

［149］［澳］杨进发．新金山：澳大利亚华人（1901—1921年）．姚楠，陈立贵译．上海：上海译文出版社，1988

［150］杨群熙．孙中山与潮汕历史资料．汕头：潮汕历史文化中心，2006

［151］叶钟铃．黄乃裳与南洋华人．新加坡：新加坡亚洲研究学会，1995

［152］詹冠群．黄乃裳传．福州：福建人民出版社，1992

［153］章开沅，严昌洪．辛亥革命与中国政治发展．武汉：华中师范大学出版社，2005

［154］章开沅，罗福惠，严昌洪．辛亥革命史资料新编．武汉：湖北人民出版社，2006

［155］章开沅等．辛亥革命史（上、中、下）．北京：人民出版社，1980—1981

［156］章开沅等．国内外辛亥革命研究综览．武汉：湖北教育出版社，1991

［157］段云章，马庆忠．孙中山辞典．广州：广东人民出版

社，1994

［158］张磊．孙中山思想研究．北京：中华书局，1981

［159］张磊．孙中山论．广州：广东人民出版社，1986

［160］张枬，王忍之．辛亥革命前十年间时论选集．北京：三联书店，1978

［161］张继．张溥泉先生全集．台北：中央文物供应社，1951

［162］张其昀．国父全书．台北：台湾国防研究院，1960

［163］张秋生．澳大利亚华侨华人史．北京：外语教学与研究出版社，1998

［164］张少宽．槟榔屿华人史话．吉隆坡：马来西亚燧人氏事业有限公司，2002

［165］张少宽．孙中山与庇能会议．槟城：南洋田野研究室，2004

［166］张宪文，方庆秋等．中华民国史大辞典．南京：江苏古籍出版社，2001

［167］张玉法．清季的革命团体．台北：中央研究院近代史研究所专刊，1983

［168］张永福．南洋与创立民国．见荣孟源．华侨与辛亥革命．北京：中国社会科学出版社，1981

［169］张之洞．劝学篇．桂林：广西师范大学出版社，2008

［170］郑德华，成露西．台山侨乡与新宁铁路．广州：中山大学出版社，1991

［171］郑观应．张弼士君生平事略．近代中国史料丛刊（第75辑）．台北：文海出版社有限公司，1972

［172］郑嘉锐，李丞基等．中山人在澳州．见中国人民政治协商会议广东省中山市委员会文史资料研究委员会．中山文史资料（第24辑），1992

［173］中国人民政治协商会议上海文史资料研究委员会．辛亥革命七十周年．上海：上海人民出版社，1981

[174] 中华书局编辑部．纪念辛亥革命七十周年学术讨论会论文集（上、中、下）．北京：中华书局，1983

[175] 中华书局编辑部．辛亥革命与近代中国：纪念辛亥革命八十周年国际学术讨论会文集（上、下）．北京：中华书局，1994

[176] 中华会馆．落地生根：神户华侨与神阪中华会馆百年史．忽海燕译．香港：社会科学出版社有限公司，2003

[177] 中国国民党中央党史委员会．国父全集补编．台北：中央文物供应社，1985

[178]《中国近代经济史资料丛刊》编辑委员会．中国海关与辛亥革命．北京：中华书局，1964

[179] 中国人民政治协商会议全国委员会文史资料研究委员会．辛亥革命在各地纪念辛亥革命八十周年．北京：中国文史出版社，1991

[180] 中国人民政治协商会议广东省委员会文史资料研究委员会．辛亥革命与广东．广州：广东人民出版社，1991

[181] 中国社会科学院近代史研究所近代史资料编辑组．辛亥革命资料类编．北京：中国社会科学出版社，1981

[182] 中国社会科学院近代史研究所近代史资料编辑组．华侨与辛亥革命．北京：中国社会科学出版社，1981

[183] 中国史学会．中国近代史资料丛刊·辛亥革命．上海：上海人民出版社，1957

[184] 中国史学会．辛亥革命与 20 世纪的中国．北京：中央文献出版社，2002

[185] 中南地区辛亥革命史研究会，武昌辛亥革命研究中心．辛亥革命史丛刊．北京：中华书局，1997

[186] 中山大学孙中山研究所．孙中山与华侨——“孙中山与华侨”学术研讨会论文集．广州：中山大学出版社，1995

[187] 中山市地方志编辑委员会．中山市志．广州：广东人民出版社，1997

［188］朱和中．欧洲同盟会纪实．台北：存萃学社，1980

［189］朱孔彰．刘尚书（秉璋）奏议（卷七）．台北：文海出版社有限公司，1968

［190］朱杰勤．东南亚华侨史．北京：中华书局，2008

［191］朱寿朋．光绪朝东华录．北京：中华书局，1958

［192］朱育和，欧阳军喜，舒文．辛亥革命史．北京：人民出版社，2001

［193］祝秀侠．华侨名人传（一）．台北：中华文化出版事业委员会，1955

［194］庄国土．中国封建政府的华侨政策．厦门：厦门大学出版社，1989

［195］庄政．国父生平与志业．台北：中央日报出版部，1982

［196］Clarence E. Glick. 夏威夷的华裔移民．吴燕和，王维兰译述．台北：正中书局，1985

［197］G. William Skinner. *Chinese Society in Thailand*：*An Analytical History*. Cornell University Press，1957

［198］Shih-Shar Henry Tsai. *China and the Overseas Chinese in the United States*，1868—1911. Fayetteville：University of Arkansas Press，1983

［199］Song Ong Siang. *One Hundred Years' History of the Chinese in Singapore*. Singapore：Oxford University Press，1902

二、文章：

［1］安宇．清末香港与内地革命刍议．徐州师范大学学报（哲学社会科学版），1997（1）

［2］仓心言．南洋洪门会党与辛亥革命——兼论南洋洪门会党与美洲洪门的异同．温州师范学院学报，1992（2）

［3］陈昌福．孙中山与日本华侨．上海师范大学学报，1986（3）

［4］陈长年．康梁在两广的勤工活动．北京大学学报，1992（6）

［5］陈德谟．孙中山与青山军事学校．贵州文史丛刊，1989（1）

［6］陈华新．辛亥革命时期的孙中山与香港．广东社会科学，1986（4）

［7］陈孔立，陈在正，林金枝，李国梁．华侨与辛亥革命．厦门大学学报（哲学社会科学版），1981（4）

［8］陈民．辛亥革命中的陈楚楠与张永福．华侨华人历史研究，1990（3）

［9］陈树发．从辛亥革命看东南亚华侨的爱国精神．暨南大学学报（哲学社会科学版），1982（3）

［10］陈允敦．辛亥革命与南洋华侨．今日中国（中文版），1981（3）

［11］戴学稷．孙中山新马华侨与辛亥革命．团结，2003（6）

［12］范启龙．福建华侨与辛亥革命．福建师范大学学报（哲学社会科学版），1991（4）

［13］方福祺．辛亥革命与缅甸华侨．云南民族大学学报（哲学社会科学版），1993（2）

［14］耿云志．论辛亥革命时期孙中山的民生主义．广东社会科学，1996（5）

［15］郭绪印．论兴中会、同盟会期间孙中山与海外洪门．民国档案，1996（2）

［16］何小燕．兴中会机关报——《中国日报》．华南师范大学学报（社会科学版），1990（3）

［17］何修文．辛亥革命时期的五邑海外华侨与香港．湖南师范大学学报（社会科学版），1998，27（6）

［18］胡海英，侯桂芳．近十年来辛亥革命研究综述．学术月刊，2001（10）

［19］胡绳武．孙中山从旧三民主义到新三民主义的转变．复旦大学学报，1958（1）

［20］胡绳武，金冲及．孙中山初期政治思想发展及其特点．复旦大学学报，1957（1）

［21］胡志伟．文武双全的辛亥功臣黄世仲．炎黄春秋，2003（2）

［22］黄菊艳．广东海关档案与辛亥革命．广东史志，2002（4）

［23］黄绮文．辛亥革命与南洋华侨资产阶级．安徽师范大学学报（人文社会科学版），1986（2）

［24］黄荣辉．辛亥革命时期香港的知识分子．广东社会科学，1985（2）

［25］黄绍敏．辛亥革命时黄兴与华侨的爱国革命活动．华侨华人历史研究，1991（3）

［26］黄铮．孙中山在越南的革命活动及其意义．广西社会科学，1986（3）

［27］黄铮．孙中山与越南华侨．华侨华人历史研究，1986（4）

［28］贾明慧．新加坡华侨革命报纸与辛亥革命研究．东北师范大学硕士学位论文，2010

［29］简婷．评 1895 年广州起义中的杨衢云与孙中山．湖南师范大学学报，2009（5）

［30］金冲及，胡绳武．论孙中山革命思想的形成和兴中会的成立．华侨华人历史研究，1960（6）

［31］金绮寅．简析辛亥革命前革命派对南洋华侨的“反满”民族主义宣传——以《中兴日报》观点为例．华侨华人历史研究，2008（2）

［32］李本义．清末留日学生运动对辛亥革命的推动．湖北大学学报（哲学社会科学版），1992（4）

［33］李恭忠．青年孙中山的革命想象——1895 年广州起义再探．社会科学研究，2005（1）

［34］李穗梅．辛亥“三・二九”起义后广州的局势．学术研究，1999（4）

［35］李兰萍．辛亥革命前孙中山在星马地区的活动．广东社会科学，1986（3）

［36］李喜所．清末留日学生人数小考．文史哲，1982（3）

[37] 连振斌．戊申河口起义与清末云南社会．云南社会科学，2010（6）

[38] 梁耀强．同盟会与香港华商的关系——以李纪堂为个案论述．近代中国，2006（00）

[39] 廖建裕．对东南亚华人研究的几点看法．南洋资料译丛，1989（3）

[40] 林金枝．辛亥革命、南洋华侨与东南亚民族独立运动．近代中国，1994（1）

[41] 林联勇，陈泳超．永春华侨参加辛亥革命的旌义状碑．福建党史月刊，2003（12）

[42] 刘启强．海外华侨对辛亥革命的贡献．广西社会主义学院学报，2003（2）

[43] 刘玉遵，成露西．台山县的辛亥革命运动与华侨．学术研究，1982（1）

[44] 罗大正．海外华侨与辛亥革命．齐鲁学刊，2001（4）

[45] 罗福惠．台湾、香港辛亥革命研究述评．近代史研究，1991（3）

[46] 罗晃潮．一代富豪日本华侨麦少彭．华侨华人历史研究，1994（3）

[47] 罗耀九．印尼华侨与辛亥革命．厦门大学学报（哲学社会科学版），1961（3）

[48] 马勇．辛亥革命：现代化的主观意图与客观效果．近代史研究，1995（1）

[49] 宁树藩，陈匡时．评开智录．复旦大学学报（社会科学版），1984（3）

[50] 邱捷．民军问题与辛亥革命时期的广东社会．学术研究，2009（3）

[51] 邱捷．辛亥革命时期的广东顺德县．中山大学学报论丛，1992（5）

［52］丘菊贤，罗英祥．客家人在辛亥革命中的贡献．中南民族学院学报（哲学社会科学版），1995（2）

［53］饶怀民．辛亥革命时期会党研究综述．湖南师范大学教育科学学报，1990（6）

［54］饶珍芳．辛亥革命前孙中山在南粤的武装起义．杭州师范学院学报（社会科学版），1992（1）

［55］任贵祥．辛亥革命时期的华侨报刊．华侨华人历史研究，1997（4）

［56］任贵祥．辛亥革命时期华侨的反帝爱国斗争．长白学刊，1996（6）

［57］任贵祥，吴北战．华侨与黄花岗起义．广东社会科学，1997（4）

［58］桑兵．庚子保皇会的勤王谋略及其失败．历史研究，1993（1）

［59］沈立新．辛亥革命时期华侨的爱国主义．思想战线，1985（4）

［60］沈立新，崔志鹰．海外华侨支持辛亥革命刍议．史林，1991（4）

［61］沈渭滨．辛亥革命与东南地区社会结构的变迁．史林，2001（2）

［62］沈自敏．近二十年来欧美的辛亥革命研究．读书，1981（10）

［63］［日］寺广映雄．关于欧洲同盟会的成立和意义．中州学刊，1996（2）

［64］邵雍．同盟会时期孙中山与美国致公堂的关系．广西师范大学学报（哲学社会科学版），2006（3）

［65］孙谦，熊越．辛亥革命与新华社会的变迁．华侨华人历史研究，1992（2）

［66］孙维持．孙中山与美国华侨．中山大学学报，1974（4）

［67］谭天保，陈占标．同盟会员黄景南传略．新会侨刊，1986（33）

［68］谭天星．华侨对辛亥革命贡献的再认识．中南民族学院学报（哲学社会科学版），1996（2）

［69］汤志钧．自立军起义前后的孙、康关系及其他——新加坡邱菽园家藏资料评析．近代史研究，1992（2）

[70] 汤志钧．孙中山和自立军．历史研究，1991（1）

[71] 童家洲．爱国华侨林师肇对福建辛亥革命的贡献．八桂侨刊，2001（4）

[72] 王奇生．近代留学生与华侨．华侨华人历史研究，1990（3）

[73] 王中茂．中国同盟会的财务困境与辛亥革命．史学月刊，2010（6）

[74] 王尊旺．福建华侨与辛亥革命．福建史志，2001（5）

[75] 吴金枣．孙中山的革命活动与美洲华侨．福建论坛，1981（2）

[76] 吴竞，陈长兵．略论杨衢云．苏州大学学报（哲学社会科学版），1957（3）

[77] 吴占军．战后日本学术界辛亥革命问题研究述评．日本研究，2009（4）

[78] 肖泉．缅甸华侨与辛亥革命．世界历史，1981（5）

[79] 徐启恒．泰国华侨与辛亥革命．华侨华人历史研究，1989（3）

[80] 许志猛．华侨洪门在辛亥革命中的贡献．今日中国（中文版），1981（11）

[81] 杨群红．新加坡华侨与辛亥革命．史学月刊，1988（4）

[82] 杨天石，王学庄．同盟会的分裂与光复会的重建．近代史研究，1979（1）

[83] 杨天石，尹俊春．日本政府有关惠州起义电报．历史档案，1986（3）

[84] 于桂英．山东华侨与辛亥革命．山东大学学报（哲学社会科学版），1991（4）

[85] 叶显恩．十九世纪下半叶夏威夷华人首富陈芳的传奇道路．广东社会科学，1990（4）

[86] 游奋扬．缅甸华侨救国运动史略．闽侨月刊，1939（2）

[87] 曾瑞炎．辛亥革命和抗日战争期间华侨爱国运动比较研究．四川大学学报（哲学社会科学版），1992（4）

[88] 章志诚．美洲洪门与辛亥革命．浙江学刊，1981（1）

[89] 章志诚．尤列和中和堂．杭州师范学院学报（社会科学版），1985（3）

[90] 张海鹏．50 年来中国大陆对辛亥革命的纪念与评价．当代中国史研究，2001（6）

[91] 张鸿奎．试论美洲洪门致公堂华侨在辛亥革命时期的作用．史林，1988（4）

[92] 张克宏．亡命天南的岁月——康有为在新马．新加坡国立大学硕士学位论文，1998

[93] 张运华．五邑华侨与辛亥革命．五邑大学学报，2010（2）

[94] 张自中．梅州华侨与辛亥革命．梅州侨乡月报，2001（6）

[95] 张振鹍．辛亥革命期间的孙中山与法国．近代史研究，1981（3）

[96] 赵宝泉．辛亥革命前资产阶级革命党人暗杀风潮述评．山东师范大学学报（人文社会科学版），1992（4）

[97] 赵和曼．广西华侨与辛亥革命．八桂侨刊，1991（3）

[98] 赵红英．八十年来海内外华侨与辛亥革命研究述略．华侨华人历史研究，1991（3）

[99] 赵令扬．辛亥革命期间海外中国知识分子对中国革命的看法．近代史研究，1992（2）

[100] 赵矢元，田毅鹏．辛亥革命时期的孙中山和汪精卫．社会科学战线，1986（4）

[101] 中国第一历史档案馆．光绪末年徐锐考察外洋商务史料．历史档案，1988（4）

[102] 周棉．留学生与中国同盟会的创建．清华大学学报（哲学社会科学版），2008（4）

[103] 周少川．论爱国潮侨许雪秋在辛亥革命前后的若干问题．汕头大学学报（人文社会科学版），2006（2）

[104] 周兴梁．孙中山庚子惠州起义的性质和特点．广东社会科

学，2001（3）

［105］朱慧玲．中国留日学人与辛亥革命．八桂侨刊，1996（3）

［106］朱国宏．中国国际移民探微．中国人口科学，1994（3）

［107］朱立文．新加坡同盟会史略．史学月刊，1984（1）

［108］Chun-tu Hsueh. Sun Yat-Sen, Yang Ch'u-yun, and the Early Revolutionary Movement in China. *The Journal of Asian Studies*, 1960, 19（3）

［109］E-Tu Zen Sun. The Chinese Constitutional Missions of 1905—1906. *The Journal of Modern History*, 1952, 24（3）

［110］George T. Yu. The 1911 Revolution: Past, Present, and Future. *Asian Survey*, 1991, 31（10）

［111］John C. DeKorne. Sun Yat-Sen and the Secret Societies. *Pacific Affairs*, 1934, 7（4）

［112］J. Kim Munholland. The French Connection that Failed: France and Sun Yat-Sen, 1900—1908. *The Journal of Asian Studies*, 1972, 32（1）

［113］Marius B. Jensen. Opportunists in South China during the Boxer Rebellion. *Pacific Historical Review*, 1951, 20（3）

［114］Robert A. Scalapino, Harold Schiffrin. Early Socialist Currents in the Chinese Revolutionary Movement: Sun Yat-Sen Versus Liang Ch'i-Ch'ao. *The Journal of Asian Studies*, 1959, 18（3）

后　记

为庆祝建党90周年、纪念辛亥革命100周年，国家新闻出版总署在全国组织出版一批政治导向好、学术价值高、艺术性强的精品力作，本书经过一系列严格的申报评选，最终入选成为新闻出版总署“庆祝建党90周年、纪念辛亥革命100周年百种重点出版物”选题之一。一方面，我们深感荣幸，另一方面，也感到压力很大。我们深知，要写好海外华侨与辛亥革命这一主题实属不易。因为海外华侨与辛亥革命是一个已经研究多年的课题，多年来在海内外学者的共同努力下，已经有了比较丰富的成果。如果现在要进一步研究的话，就面临着资料难以丰富、内容难以拓展、观点难以突破的困境。然而，我们觉得，在隆重纪念辛亥革命100周年之际，策划、编写、出版这本著作还是具有历史意义和学术价值的。

海外华侨与辛亥革命是一个业已讨论和研究多年的课题，相关研究成果颇多，但是，毋庸讳言，有关这个课题的研究也存在雷同、空洞的缺陷，面临着难有突破的困境。所以，如何挖掘新史料、采用新方法、提出新观点等关键问题还有待突破，在已有研究成果中所存在的一些不确定事实和不完善地方还有待进一步修正。略感遗憾的是，在当下华侨华人学术研究讲究应用性、现实性的背景下，华侨华人历史研究似乎已经被边缘化，被认为不合时宜，而一些浮夸的研究在披上跨学科、新视角、应用性的新衣之后堂而皇之登上学术的殿堂。这造成了在华侨华人研究中许多基础性的研究没有得到应有的重视，一些应该修补的空白一

直没有被修补，而研究课题与研究内容的趋同性问题依然没有得到很好的解决。改革开放以来，中国内地的华侨华人研究取得了举世瞩目的成就，在前期主要注重历史研究，到中后期主要注重现状研究。其实，无论是历史研究还是现状研究都是必须的，没有高低之分，最重要的是必须坚持学术的严肃性，必须对学术怀有敬畏之心，这是学术研究的关键。像“海外华侨与辛亥革命”这类重大历史研究题材，其学术积累、资料积累多年来进步还是不够明显，相对这些年有关辛亥革命史的研究，其进展更是显得缓慢。在编纂此书的过程中，我个人对此感触颇多。

本书的框架结构设计、绪论以及全书的统稿均由张应龙负责，向军撰写第一章，焦鹏撰写第二章，裴艳撰写第三章，黄庆林撰写第四章，袁慧芳撰写第五章，潘越撰写第六章第一节（一），母书鹏撰写第六章第一节（二、三）和第二节，黄文波负责大事记，张彬负责参考文献。由于时间紧，加上各位作者都承担着繁重的教学和学习任务，为了按时完成书稿，他们加班加点，付出了艰辛的劳动，在此我谨向他们表示衷心的感谢。

本书的申报、编写和出版得到暨南大学胡军校长、林如鹏副校长的大力支持，得到暨南大学出版社徐义雄社长、史小军总编辑的精心呵护。国务院侨办王晓萍司长、广东省侨办林琳副书记一直关心、指导我们的编写工作，各位编委更是贡献了他们的宝贵意见，在这里，我谨向各位领导专家致以崇高的敬意。同时，我十分感谢暨南大学出版社编辑张仲玲女士，在编辑出版过程中，她精心组织，细致工作，为本书的顺利出版贡献了聪明才智。当然，由于编者水平有限，本书肯定存在不少错漏之处，对此，我理应承担责任。

张应龙　谨识

2011 年夏于暨南园